# Laços Amorosos

Dados Internacionais de Catalogação na Publicação (CIP)
(Câmara Brasileira do Livro, SP, Brasil)

Vitale, Maria Amalia Faller
Laços amorosos : terapia de casal e psicodrama / [organizadora] Maria Amalia Faller Vitale. – São Paulo : Ágora, 2004.
Várias autoras
Bibliografia
ISBN 978-85-323-7183-884-0

1. Casais - Aspectos psicológicos 2. Família - Aspectos psicológicos 3. Psicodrama 4. Psicoterapia de casal 5. Psicoterapia de família – Estudo de casos I. Vitale, Maria Amalia Faller. II. Título: Terapia de casal e psicodrama.

04-0747 CDD-150.198

Índices para catálogo sistemático:

1. Terapia de casal e psicodrama : Método psicanalítico 150.198
2. Terapia familiar e psicodrama : Método psicanalítico 150.198

# Laços Amorosos

## Terapia de casal e psicodrama

Maria Amalia Faller Vitale
(org.)

EDITORA
ÁGORA

*LAÇOS AMOROSOS*
*Terapia de casal e psicodrama*


Capa: **Nelson Mielnik e Sylvia Mielnik**
Editoração Eletrônica: **Acqua Estúdio Gráfico**
Impressão: **Sumago Gráfica Editorial Ltda.**

**Editora Ágora**
Departamento editorial:
Rua Itapicuru, 613 – 7º andar
05006-000 – São Paulo – SP
Fone: (11) 3872-3322
Fax: (11) 3872-7476
http://www.editoraagora.com.br
e-mail: agora@editoraagora.com.br

Atendimento ao consumidor:
Summus Editorial
Fone: (11) 3865-9890

Vendas por atacado:
Fone: (11) 3873-8638
Fax: (11) 3873-7085
e-mail: vendas@summus.com.br

Impresso no Brasil

# Sumário

# Prefácio

Passando pelos vários capítulos de "Laços amorosos...", senti um prazer enorme ao deparar com o processo que nós, profissionais envolvidos com as questões vinculares, construímos nessas últimas décadas: a concepção do par conjugal como uma unidade afetiva, emocional e social. Essa posição reflete um distanciamento da busca de explicações e condenações morais para as dificuldades presentes nos vínculos amorosos e situa "o jeito de viver com o outro" no processo histórico da concepção do mundo e da existência do outro.

A obra concebe o espaço entre as pessoas como um terreno em que as histórias individuais de tornar-se uma pessoa se entrelaçam e se iluminam, gerando uma terceira via, que não é a soma desses mundos, mas a construção de um terceiro – com sua própria realidade, sua própria música, suas regras, sua coerência.

O casal, o par amoroso, é um mundo único, complexo, que nasceu da (e na) interseção das histórias de vida (de nascimentos, abandonos, amores, traições, ser homem, ser mulher, ser filho, ser pai) – portanto, da magia das ressonâncias dos significados que cada um traz na bagagem individual e familiar ao longo das gerações.

A compreensão de que cada casal é uma construção única concebida por meio da interseção de histórias transgeracionais, iluminadas pelas ressonâncias, abre um espaço rico em reflexões: o casal como unidade tecida na trama familiar, através das gerações, pelas histórias dos legados, dos mitos, dos segredos, das memórias, da construção da identidade dos gêneros... sempre permeada pela dança das lealdades.

A idéia de que tudo que vemos e a que damos significado só pode ocorrer a partir de nós mesmos (auto-referência), deixando de lado a concepção de que podemos contar uma história objetiva, ou seja, sem nossa própria interferência, abriu um espaço especialmente interessante para o trabalho com casais, pois construiu um lugar de validação para a experiência vivida por cada pessoa. Pudemos sair do lugar do certo ou errado, das normas e punições, das culpas e inocências, para a complexidade da observação dos modelos de viver que cada casal construiu. Pudemos trabalhar num espaço onde tudo que constitui a experiência de vida de cada um tem lugar e faz parte do modelo que está sendo construído naquele momento e naquele encontro.

Entramos na dimensão das memórias familiares como forças que iluminam, acordam e constroem modelos que se repetem de geração para geração em uma dança entre autonomia e fusão, individuação e pertencimento, originalidade e repetição...

Uma coreografia que se concretiza no encontro com o outro.

As perguntas que podemos fazer a nós e aos casais em situação de dor talvez sejam: para que serve essa situação na vida do casal? O que está sendo confirmado, perpetuado e protegido?

Nasce, assim, a concepção do processo histórico e da magia da construção mútua da realidade.

Os autores desta obra nos fazem relembrar o início das preocupações com a abordagem de casais, homenageiam Moreno como um dos avós da terapia de casal e nos encantam com as respostas originais que apresentam para o desafio da clínica com casais.

*Sandra Fedullo Colombo*
Assistente social, psicodramatista
e terapeuta especialista
em sistemas humanos

# Apresentação

Este livro vem sendo elaborado há alguns anos. Antes, as autoras aqui reunidas encontravam-se em congressos — nacionais e internacionais —, de psicodrama ou de terapia familiar. Depois, foi se formando uma rede sociométrica, que se mantém até hoje. As interseções de algumas idéias apresentadas nesses eventos e o cruzamento de nossas histórias profissionais gestaram o desejo de reunir, confrontar, construir. A idéia de organizar uma publicação foi se sedimentando.

Dar visibilidade ao trabalho psicodramático com casais ou famílias tornou-se o objetivo. Afinal, vários são os escritos que mencionam Moreno como um dos precursores da terapia familiar, mas também o grande esquecido desse movimento. Essa questão sempre nos desafiou, enquanto psicodramatistas preocupadas em discutir as raízes morenianas que ancoram nosso percurso e também em desenhar formas criativas de trabalho. O movimento psicodramático brasileiro tem sido fértil com relação à produção científica extra-acadêmica; no entanto, a temática do grupo familiar não tem o espaço correspondente de divulgação da sua relevância histórica na proposta do psicodrama.

Todavia, nosso papel de terapeutas nos faz observadores das transformações do mundo privado, reveladas nos sentimentos, nas inquietações e nos conflitos que penetram os vínculos conjugais e familiares. O casamento contemporâneo, em seus aspectos parciais, emerge no espaço terapêutico por intermédio das cenas familiares. Sabemos que as instâncias — família e casal — não se isolam, mas o foco, no plano terapêutico, pode ser distinto. É evidente que o recorte escolhido — casais — procura não retirar os laços conjugais de seus contextos sociais e familiares. Consideram-se, aqui, os laços conjugais na sua diversidade, tais como se apresentam para a terapia.

Assim, a um só tempo, discutem-se a contribuição moreniana para a terapia de casal e o drama dos casais cunhado tanto pelas mudanças sociais, como pelo impacto de determinadas questões que emergem no decorrer do percurso de vida familiar. Esses dois planos interagem nos escritos.

A discussão dos aspectos teóricos do psicodrama relacionados com a terapia de casal compõe a primeira parte deste livro.

A introdução do próprio Moreno, como pioneiro criativo da terapia familiar, é apresentada por Maria Regina Castanho França. O entrelaçamento das influências da família de origem de Moreno e os pressupostos teóricos psicodramáticos do trabalho com famílias são reconstruídos por Júlia Maria Casulari Motta. Na perspectiva histórica do psicodrama, Laurice Levy propõe a reflexão sobre os casos Robert e Diora/Bárbara e George e pontua questões sobre aspectos quase desconhecidos na trajetória de Moreno. As contribuições teóricas elaboradas com base no referencial moreniano aparecem nos artigos apresentados por Maria Rita D'Angelo Seixas e Marta Echenique. A primeira autora trilha os conceitos inovadores e intrinsecamente relacionais do *co-inconsciente*, que tão bem podem ser reconhecidos na prática sociodramática familiar. Marta Echenique, por seu lado, focaliza as relações amorosas captadas da noção de matriz de identidade.

Na segunda parte, o eixo repousa sobre as questões que afetam os laços conjugais propriamente. Laurice Levy, Lúcia Ferrara e Maria Cecília V. D. Baptista tratam dos limites no atendimento de um casal, destacando a idéia da complementaridade de papéis. Gilda M. C. Franco Montoro oferece as bases teóricas — ancoradas no pensamento de Jung, Bowlby, Moreno e outros — para a compreensão do vínculo conjugal, com ilustrações da prática psicodramática. Vanda Lucia Di Yorio Benedito, autora que também integra a vertente junguiana com o psicodrama, contribui com dois artigos que envolvem a abordagem simbólica no conflito conjugal, o corpo em cena e a perversa dimensão da violência conjugal. Esta última temática, de tão difícil trato pela multiplicidade de aspectos que envolve a trama conjugal violenta, é contemplada também por Elisa López Barberá, nossa colega espanhola, com quem temos tido muitas afinidades. Em outro ângulo, discutem-se os chamados *novos* laços conjugais, na perspectiva dos recasamentos — laços que se apoiam em lógicas construídas nas situações pós-separação. Maria Cecília V. D. Baptista destaca o tema tão atual, advindo do aumento da expectativa de vida, isto é, os desafios e as oportunidades que se criam com o envelhecimento dos casais. Maria Regina Castanho França aborda ainda a terapia com casais do mesmo sexo, questão pouco debatida nas discussões sobre terapia de casal. Fechando esse bloco, focalizamos o Genodrama, uma versão psicodramática do genograma, instrumento já reconhecido dos terapeutas familiares. As questões debatidas nesse eixo são ilustradas com exemplos na prática clínica e/ou devidamente autorizados. Acredita-se que tais exemplos espelham aspectos da construção social dos vínculos amorosos dos segmentos médios em nossa sociedade.

A idéia de reunir vários autores permitiu que fossem contemplados pontos de vista diferentes, tanto por aqueles autores que privilegiam os aspectos teóricos na leitura de Moreno, quanto por aqueles que focalizam o casal naquilo que ele revela no palco terapêutico. Não se deseja apresentar um pensamento único sobre o trabalho psicodramático com casais. Procura-se destacar e posicionar reflexões.

Assim, trata-se de um livro que recolhe experiências variadas, construídas principalmente no decorrer do percurso dos terapeutas. Esse se assenta na convicção de que olhares diversos constituem uma fonte fecunda para a aproximação de uma realidade tão complexa quanto a vida a dois no mundo contemporâneo.

*Maria Amalia Faller Vitale*

# PARTE 1

# Contribuições do sociodrama para a terapia familiar e de casal

# J. L. Moreno: criativo pioneiro na história da terapia familiar

MARIA REGINA CASTANHO FRANÇA

*Mais importante que a ciência é o seu resultado,*
*Uma resposta provoca uma centena de perguntas.*

*Mais importante do que a poesia é o seu resultado,*
*Um poema invoca uma centena de atos heróicos.*

*Mais importante do que o reconhecimento é o seu resultado...*

(Traduzido de Moreno, J. L. *Einladung zu einer Begegnung*. Viena, 1914. Moreno, 1975, p. 9)

Podemos supor que o interesse pelo relacionamento amoroso e palpites ou conselhos sobre os problemas de um casal tenham existido desde o início dos tempos, ou, pelo menos, desde que as pessoas começaram a conviver em sociedade. Muitos casais conhecidos, da história, da literatura ou mesmo da mitologia, contaram com a ajuda ou com a intervenção de terceiros em seu relacionamento. Num exercício de imaginação, podemos até vislumbrar Eva, sentada à sombra da macieira, no Paraíso, pedindo conselhos à Serpente sobre suas dificuldades no relacionamento com Adão.

Também Zeus e Hera, o casal mais famoso e poderoso do Olimpo, mantinham uma vida amorosa cheia de casos e conflitos. Em um episódio, os dois discutiam sobre quem teria maior prazer sexual: Zeus argumentava que seria a mulher, enquanto Hera insistia que era o homem. Na realidade, a briga não envolvia quem tinha a maior capacidade orgástica, mas se tratava de uma disputa sobre quem tinha o maior poder de dar prazer ao outro. Decidem então recorrer ao adivinho Tirésias, para que atuasse como juiz, por ele ser o único que já havia passado pela experiência de ter sido tanto homem quanto mulher, em diferentes épocas de sua vida. Ele confirma a versão de Zeus, de que a mulher seria capaz de ter mais prazer do que o homem (versão atualmente confirmada por pesquisas sobre a sexualidade humana), deixando Hera tão enfurecida por ter seu segredo revelado, que ela cega o pobre Tirésias, vingando-se.

Numerosos casos poderiam ser lembrados, como exemplos de conflitos conjugais que contaram com a intervenção de uma terceira pessoa. Entretanto, somente a partir do século XX e na nossa cultura ocidental, com seu grande interesse pelas questões sociais, é que se desenvolveu uma profissão com o objetivo específico de cuidar de problemas de casais. O casamento e a família, como um grupo social com necessidades específicas, receberam cada vez mais atenção e passaram a ser objeto de inúmeros estudos, à medida que seus problemas se tornavam mais complexos. Muito contribuíram para esse interesse a evolução crescente nos índices de separação e divórcio e o aumento, ano após ano, da delinqüência juvenil.

A Terapia de Casal como profissão teve início nos Estados Unidos, com a confluência de quatro grandes movimentos: a evolução do *Serviço Social*, o desenvolvimento da *Psiquiatria Social*, o início da *Terapia Familiar* e os primeiros estudos sobre a *Sexualidade Humana*. Temos um relato detalhado sobre os pioneiros da Terapia Conjugal e Familiar no artigo "The history of professional marriage and family therapy", contido numa das "bíblias" da terapia familiar, o *Handbook of family therapy* (Broderick & Schrader, 1981), e diversos terapeutas nele citados serão mencionados brevemente neste capítulo.

Jacob Levy Moreno, reconhecido como o criador do Psicodrama e um dos precursores da Psicoterapia de Grupo, praticamente "inexiste" para o campo da Terapia de Casal e Família. O objetivo da apresentação deste histórico é evidenciar suas contribuições para a área, feitas desde o início do século XX, de forma que suas idéias possam ser também utilizadas por essa comunidade como fonte de inspiração.

Nathan Ackerman, conhecido terapeuta familiar, é citado por Broderick & Schrader (1981) como um dos primeiros a trabalhar com famílias inteiras, já na década de 1940. O próprio Ackerman considera ter sido influenciado pelas idéias de J. L. Moreno sobre a psicoterapia de grupo e o relacionamento interpessoal, ressaltando que "a liderança pioneira de Moreno no campo de estudos da interação grupal, do desempenho de papel, e da saúde mental da estrutura social merece um reconhecimento maior" (Ackerman, in Moreno, 1983, p. 43).

Os primórdios da *Terapia de Casal* como profissão se situam em 1930, visto que dois centros de Aconselhamento Marital nos Estados Unidos se proclamam os primeiros a atender exclusivamente casais: o americano Paul Poppenoe é o fundador do American Institute for Family Relations, em Los Angeles, em fevereiro de 1930. Mais do que qualquer outro, ele promoveu o reconhecimento público da profissão, tendo realizado diversos trabalhos na mídia. Publicou durante anos artigos mensais no *Lady's Home Journal*, numa coluna com o sugestivo título de Can this Marriage be Saved?, além de elaborar roteiros para o programa de tevê *Divorce Court*, baseado em casos reais. Ainda em 1930, o casal Abraham e Hanna Stone abre em Nova York o Marriage Consultation Centre. Dois anos mais tarde, Emily Mudd inicia oficialmente seu trabalho com casais, na Filadélfia. No decorrer dos anos seguintes, vários centros de estudos e de aconselhamento conjugal são criados nos Estados Unidos e na Europa, mas só em 1942, após vários anos de discussão, esses pioneiros formaram as Associações Nacionais de Terapeutas, com o objetivo de trocar informações e ampliar seus conhecimentos. Em 1943, é fundado, na Inglaterra, o primeiro centro, com o objetivo específico de treinar profissionais para o aconselhamento marital: o National Marriage Guidance Council of Great Britain.

É interessante detalhar a evolução histórica desses vários movimentos e de sua progressiva amalgamação, para que se compreenda o que são hoje consideradas as bases da Terapia de Casal e Família. Como pode-se observar, neste breve histórico "oficial", J. L. Moreno em nenhum momento é mencionado entre os precursores.

## ■ As bases da profissão de terapeuta de casal

A história do Serviço Social, nos Estados Unidos, sempre esteve intrinsecamente ligada à história da Terapia de Casal e Família. Considera-se que o início do *Movimento do Serviço Social* deu-se com a fundação de uma organização de caridade na cidade de Buffalo, Nova York, em 1877, nos moldes de algumas entidades similares da Inglaterra, cuja idéia central era ajudar os pobres, os quais, nessa época, não contavam com nenhum suporte governamental. Desde o início do movimento, a preocupação era com a família toda, e não com o indivíduo isoladamente. A unidade de atendimento era o grupo familiar e o objetivo do trabalho era, sempre que possível, mantê-lo unido. De fato, os assistentes sociais do começo do século XX, contrariando a prática do momento, abordavam os problemas de sua área de um ponto de vista claramente grupal, afirmando que não se podiam confinar os esforços terapêuticos ao paciente sozinho, sendo necessário estender o tratamento a todos os que viviam com ele, para a obtenção de melhores resultados.

Também dentro do *Movimento da Psiquiatria* ocorreu uma evolução no sentido do individual para o grupal. A psicanálise, como inicialmente proposta por Freud, afirmava que o impulso libidinal estava no centro da explicação do comportamento humano. Embora reconhecesse a importância das relações familiares, Freud não dava a ênfase necessária aos elementos sociais. Broderick & Schrader (1981) mencionam alguns de seus discípulos que começaram a divergir. Entre eles, Adler foi o primeiro a contradizê-lo publicamente, afirmando que, mais do que por impulsos sexuais, o homem é motivado por uma compulsão para adquirir sentimentos de adequação e poder, o que pode ser conseguido de duas maneiras: por meio da luta aberta pelo poder (com o objetivo básico de se livrar do complexo de inferioridade), ou pela doença, que seria uma forma de o indivíduo dominar e manipular a família. Delineia-se aqui a hipótese de que a patologia individual poderia ser um subproduto do conflito familiar, além de ser um conflito intrapsíquico.

Confirmando essa tendência, Jung coloca, em 1910, que uma criança pode ser profundamente afetada pela discordância omitida entre seus pais, ou, ainda, por desejos regressivos negados ou escondidos de um dos progenitores; acredita que a maior parte dos conflitos infantis resulta de problemas inconscientes dos pais. Em 1925, Jung publica um texto chamado "O casamento como relacionamento psíquico", em que expressa a idéia da complementaridade das personalidades no relacionamento conjugal (Jung, 1986).

A partir da década de 1930, de acordo com Marineau (1992), a ascensão de Hitler gradualmente força vários analistas a deixarem a Europa. Muitos deles iniciam um contato mais estreito com antropólogos e sociólogos, com a ida para os Estados Unidos, o que influencia intensamente suas teorias psicológicas. Entre os mais influentes, de acordo com o autor, estavam Erich Fromm e Harry Sullivan, dois psiquiatras que enfatizavam a interação entre o indivíduo e o social. Este último sugere que a criança experimenta todas as emoções da mãe, tendo seu *self* moldado pelas reações positivas e negativas do outro, e se desenvolve em resposta às mudanças do ambiente social. Ele foi um dos primeiros a insistir que a esquizofrenia poderia ser tratada pela psicoterapia.

A *Terapia Familiar*, como um movimento, teve início nos Estados Unidos, nos anos 50, quando alguns estudiosos do comportamento humano começaram a observar famílias inteiras, em lugar de apenas um de seus membros, ao considerar a hipótese de que certos distúrbios psiquiátricos seriam a manifestação do funcionamento familiar. Considera-se que a terapia familiar tenha como marco inicial as pesquisas de Bateson e do grupo de Palo Alto, na Califórnia, sobre a gênese da esquizofrenia (Bateson et al., 1980).

Nessa fase inicial, quando foi cunhado o muito usado termo "mãe esquizofrenogênica", a díade mãe–filho era encarada como a unidade de tratamento. Muito rapidamente, no entanto, observações do sistema familiar levaram à hipótese de que a presença do pai era essencial para a compreensão dos sintomas e da dinâmica familiar, e não se passou muito tempo para que se concluísse que também os irmãos deveriam participar do processo terapêutico. Ao final da década de 1950, já estava plenamente estabelecida a idéia de que a família inteira funciona como um sistema complexo, no qual cada um de seus membros é interdependente do outro, e o par conjugal constitui a estrutura fundamental. O sistema familiar inteiro, portanto, deveria ser o foco e a unidade de tratamento. Com base nessa constatação, desenvolveram-se diversos modelos, em várias partes do mundo.[1]

Na área da *Sexualidade*, os precursores foram os médicos Havelock Ellis, na Inglaterra, e Magnus Hirschfeld, na Alemanha, que, surpreendentemente, desenvolveram suas pesquisas sobre a sexualidade humana bem no início do século. Ellis atendeu um número expressivo de indivíduos, principalmente mulheres, e escreveu sete volumes sobre "todo e qualquer problema sexual", segundo suas próprias palavras (Ellis, apud Broderick & Schrader, 1981). Era considerado excessivamente liberal por seus pares, em relação à moral sexual vigente na

---

1. O histórico da terapia familiar é bem conhecido pelos terapeutas de casal e família, e os diversos modelos desenvolvidos ao redor do mundo não serão objeto do presente artigo.

época. Hirschfeld, por sua vez, abriu, em 1918, em Berlim, o Instituto da Ciência Sexual. Entre 1921 e 1932, os dois organizaram cinco congressos internacionais sobre o tema.

A progressiva evolução e a mescla dessas quatro áreas foram lentamente formando um novo campo de atuação. O Aconselhamento Conjugal era inicialmente exercido, nos Estados Unidos, como uma atividade paralela, por assistentes sociais, médicos, padres, advogados e educadores, que se envolviam com problemas de casais por necessidades relacionadas à sua profissão de origem. Aos poucos, alguns cursos sobre casamento, família e relacionamento familiar foram criados nas universidades, e pessoas de outras áreas passaram naturalmente a interessar-se por esse novo objeto de estudo. Paralelamente, a Ginecologia e a Obstetrícia se desenvolviam como especialidades dentro da Medicina e muitos desses médicos passaram a considerar o Aconselhamento Marital e Sexual parte importante de seu trabalho.

A partir da segunda metade da década de 1940, a profissão começa a desenvolver-se, sendo proposta uma série de regras para a formação profissional. O treinamento acadêmico tem início em 1948, nos Estados Unidos, e, em seguida, na Europa. Por volta de 1963, a prática do aconselhamento conjugal estava estabelecida com uma razoável identidade, com diversas modalidades de atendimento sendo experimentadas ao longo do tempo.

O tratamento de casais foi iniciado com cada um dos parceiros sendo atendido, separadamente, pelo mesmo terapeuta, o que era chamado de *terapia conjugal concorrente*; aos poucos, começa a ser delineada a tendência de atender o casal conjuntamente, na denominada *terapia conjugal conjunta.*

Alguns terapeutas passaram, então, a alternar sessões *concorrentes* e *conjuntas*, ao que deram o nome de *terapia conjugal combinada*. Outros atendiam em *terapia colaborativa*, quando cada parceiro tinha o próprio terapeuta, e estes se consultavam mutuamente. Existia, ainda, a modalidade chamada de *terapia combinada colaborativa*, em que, além de seguir o modelo anterior, no qual os terapeutas realizavam troca de informações sobre seus clientes (marido e mulher), os quatro se encontravam em intervalos regulares. Várias experimentações foram feitas: *terapia de grupos para casais – conjunta* (com os esposos no mesmo grupo); *terapia de grupos para casais – concorrente* (com os esposos em grupos separados); *Terapia de casal dirigida por um casal* (casados); *terapia de casal em co-terapia* (dois terapeutas); *terapia de casal por um terapeuta.* Por volta dos anos 70, todas as modalidades possíveis já haviam sido experimentadas.

Embora a Terapia Conjugal tenha registrado um intenso desenvolvimento teórico e prático na primeira metade do século XX, a grande efervescência conceitual das diversas escolas de terapia familiar sistêmica, a partir dos anos 60, fez que a profissão de terapeuta de casal acabasse absorvida pelo movimento da Terapia Familiar, que se tornou um campo de estudo e investigação mais amplo.

## ■ Moreno – pioneiro criativo da terapia de casal e familiar

J. L. Moreno é reconhecido como o criador do Psicodrama e um dos precursores da Psicoterapia de Grupo. O princípio filosófico que embasa toda a sua obra postula que, desde o nascimento, o homem é um ser em relação, e tudo que realiza está ancorado numa relação interpessoal.

Compernolle (1981), psiquiatra belga, fazendo um belo trabalho de pesquisa bibliográfica sobre o movimento da Terapia Familiar, discute o fato de Moreno ter sido um pioneiro não reconhecido. A maior parte da comunidade dos terapeutas de casal e família ignora que, desde o início dos anos 20, Moreno desenvolveu uma teoria inter-relacional de psicoterapia, que resultou em formulações verdadeiramente sistêmicas sobre terapia familiar e de casal.

Recém-formado em Medicina, Moreno trabalhava, em 1920, em uma pequena cidade da Áustria, Bad Vöslau, onde freqüentemente atendia famílias inteiras, discutindo seus problemas e explorando novas possibilidades de saída para situações psicológicas difíceis. Costumava representar as situações de sofrimento com alguns membros da família, ou mesmo com o grupo familiar inteiro, já intuindo a possibilidade terapêutica da dramatização; buscava uma "desdramatização" do ocorrido, o que, de fato, trazia um alívio dos sintomas. A esse tipo de intervenção, deu o nome de *Teatro Recíproco*, que, de acordo com Marineau (1992), é muito semelhante às teorias sistêmicas, e pode ser considerado um dos precursores tanto da terapia familiar quanto da terapia comunitária.

Moreno descreve, em muitos textos, seus métodos de ação e sua mudança de um enfoque individual para a abordagem grupal, assim como a busca dos aspectos saudáveis do ser humano, em vez dos patológicos, numa época em que a psiquiatria focava quase exclusivamente a patologia do indivíduo. Em 1923, publica *O teatro da espontaneidade*,[2] em que, integrando suas experiências como médico e com o palco, propõe algumas formas revolucionárias de teatro, sendo uma delas o já mencionado *Teatro Recíproco*. Este ocorreria dentro da casa do cliente, em que os membros da família tornariam a experimentar a realidade vivida, representando seus conflitos uma segunda vez. Isso possibilitaria certo distanciamento, traria perspectiva, e, algumas vezes, senso de humor. Afirmava que o problema em questão aparece na cena representada, com todas as suas forças, pensamentos e emoções, no conteúdo e na seqüência original, e que reviver o acontecido, dramaticamente, uma segunda vez, não agiria como renovação do sofrimento, mas, sim, como oportunidade de liberação (Moreno, 1978).

Entre 1921 e 1923, trabalhando em Viena com o Teatro da Espontaneidade, Moreno descobre o valor verdadeiramente terapêutico da dramatização de um conflito no palco. É interessante notar que o início do Teatro Terapêutico (como passa a ser chamado o Teatro da Espontaneidade), considerado um dos berços do Psicodrama, tenha resultado do trabalho com um casal, Bárbara e George: ela era a atriz principal de Moreno no Teatro da Espontaneidade, e casa-se com um poeta, assíduo freqüentador dos espetáculos. Pouco tempo depois do casamento, o marido queixa-se com Moreno que sua esposa Bárbara, doce e romântica no palco, tem com ele acessos de fúria e agressividade incompreensíveis. Sob a direção de Moreno, ela começa, então, a desempenhar papéis cada vez mais fortes e rudes, como os de prostituta, solteirona solitária, esposa vingativa, companheira de bandido etc. George relata ao terapeuta as melhoras que a esposa, progressivamente, vai apresentando em casa, quanto ao humor e ao comportamento. Moreno pede, então, ao marido que passe a atuar no palco, com Bárbara, e, segundo suas próprias palavras,

> Os dois passam a fazer cenas cada vez mais parecidas com as que ocorriam diariamente em casa. Aos poucos, representam as famílias de ambos, cenas

---

2. Esse texto foi publicado, pela primeira vez, em 1923, com o título *Das Steigereiftheater*, em Berlim (G. Kiepenheuer Verlag). Foi traduzido pelo autor como *The theatre of spontaneity*, e publicado em 1947, em Nova York, pela Beacon House.

> da infância dela, seus sonhos e planos para o futuro. Após cada desempenho, alguns espectadores vinham até mim para perguntar-me por que as cenas de Bárbara e George tocavam tão mais fundo do que as das outras pessoas (terapia pública). Meses mais tarde, Bárbara e George estavam sentados a sós comigo, no teatro. Tinham se encontrado a si mesmos e um ao outro pela primeira vez. Analisei o desenvolvimento de seu Psicodrama, sessão por sessão, e lhes contei a história de sua cura (Moreno, 1975, p. 54).

A terapia do casal Bárbara e George deu-se entre o ano de 1921 e 1923, e já se percebem aí alguns dos princípios básicos do atendimento a casais, com base em uma óptica mais moderna: a análise do relacionamento conjugal e dos conflitos em si, a importância das famílias de origem de cada cônjuge, o desenvolvimento de interesses em comum e de projetos futuros, assim como a compreensão das transferências de cada parceiro existentes na relação, essencial em qualquer Terapia de Casal bem-sucedida.[3]

Moreno emigra para os Estados Unidos, por essa época, assim como muitos outros médicos europeus. Seu trabalho começa a ser mais aceito em território americano e, em 1932, devido basicamente a seus esforços, é oficializada a expressão "Psicoterapia de Grupo" para designar o tratamento de grupos concretos dos quais ele distingue o "grupo natural" (como a família) do "grupo sintético" (um grupo de pacientes num hospital ou consultório (Moreno, 1974).

Publica, em 1934, seu terceiro livro, *Who shall survive?*, no qual desenvolve os pressupostos teóricos da Sociometria e da Sociodinâmica, que constituem a base dos estudos de grupo, como o casal e a família. A partir de 1935, ele inicia estudos buscando aplicações sobre os princípios sociométricos em diversas áreas da vida humana: analisa o átomo social de alguns indivíduos, o ambiente em torno deles, sua relação com os pais, cônjuge, irmãos, amigos e outras pessoas significativas. Com esses dados, cria um mapa das influências mais importantes na vida da pessoa, com linhas que representam as relações positivas e negativas, um verdadeiro predecessor dos genogramas[4] (Marineau, 1992).

---

3. Sobre este caso, existem controvérsias sobre o sucesso do processo terapêutico; ver capítulo de Levy, L., *Robert e Diora, Bárbara e George. Erros e acertos de Moreno no sociodrama de casal.*

4. Genograma é um diagrama esquemático da família, desenvolvido pela perspectiva boweniana, e utilizado como recurso na compreensão da estrutura e da dinâmica familiar dos clientes, por terapeutas familiares de diversas abordagens.

Em 1937, Moreno lança a revista *Sociometry – Uma Revista para as Relações Interpessoais*, na qual retoma alguns conceitos já expressos em sua juventude. Ao longo dos anos seguintes, publica vários artigos sobre o relacionamento interpessoal e sua visão do processo terapêutico. A Sociometria, ciência que estuda os relacionamentos interpessoais, focaliza a estrutura social inteira mas composta de partes, estudando a totalidade dos grupos humanos, assim como cada parte. Cada indivíduo, com seus relacionamentos, constitui um átomo social, que se inter-relaciona numa complexa cadeia com vários outros, formando as redes psicológicas.

Moreno (1975) coloca, por essa época, que seu diagnóstico se baseia fundamentalmente em informações sobre como o paciente opera e interage, no momento presente, com membros de sua família e da rede social. Propõe o tratamento *in situ*, no próprio local em que são vivenciadas as dificuldades.

Ainda em 1937, Moreno trata de um problema conjugal com um triângulo amoroso, em que enfatiza a existência de uma "neurose interpessoal", vista por ele como uma unidade especial de tratamento. Afirma:

> Numa neurose verdadeiramente interpessoal, a neurose só existe na medida em que entre duas pessoas há um fluxo de emoções antagônicas. No nosso caso, eu não estava tratando uma pessoa, ou a outra, mas uma relação interpessoal, ou o que pode ser chamado de uma neurose interpessoal. [...] Neste caso, o Sr. e a Sra. A podem ser ou não indivíduos neuróticos. A sua neurose interpessoal coexiste. [...] Este procedimento pode ser definido como uma forma de tratamento situacional. O terapeuta se move de um indivíduo ao outro, encontrando cada um em sua situação crucial de vida, até que todo o problema inter-relacional seja explorado; ele então passa a ver em conjunto cada díade do conflito. Isto não acontece no palco, mas na própria vida, como uma forma de psicodrama projetada na vida (Moreno, 1975, p. 293).[5]

Moreno começa com sessões alternadas entre o marido e a mulher, introduzindo mais tarde, no processo terapêutico, a amante. Esse

---

5. É interessante notar que Moreno já atendia conjuntamente no ano de 1937; as pesquisas norte-americanas revelam que, em 1940, apenas 5% dos casais eram atendidos em conjunto, sendo que apenas em 1959 Don Jackson (do pioneiro grupo de Palo Alto) cunhou o termo *Terapia Conjunta*, a partir de quando o atendimento ao marido e à mulher, juntos, passou progressivamente a ser o mais usual.

sistema de sessões alternadas com marido, mulher e amante pode ser de fato questionável, à luz do conhecimento atual sobre relacionamento e dinâmica conjugal. O pioneirismo de Moreno, no entanto, consiste exatamente em sua percepção de que um casal funciona como uma unidade, como um sistema que coexiste, do qual faz parte cada indivíduo envolvido na relação.

Ao longo dos anos seguintes, Moreno trata diversos casais e relata seus processos terapêuticos em vários artigos. Em 1940, descreve algumas de suas técnicas desenvolvidas em sua abordagem interacional, com a especificidade de serem utilizadas no tratamento conjugal. Nessa época, Moreno poderia ser descrito como um terapeuta com orientação claramente sistêmica. Acredita e enfatiza que, um dia, a descoberta de que a sociedade humana tem uma estrutura central, real e dinâmica, subjacente e determinante de todos os agrupamentos formais e periféricos, será considerada a pedra fundamental de todas as ciências sociais. Em 1946, ele cunha o termo Sociodrama, conceito que define o tratamento de um grupo, com foco no vínculo entre seus membros.

Moreno passa então a tratar conjuntamente marido e mulher, mães e filhos, afirmando, ousadamente para a época, que separados um do outro podem não ter qualquer problema psicológico perceptível (Compernolle, 1981). Atende casais, assim como outros agrupamentos especiais, tais como pessoas ligadas por laços tradicionais ou emocionais de longa duração: membros de uma família, amantes, amigos íntimos, sócios em um negócio. Ele chega a afirmar que tais grupos necessitam de um tratamento específico quando desenvolvem problemas de relacionamento, para que atinjam as síndromes interpessoais tão profundamente como se fossem uma única pessoa. A Terapia Interpessoal representa, para Moreno, uma categoria especial, que poderia ser classificada separadamente das psicoterapias individuais e de grupo.

Russo (2001, p. 94) acredita que a falta de reconhecimento sobre o pioneirismo de Moreno, pela comunidade de terapeutas de casal e família, "deve-se em grande parte à sua personalidade, auto-reconhecida como controversa, e que sempre entrou em conflito com as diferentes expressões do mundo acadêmico". Esse "esquecimento", no entanto, não impediu que muitas de suas idéias tenham sido absorvidas por terapeutas das mais variadas linhas, e que inúmeros conceitos e técnicas desenvolvidos por ele sejam utilizados, muitas vezes sem o devido crédito.

Aqui no Brasil, embora o Movimento da Terapia de Casal e Família venha crescendo progressivamente desde a década de 1970, ele se desenvolveu de forma significativa apenas a partir dos anos 90, particularmente após o I Congresso Brasileiro de Terapia Familiar, realizado em São Paulo, em 1994. Nesse evento, foi fundada a Associação Brasileira de Terapia Familiar, nos moldes da já existente Associação Paulista. Essa formalização do movimento trouxe a regularização de normas e a exigência de padrões acadêmicos mais altos, e, com isso, uma conseqüente melhoria de qualidade na formação e treinamento de profissionais, o que deu grande impulso à área.[6]

O Movimento Psicodramático em nosso país, no entanto, tem uma história bem mais antiga e abrangente: passou por uma explosão a partir de 1970, após o V Congresso Internacional de Psicodrama, realizado no Museu de Arte de São Paulo (Masp), considerado, na época, um importante acontecimento científico e cultural; a partir desse momento, em razão da grande popularidade e expressividade que adquiriu nos anos seguintes, foram criadas várias associações e diversos cursos de formação em Psicodrama e Sociodrama, por todo o Brasil. A Federação Brasileira de Psicodrama contabiliza hoje mais de 5 mil psicodramatistas por todo o País.

Entre os terapeutas familiares sociodramatistas, são bem conhecidas as contribuições de Moreno no campo da terapia familiar e de casal, assim como sua perspectiva claramente sistêmica e inovadora. Maria Rita Seixas (1992), uma das primeiras terapeutas sociodramatistas de família no Brasil, descreve as muitas correlações entre o psicodrama e a teoria sistêmica. Maria Amalia Vitale, também reconhecida entre nós como uma das precursoras nesse campo, enfatiza essa idéia, afirmando:

> Moreno antecipa-se aos terapeutas sistêmicos, ao centrar sua atenção nas inter-relações das pessoas que compõem o grupo; suas idéias sinalizam, claramente, a mudança do *locus* da terapia. A família passa a ser tratada como uma combinação entre pais e filhos, entre marido e mulher (Vitale, 1994, p. 10).

O foco de interesse de Moreno foi sempre o relacionamento interpessoal, e sobre esse tema dedicou-se a desenvolver seus conceitos

---

6. Trabalho apresentado pela autora. Ver FRANÇA, M.R.C. *Amor conjugal e terapia de casal.* VI Congresso Brasileiro de Terapia Familiar, Salvador, 2002.

teóricos e sua prática clínica, escrevendo sobre a Sociometria, o Psicodrama, o Sociodrama e a Psicoterapia de Grupo. Sabemos de seu pioneirismo no atendimento a casais e famílias por meio do relato de seus casos, e não porque ele tenha demonstrado a intenção de descrever ou de se aprofundar nas diferentes modalidades de atendimento que seu modelo teórico propicia. Moreno é um dos mais criativos pioneiros da Terapia Familiar e de Casal, e este capítulo procura resgatar suas contribuições inovadoras sobre o relacionamento interpessoal. Ao mesmo tempo, tem a pretensão de organizar fatos e datas, de forma que suas idéias possam vir a ser mais amplamente divulgadas na comunidade dos terapeutas de casal e família, uma vez que seu não-reconhecimento é ocasionado pela quase inexistência de produção escrita específica sobre esses temas.

Nossa preocupação aqui é localizar Moreno historicamente, e também responder a um desafio que há tempos pedia para ser enfrentado, iniciando uma pesquisa mais aprofundada sobre o potencial da metodologia sociopsicodramática no campo da terapia de casal e família. Ao dar continuidade ao criativo trabalho de Moreno, estaremos ajudando na construção de um corpo teórico mais rico e consistente sobre os vínculos conjugais e familiares.

## ■ Referências bibliográficas

BATESON, G. et al. *Interacción família.* Argentina: Ediciones Buenos Aires, 1980.

BRODERICK, B.; SCHRADER, S. The history of professional marriage and family therapy. In: GURMAN, A.; KNISKERN, D. *Handbook of family therapy.* Nova York: Bruner Mazel, In., v. I, 1981.

COMPERNOLLE, T. *J. L.* Moreno: an unrecognized pioneer of family therapy. *Family Process,* 20 (3): 331-335, 1981.

FRANÇA, M. R. C. Moreno: pioneiro da terapia de casal. Trabalho publicado no jornal *Em Cena,* Federação Brasileira de Psicodrama, Ano 15, n. 3, 1998.

________. *Amor conjugal e terapia de casal.* VI Congresso Brasileiro de Terapia Familiar, Salvador, 2002.

JUNG, C. G. O casamento como relacionamento psíquico. In: ________ *O desenvolvimento da personalidade.* Petrópolis: Vozes, 1986. v. XVII.

MARINEAU, R. F. *Jacob Levy Moreno – 1889-1974: pai do psicodrama, da sociometria e da psicoterapia de grupo.* São Paulo: Ágora, 1992.

MORENO, J. L. *Das steigereiftheater.* Berlim: G. Kiepenheuer Verlag, 1923. [Traduzido pelo autor como *The theatre of spontaneity.* Nova York: Beacon House, 1947]. Em português, *O teatro da espontaneidade.* São Paulo: Summus, 1978.

________. Psychodramatic treatment of marriage problems. *Sociometry*, n. 3, 1940.

________. Fundamentos da sociometria. *Sociometry*, n. 4, p. 15-35, 1941.

________. Group psychotherapy, a symposium. Nova York: Beacon House, 1945. apud ________. *Psychodrama.* Nova York: Beacon House, v. 3, 1969.

________. *Psicoterapia de grupo e psicodrama.* São Paulo: Mestre Jou, 1974.

________. *Fundamentos do psicodrama.* São Paulo: Summus, 1983.

________. *Psicodrama.* São Paulo: Cultrix, 1975a.

________. Psicopatologia das relações interpessoais, 1975b. In: ________. *Psicodrama.* São Paulo: Cultrix, 1975.

________. Tratamento in situ de um triângulo matrimonial, 1975c. In: ________. *Psicodrama.* São Paulo: Cultrix, 1975.

________. Terapia interpessoal, psicoterapia de grupo e a função do inconsciente, cap. 2, 1983. In: ________. *Fundamentos do psicodrama.* São Paulo: Summus, 1983.

RUSSO, L. Moreno: contribuições pioneiras na psicoterapia de casais e famílias, 2001. In: COSTA, R. P. *Um homem à frente de seu tempo: o psicodrama de Moreno no século XXI.* São Paulo: Ágora, 2001.

SEIXAS, M. R. *Sociodrama familiar sistêmico.* São Paulo: Aleph, 1992.

VITALE, M. A. F. *Genodrama:* trabalho psicodramático com genograma em terapia de casal. Apresentado no IX Congresso Brasileiro de Psicodrama, Águas de São Pedro (SP), 1994.

# O teatro recíproco com a família Moreno[1]

JÚLIA MARIA CASULARI MOTTA

Para refletir sobre o trabalho com famílias busquei observar as possíveis influências da família de origem do seu criador na construção do psicodrama. Utilizei, neste artigo, a biografia de Jacob Levy Moreno escrita por Marineau, tratando com igual importância os dados históricos e os dados da "verdade psicodramática e poética", pois o objetivo principal foi um exercício de reflexão sobre o trabalho com famílias baseado nos pressupostos teóricos do psicodrama.

Moreno conceituou como Teatro Recíproco o trabalho que desenvolveu com famílias. Ainda não encontrei escritos morenianos que nos esclarecessem melhor como e quando surgiu esse nome e nem porque Moreno abandonou seu uso. Penso que podemos compreender como Teatro Recíproco o processo terapêutico em que o ator-cliente é todo o grupo familiar, co-responsável e, sempre que possível, ao vivo. Considero que o conflito define o ator-cliente do Teatro Recíproco. Dentro desse conceito podemos dizer, então, que a família-cliente são os que estão envolvidos no conflito.

Relembrando o perfil da família Moreno podemos ver uma mãe adolescente de 15 anos, judia, pobre, imigrante, que passa a maior parte do seu tempo com o filho primogênito. Enquanto o pai, 32 anos,

---

1. Artigo publicado na *Revista Brasileira de Psicodrama*, v. 6, n. 1, 1998.

caixeiro viajante, está fora da cidade a negócios ou ausente de casa com compromissos sociais. Esse pai, aparentemente intermitente na vida da família, é para o filho, em um plano de realidade suplementar e virtual, o contrapapel constante e desejado que inspira o projeto moreniano, incluindo a persistente busca de incorporar a seu nome original — Jacob Levy — o nome paterno Moreno. Sua Mãe, Paulina, que faz dos filhos seu projeto de vida, em especial de Jacob Levy Moreno, é abandonada por este seu filho quando ele estava com 16 anos, ao se divorciar de seu pai, Moreno Nissin. O jovem adolescente estava voltando de uma viagem com um tio, na qual havia se apaixonado platonicamente pela primeira vez, quando recebeu a notícia da separação dos pais.

Desses dados biográficos podemos dizer que Moreno escolhe positivamente em primeiro lugar o pai? E que sua mãe deixou de ser escolhida quando já não era a possibilidade de ser ponte para chegar ao pai? Moreno, como filho mais velho, terá sentido medo de ser solicitado pela família como substituto do pai definitivamente ausente? Quais as fantasias de Moreno sobre promover uma família unida e feliz? Como seus cinco irmãos menores reagiram à separação dos pais? E à ausência do irmão mais velho? Estar apaixonado influiu de que maneira na reação deste filho à separação dos pais?

Imaginando um possível duplo deste filho nesta cena, penso: "Mãe, se você não quer meu pai eu também não te quero porque você é a aliada que busquei para tê-lo. Você traiu o meu projeto. Adeus!"

Ou assim: "Competi com meu pai por este lugar, agora não suporto ficar".

Ou assim: "Justo agora que estou apaixonado vocês vêm me dizer que o amor não é eterno? Quero distância dessa história".

Como registramos em nós o conceito de família?

Toda família nasce de um ritual formal ou informal, que pressupõe níveis de códigos comuns.

É possível imaginar que Paulina e Nissin se casaram em um ritual judeu da época, em que contrataram alguns princípios norteadores do tipo: "... na alegria e na tristeza, na saúde e na doença, até que a morte nos separe".

Esse é um código que elimina a possibilidade de um vínculo sociométrico em que os critérios de escolha podem ser atualizados quando necessário. Terá o jovem Moreno internamente "casado" seus pais dessa maneira?

Quantos códigos existem em uma família? Conceituo como código o conjunto de princípios que formam os elos de um grupo. Proponho que reflitamos sobre dois níveis de compromisso, de elos invisíveis que aparecem nas estruturas familiares, formando parte do co-inconsciente grupal. A lealdade é o primeiro e o mais facilmente reconhecível. Segundo Caldas Aulete, "leal" é uma palavra que vem do latim, *legale*, relativo a lei. Era, na linguagem feudal, o adjetivo que qualificava o vassalo obediente às leis, que jurara observá-las em relação a seu senhor. Por extensão, da palavra *legale* sai leal às leis da honra e da probidade, honesto, digno, dentro da lei, legal. O direito romano, que deu origem ao direito civil brasileiro expresso no nosso código civil, penal e de família, reúne as leis que formam o nosso código cultural de lealdade. Assim, quando uma criança nasce já recebe com seu registro civil um conjunto mais amplo de compromissos sociais de lealdade. Além desses também é feito herdeiro dos códigos de lealdade e fidelidade de sua família.

O segundo é o código de fidelidade, esse mais profundo e, portanto, mais invisível, isto é, mais secreto e inconsciente. A palavra fidelidade vem do latim *fidele*, que quer dizer característica divina considerada superior. É qualidade das pessoas que cumprem as regras, a palavra dada, a promessa solene, o juramento. Era considerado salvo-conduto para que uma pessoa fosse eleita para uma missão superior. Fiel se refere, na tradição greco-romana, ao comportamento esperado no relacionamento entre o homem e os deuses. Nas famílias esse é um código de grande importância, pois é base para os papéis, as personagens permitidas e proscritas, alicerce da hereditariedade social familiar. Somos herdeiros de mais do que a cor dos olhos ou da pele, somos herdeiros de um co-inconsciente familiar que nos faz fiel aos modelos reconhecidos pelas gerações de uma mesma família. Somos reencarnados por meio dos códigos de lealdade e fidelidade nos heróis e nos vilões da memória familiar. Quem ainda não foi comparado a um bisavô ou mais longe ainda, a um trisavô em características de personalidade? A identidade familiar é, dessa maneira, mantida nesse conjunto de memória que nos faz parentes numa família.

Os pais de Moreno se casaram, segundo a biografia citada, com critérios sociométricos operacionais, isto é, um casamento organizado pelos irmãos de Paulina como solução para a irmã confinada em um convento após a morte dos pais. Apesar de os fatos mostrarem uma história de dificuldades, de uma sociometria incongruente do casal, Moreno ao reagir tão contrário a separação esperava que os códigos de lealdade e fidelidade fossem mantidos.

Como se manter fiel e leal aos códigos familiares e ao mesmo tempo ser flexível, espontâneo-criativo, capaz de rever papéis, recriar contratos e projetos?... Temos nessa cena familiar muitas cenas individuais. É o psicodrama dentro do sociodrama, é a cena dentro da cena, a trama oculta expressa no drama familiar. Moreno está apaixonado por Pia, nesse movimento quer ver o mundo com olhos de esperança no vínculo amoroso. O ciclo de vida familiar mostra-lhe a realidade dura de uma incongruência sociométrica dos pais. Como aceitar que sua mãe não queira seu pai quando Moreno espera que sua amada o escolha? A cena familiar manifesta revela cenas ocultas, secretas, que mobilizam o jovem adolescente a rejeitar sua mãe, seus irmãos e seu pai. Vamos brincar em um exercício reflexivo que essa família é nossa cliente e que nos procuraram trazendo o jovem adolescente rebelde como o paciente identificado, aquele que não quer escrever a mesma história oficial da família.

Uma família adoece quando a história oficial enrijece o grupo e não é permitido recontá-la, tornando as pessoas prisioneiras dos códigos oficiais. Quanto mais uma família somente se reconhece em um *script*, em que as personagens devem entrar em cena com falas, gestos e sentimentos domesticados, mais dominada está por elos invisíveis. Os códigos são criados para permitir que uma família se reconheça como grupo, mas, às vezes, isso pode-se tornar um aprisionamento. Sem essa história oficial, sem esses códigos de lealdade e fidelidade não existe família. Às vezes, os papéis ficam fixos, as personagens previsíveis, com *script* decorado e guarda-roupa que se repete para garantir cenas oficiais. Muitas famílias aprisionadas em seus códigos não se permitem perguntas. Outras vezes o conflito é evidenciado sem que alguém adoeça e em algumas famílias chega-se a imolar o Cordeiro de Deus, ou em uma linguagem mais usual surge o bode expiatório na figura do paciente identificado.

O processo terapêutico familiar dentro da abordagem psicossociodramática tem, a meu ver, o objetivo de resgatar a permissão de se rever a história oficial, reescrevendo papéis, atualizando suas escolhas sociométricas e revisitando personagens. É psicodrama enquanto teatro terapêutico dos indivíduos do grupo, é sociodrama enquanto drama coletivo, teatro recíproco.

Dois canais de trabalho com família podem ser utilizados: do verbal para o dramático, quando podemos usar recursos dramáticos no verbal (uma dramatização sem ação corporal, como cenas de imaginação ativa no simbólico, é o recurso da metáfora) e da cena para a reflexão, caminho este mais recomendado por Moreno.

Quando a família nos procura para um trabalho terapêutico traz consigo alianças, segredos, desejos, sonhos, códigos e uma infinidade de elementos comuns e possibilidades que são mananciais criativos. Na mesma bagagem vem o medo de rompimento, de desintegração caso se traiam os códigos, os elos invisíveis da história oficial, as garantias de reconhecimento como parte do grupo. Essa dualidade muitas vezes está depositada no paciente identificado que, como emergente, não conseguiu mobilizar, em si e no grupo, força protagônica para trazer o novo. Podemos dizer que Moreno é o emergente familiar nessa cena da separação, mas podemos considerá-lo protagonista?

O grupo denuncia e esconde, é capaz de curar e adoecer, definindo o que deve ser contado, qual cena pode ser escolhida, controlando da trama oculta ao revelado. Para isso alianças são feitas e desfeitas. Toda seleção pressupõe escolha. Nós somos o que dizemos que somos naquele momento. Neste vaivém de narrar a história oficial e chegar à cena ou entrar na cena para depois falar da cena, já estamos alterando ou criando possibilidades novas de mudanças. A cada momento novas alianças, triângulos, são feitos e refeitos. Na presença do terceiro é que o conflito se evidencia. Esse terceiro, um espelho, possibilita a descoberta de novos recursos na criação de personagens.

Quando uma família muda sua narrativa, seu relato oficial já nos mostra seu potencial de possibilidades. Mas quando uma família cria novas personagens, novas cenas de velhas cenas surgirão.

Comparar-se a algo é um recurso metafórico de se criar distância do conflito, permitindo-se sair da impotência. Esse recurso lúdico revela flexibilidade, abre possibilidades, mostra caminhos até então não vistos. Podemos dizer que neste momento estas pessoas estão permitindo-se rever seus códigos de lealdade. Permitem-se a curiosidade de se perguntarem: "como é estar lá e não aqui?". Inicia-se a possibilidade de vivenciar uma realidade suplementar, em que novos elementos podem ser considerados na criação de personagens. Essa flexibilização até então estava proibida pelo patrulhamento do código de lealdade próprio da realidade complementar social.

Mas quando convidamos: “seja este personagem que criou e experimente contar a história sendo um leão, um rato, um palhaço, um super-homem...” Neste momento atemporal estamos entrando na metáfora do “como se”, no distanciamento que o palco da realidade suplementar possibilita. Ser uma personagem é diferente de comparar-se a uma personagem. O nível de compromisso, de entrega a novas possibilidades é maior. E como todo papel pressupõe um contrapapel, na cena o grupo familiar também precisará criar formas novas, outras possibilidades de contracenarem entre si. Quando termina a cena, puderam experimentar formas diferentes de vínculos, os códigos de lealdade e fidelidade foram revisitados. A história oficial pôde ser reescrita.

O trabalho nesta visão psicodramática com família, seja com um casal ou com um grupo familiar, é a busca da criação de novos personagens que, emergentes, possam vir a ter força protagônica.

Neste fragmento da biografia moreniana, como podemos processar esta cena escolhida?

Eis o diagrama da família em 1905, época da separação:

Na cena seguinte: Moreno, zangado com a iniciativa da mãe, abandona os estudos, escreve poemas de revolta contra Deus e afasta-se da família buscando um caminho independente. Ao se tornar um cidadão do mundo, declara a humanidade sua família, buscando segundo ele, como Jesus, o caminho do Universo. Descreve, o que chama de sua epifania, uma cena em praça pública quando conversa com uma estátua de Jesus Cristo.

Nessa imaginária cena do teatro recíproco com a família Moreno, possivelmente a personagem que o adolescente primogênito de 16 anos teria escolhido seria Jesus.

Ao não suportar viver com a família após a separação dos pais o jovem cria uma personagem poderosa, irmanada ao universo, capaz, de "todo pai ser seu pai, de todo filho ser seu filho..."

Diante dos limites e das limitações do drama familiar, a saída pela onipotência.

Mais tarde Moreno casa-se várias vezes, até que encontra em Zerka, quase 30 anos mais jovem, sua musa e companheira, com quem compartilha o trabalho, a criação, o afeto, fazendo em comum um projeto extenso e duradouro.

Moreno, ao conhecê-la, pede-lhe que leia as provas da tradução inglesa do livro *As palavras do pai.* A partir daí não mais se separaram, e Moreno passa a referir-se a Zerka como "a sua mão direita".

Vejamos neste fragmento do vínculo amoroso de Moreno e Zerka os códigos de lealdade e fidelidade que estabeleceram. Possivelmente se casaram em um ritual no qual disseram:

*Eu gostaria*
*De ter nascido com você*
*Como um só ser*
*Mas agradeço a Deus*
*Por ter nascido separado de você,*
*como um ser distinto.*

*Mas ah!*
*Oh Deus, oh meu Deus*
*Agora que encontrei você*
*E me tornei um com você,*
*Desejo poder morrer com você,*
*Como um só ser.*

No poema Moreno reconhece o casal como indivíduos separados e distintos, mas que podem-se tornar um.

Poder ser **nós** e poder ser **eu** numa família, eis o princípio renovador que garante a permanência e a renovação nos códigos do grupo.

E o jovem adolescente que escolheu como personagem ser Jesus e ter como família o universo? Como ficou a família de origem em Moreno? Sua relação com os pais e irmãos?

Na mesma biografia há o relato de que Moreno não mais voltou à casa da mãe e nem se reencontrou com o pai, mas se relacionou com os irmãos recebendo e dando auxílio entre o grupo fraterno. Moreno foi o primeiro a incorporar o nome Moreno ao seu, sendo seguido pelos irmãos.

Dessa maneira ele reconcilia-se com seu pai, mas como na cena na praça com Jesus, onipotentemente dizendo "eu sou ele", buscando um vínculo simétrico com a autoridade paterna, inicia uma nova dinastia. Com a figura feminina mais importante, Zerka, primeiro lhe oferece seu projeto para ler procurando assegurar-se de que não haveria surpresas com abandono, mostrando quais eram seus critérios sociométricos na escolha amorosa, promovendo a garantia de mutualidade. Moreno, então, constrói o código visível que norteará os elos invisíveis da relação amorosa. A mutualidade sociométrica é garantia télica.

Revisita a sua história oficial quando transforma os códigos familiares de lealdade e fidelidade pelo vínculo amoroso. Já não mais "na saúde e na doença, até que a morte nos separe". Agora diz: "reconheço que somos indivíduos, mas desejo poder ser um com você".

Quantas cenas se multiplicaram com base na cena da separação dos pais? Quantas novas personagens precisaram ser criadas? Moreno não fica com a família após a separação dos pais, mas não se separa como aparentemente parece. Continua lutando para devolver o pai à família. Resolve o conflito ao oferecer a saída de incorporar como sobrenome o prenome do pai, iniciando uma nova dinastia. Dessa maneira, Moreno altera e renova os códigos de fidelidade e lealdade ao protagonizar o Teatro Recíproco com a Família Moreno.

Concluo este capítulo perguntando: com quantos meninos se faz um homem? E com quantos jogos se faz um menino? E uma família?

## Referências bibliográficas

AULETE, C. *Dicionário contemporâneo da língua portuguesa*. 3. ed. Rio de Janeiro: Delta, 1980.

MARINEAU, R. F. *Jacob Levy Moreno, 1889-1974: pai do psicodrama, da sociometria e da psicoterapia de grupo*. São Paulo: Ágora, 1992.

# Robert e Diora, Bárbara e George: erros e acertos de Moreno no sociodrama de casal

LAURICE LEVY

Antes de mais nada é preciso dizer que poucos conhecem a história de Robert e Diora. Assim como todo e qualquer psicodramatista conhece sobejamente a história de George e Bárbara, ninguém ouviu falar de Robert e Diora. Nem mesmo os mais eminentes psicodramatistas brasileiros tinham ouvido falar desse atendimento de casal feito por Moreno. Entre os autores contemporâneos, encontramos apenas Fonseca (2000) e Marineau (1992) fazendo referência a esse caso.

Ocorre que esses dois homens se suicidaram. Para situar minimamente o leitor, vou relatar o pouco que sabemos sobre os dois homens, contextualizando esses atendimentos e contando o que se sabe de fato sobre esses dois suicídios. Depois tentarei fazer uma leitura de Moreno ante esses eventos traumáticos e finalmente listarei o que considero "erros" e acertos de Moreno com as respectivas conseqüências para as terapias psicodramáticas sistêmicas atuais.

George Kulka nasceu em 1887. Casou-se com Anna Hollering, a famosa Bárbara. Era amigo íntimo de Moreno. Morreu em 1929, ou seja: quatro anos depois de Moreno ter saído de Viena para os Estados Unidos da América. Moreno partiu em setembro de 1925. George tinha na ocasião 42 anos. Trabalhou como editor de Moreno no Daimon. Não era tão dócil e passivo como Moreno queria nos fazer crer. Brigou com Karl Krauss a propósito de uma questão sobre plágio. Aos olhos de Moreno, George teria uma personalidade frágil e sensível.

Mas, segundo a irmã de Anna, Lana Sutton, o temperamento de George era muito forte e difícil de se conviver com ele. Marineau (1992, p. 86) acredita que "um bom número de sessões de psicodrama lhe seriam extremamente úteis".

Curiosamente, na *Autobiografia* de Moreno traduzida por Luiz Cuschnir, o único comentário que se faz a respeito do caso George e Bárbara (Anna Hollering) é que:

> A primeira sessão oficial psicodramática teve lugar no Komodienhaus, um famoso teatro de Viena em 1921. Anna, a atriz, era uma grande amiga minha e seu pai, que era dono do Komodienhaus, me deixou usá-lo por uma noite sem pagar aluguel (Moreno, 1997, p. 90).

Nem mais uma palavra. Nenhuma citação a George.

É em Marineau que ficamos sabendo que o casal não era feliz como Moreno em algum momento queria acreditar. Será o sempre otimista Moreno que pensava assim? Mais uma vez uma questão de filosofia e visão de mundo? Ou um erro de percepção, tele baixa? De qualquer forma, depois do trabalho conhecido por nós, Bárbara separa-se de George e, somente cinco anos depois da separação e da terapia, ele se suicida.

Um pouco para provocar os leitores, posso dizer que a "terapia" foi um sucesso? Sim, porque, à luz do que sabemos hoje, nem sempre a separação significa um fracasso da terapia. Muito pelo contrário. Os terapeutas pós-modernos de casais não se preocupam apenas em fazer o casal permanecer junto, mas sim que chegue à decisão mais adequada ao momento. Além do que, um homem de 42 anos se suicidar cinco anos depois de um "atendimento" é questionável se teria alguma relação com a "terapia". Afinal, nenhuma terapia pode promover milagres. Caso contrário, acreditaríamos que a terapia é mágica e definitiva. Vale lembrar que mesmo Freud no final da vida (ele morreu em 1939), quando escreve *Análise terminável e interminável* (1937), ensina que o paciente e/ou o ser humano nunca estará pronto e acabado. Ou seja, é impossível desejar uma existência completamente livre de dificuldades ou conflitos.

O próprio Moreno, já mais amadurecido com 50 anos (em 1939), faz um trabalho belíssimo com Frank e Anna Maurer (com a respectiva amante Ellen, que comentaremos adiante) e diz depois de uma terapia de sete sessões, com início, meio e fim, como se faz hoje:

> Foi possível, através de sessões psicodramáticas, depois que não se podia mais impedir a separação de Frank e Anna, realizar uma espécie de 'divórcio catártico', de tal forma que ambos os cônjuges se separaram de maneira relativamente amigável (Moreno, 1974, p. 214).

Hoje existe a mediação que trata exatamente disso. Separações com mais tranqüilidade.

Robert Müller nasceu em 1887, foi casado com Diora. Morreu em 1924 (um ano antes da saída de Moreno de Viena), aos 37 anos. Era um jovem jornalista tcheco, amigo de Moreno. Também colaborava no Daimon. Era fã de Moreno e escreveu no jornal *Prague Press* uma nota muito favorável, que citaremos no final do trabalho, "Sobre teatro da espontaneidade". Suicidou-se no dia seguinte ao da separação de Diora.

Marineau (1992, p. 86) conta: "Moreno faz uma 'terapia dramática' do casal. Tudo parecia caminhar bem, mas um dia Diora se separa do parceiro e Robert se suicida no dia seguinte". Diante dessa constatação, duas questões se impõem:

1) O que significa esse "*tudo parecia caminhar bem*"? Será que não levavam os problemas para a sessão?
2) O que era essa "*terapia dramática*" que Moreno estava descobrindo?

Cabe a nós tentar responder a essas perguntas, uma vez que o que foi dito acima é tudo o que sabemos a respeito desse caso. Ninguém fala disso. Novamente, nem mesmo em sua *Autobiografia* (Moreno, 1997), Moreno se refere a esse atendimento. Na verdade, a respeito de Robert Muller, Moreno só nos conta que era um jovem jornalista tcheco que escreveu um texto sobre o teatro da espontaneidade no jornal *Prague Press.* No capítulo 6, cujo título é "Viena pós-Guerra: Daimon e o teatro da espontaneidade", que fala dos anos de 1919 a 1925, nem uma palavra sobre os suicídios. Nem de Robert nem de George.

Ainda mais curiosamente, entre os inúmeros nomes citados por Moreno, como Peter Lorre, Bubber, Max Brod (amigo de Franz Kafka), Theodor Reik, Georg Kaise (precursor de Berthold Brecht), entre muitos, muitos outros, Moreno se "lembra" (não vamos saber nunca por que razão) de alguém chamado Ernst Toller (que foi para

Nova York nos anos de 1930) e que ficou "literalmente louco" (palavras de Moreno) por uma garota de 16 anos que não correspondia a seu amor e falava em suicídio. Amigos em comum sugeriram a Toller que se tratasse com Moreno em Beacon, porque vivia dizendo que iria se suicidar, mas "no dia anterior em que eu o esperava em meu sanatório soube que tinha se atirado pela janela" (Moreno, 1997, p. 88). Por que será que Moreno "esquece" Robert?

Podemos levantar a hipótese de que a questão dos suicídios é tão mobilizadora a ponto de se tornar um assunto tabu? Sem dúvida, ela é uma questão no mínimo controvertida. Prova disso é que nem todas as pessoas que leram Marineau (e acredito que seja a grande maioria dos psicodramatistas) atentaram para esse fato. Ninguém se lembra de Robert e Diora.

Moreno, sem dúvida, ficou muito desconcertado com esse suicídio, pois "foi totalmente tomado de surpresa" (Marineau, 1992, p. 188). Talvez por isso ninguém, nem o próprio Moreno, fale disso. E, mais que isso, parece que foi um fator decisivo para sair de Viena. Além, é claro, de outras complicações financeiras e de fracassos em uma cidade onde a psicanálise imperava soberana. Freud, em 1900, tinha publicado seu *Interpretação dos sonhos* e estava conseguindo firmar-se como um pensador muito importante. A psicanálise estava ganhando cada vez mais adeptos e a terapia individual estava no auge.

Claro que o suicídio de um paciente nunca é bem aceito. Na comunidade vienense, então, onde Moreno já não era bem visto nem aceito, foi pior. Isso levou Moreno a "um período de auto-exame, reavaliando a confiança na força da atriz e no seu próprio poder de diagnóstico" (Marineau, 1992, p. 86).

Todavia, sabemos o quanto Moreno não era afeito aos diagnósticos. Isso era assunto da psiquiatria clássica que ele abominava. Fonseca (2000, p. 275) nos mostra que ele nunca quis ser psiquiatra. Sua experiência com doentes mentais fez que não gostasse de trabalhar com esses pacientes. "Ele particularmente não gostou do que viu" (idem, ibidem). Estava em boa companhia, pois Freud também dizia que não se sentia bem com os psicóticos. Dizia que eles se afastavam de tudo que é humano. Chegava a afirmar que os psicóticos não faziam neurose de transferência. Bion (Bléandonu, 1993) é quem resgata essa idéia, dizendo que fazem "psicose de transferência". Mas essa é outra história...

Além disso, ainda na opinião de Fonseca, Moreno tinha seus interesses voltados, inicialmente, para tornar-se um "médico de família".

> Suas experiências psicoterápicas (...) com Barbara e George, depois com Diora e Robert e com algo que já se assemelhava à psicoterapia de família (teatro recíproco), também não transitam pela psiquiatria clínica da época: são antes experiências fundadas no teatro e na sociologia (Fonseca, 2000, p. 275).

De qualquer forma, no foro íntimo de Moreno isso "foi um confronto brusco com as suas dificuldades no manejo de pacientes suicidas" (Marineau, 1992, p. 86). E embora não se possa afirmar que ele fosse culpado, direta ou indiretamente, pelo suicídio de Robert Muller, na opinião de Marineau o fato pode ter contribuído para que ele saísse da Áustria.

Cabe-nos perguntar: Podemos culpar Moreno pelas mortes? Será que, à luz do que se fazia na época, ele realmente errou?

É possível, de fato, que os suicídios de George e Robert coincidentemente tenham abalado Moreno. Mas o que levou os dois homens ao suicídio? Para responder, seríamos obrigados a enveredar pela psicopatologia. O paciente deprimido é um "louco", um psicótico? Qual seria seu tratamento? Medicação, internação, família, auxiliares psiquiátricos etc.? Provavelmente. Mas nem assim poderemos ter certeza de evitar *sempre* o suicídio, não? Afinal sabemos que muitas vezes o paciente se suicida quando melhora. Não só porque tem forças para cometer o ato suicida, mas principalmente porque não há ninguém vigiando. Então, voltando a Robert e George, será que esses pacientes deram mostras de uma depressão endógena ou psicótica? Ou foi um episódio reativo, súbito e inesperado? Essas questões podem ser pensadas agora, mas, infelizmente, nem hoje temos dados para indicar um diagnóstico. De qualquer forma, o que interessa apontar agora é que, seja como for, Moreno não tinha como objetivo adotar uma postura diferente da psiquiatria tradicional? Não queria em seu túmulo a inscrição: "O homem que trouxe alegria à psiquiatria"? Não dizia não aceitar as conservas culturais? E a psiquiatria não seria, em sua opinião, a mais conservada das conservas?

Ele realmente era um homem, como diz Pierre Weil, que "ensina o que faz e faz o que ensina" (Moreno, 1974, p. 15). E nisso ele foi pioneiro. Hoje, os terapeutas familiares trabalham com espelhos que ampliam a equipe terapêutica para campo e extracampo, gravam em vídeo sessões terapêuticas para compartilhamento com os pares e estudantes, e assim por diante... Mas na época não era assim. O *setting* intimista, a privacidade da relação dual paciente–terapeuta, o sigilo restrito aos implicados no processo terapêutico, o anonimato dos pacientes eram uma constante.

Como qualquer cientista ou teórico que está fazendo e tentando comprovar suas hipóteses, o futuro, mesmo em relação aos suicidas, deu razão a Moreno. Apesar da culpa e, quem sabe, da vergonha pelos dois suicídios de George e de Robert, penso que não só Moreno não teve culpa ou responsabilidade intrínseca no desfecho infeliz dos dois maridos abandonados por Bárbara e Diora, mas que ele foi o primeiro a lidar com um suicida confesso como se faz hoje.

Na verdade, Moreno sempre se preocupou com a vida. Um bom exemplo disso é o caso do paciente que o procurou quando ainda era "médico de família" em Bad-Vöslau (em 1920), para pedir sua ajuda a fim de que pudesse dar cabo à própria vida. Deixaria, inclusive, sua herança para Moreno (Marineau, 1992).

Claro que Moreno recusou, dizendo trabalhar a favor da vida e não contra... E nesse caso conseguiu. Foi mais uma inovação criativa e "louca" de Moreno que hoje está sendo usada pelos terapeutas familiares, principalmente os norte-americanos. É o que denomino "indústria da morte". Sem nenhuma conotação valorativa.

Monica McGoldrick relata que atualmente se faz o "enterro simbólico" dos pacientes ainda vivos. Com direito a convidados, amigos, família, comidinhas, fotos, gravação em vídeo de despedidas, carinhos, discursos do próprio paciente e dos convidados, para passar... quando o sujeito morrer de fato.[1] E atualmente muitos terapeutas de família utilizam o psicodrama para trabalhar o desejo suicida nos consultórios.

Moreno trabalhou com psicodrama o desejo de morte do paciente e "salvou-o" de sua vontade mórbida.

> Há o psicodrama individual que teve lugar em seu consultório com o homem que desejava cometer suicídio e com quem conseguiu seu primeiro êxito terapêutico (Marineau, 1992, p. 82).

1. Palestra proferida no VI Simpósio de Terapia Familiar Sistêmica do Rio de Janeiro e no III Simpósio Internacional de Terapia Familiar Sistêmica em 2001.

Penso que poucos conhecem esse primeiro sucesso.

Dito isso, somos levados a pensar na questão da responsabilidade ou co-responsabilidade pela vida ou pela morte de nossos pacientes.

Existe toda uma corrente que acredita no livre-arbítrio e nos limites do terapeuta, que não é Deus, assim como outra que acredita que devemos poder ajudar e até mesmo impedir o suicídio. É novamente uma questão filosófica, tanto que os pacientes lacanianos eram os que mais se suicidavam (dito à boca pequena) e, no entanto, ninguém jamais culpou Lacan, nem tampouco ele demonstrou qualquer tipo de prurido com isso. Afinal, o objetivo maior (dizem) da terapia seria o momento em que os pacientes percebessem a... falta. Para o bem ou para o mal. Entendo com esse foco terapêutico que ou você recomeçava daí ou então os mais fracos não suportavam e se suicidavam. Muito naturalmente... Claro que tudo isso também ficou nos bastidores da clínica lacaniana, mas, como sempre... todos sabem!!!

Apesar de tudo que disse antes para "livrar" Moreno da culpa, penso que agora podemos tentar entender por que ele se sentiu culpado e triste.

Afinal, quem foi Moreno? Um ser inseguro, rivalizando com tudo e todos, absolutamente necessitado de reconhecimento e aceitação? Infantil, egocêntrico, megalomaníaco, pouco consistente, pouco teórico, pouco estudioso, ingrato "plagiador" de idéias, condescendente e magnânimo consigo próprio, mas crítico implacável com os demais, louco varrido? Sem dúvida, com todo o respeito e carinho por ele, podemos dizer que sim! Moreno foi tudo isso!

Mas, além disso, ou **por causa disso**, o *ingênuo-gênio,* segundo Fonseca,[2] pôde ser petulante, brilhante, audacioso, profético, corajoso, "abusado" no melhor sentido da palavra, e, por isso, quis abarcar todas as áreas do conhecimento, dizendo-se filósofo-religioso-psicoterapeuta-político[3] (claro que existem críticas bem fundadas sobre esse "borboletear" de Moreno) e tudo o mais que existe no mundo. Afinal, sendo "Deus", não teria de ser onipotente e onipresente?

Em minha opinião, talvez Moreno fosse o melhor exemplo de uma sublimação (no sentido psicanalítico) bem-feita, criativa e passível de ajudar a si próprio, aos que lhe cercavam e finalmente à humanidade.

---

2. Em comunicação pessoal.
3. Ver Naffah (1997) e Fonseca (2001).

É preciso de fato ter todos os atributos mencionados — positivos e negativos — para não se deixar abater com fracassos, ironias e rejeição e conseguir construir o legado riquíssimo que nos deixou de herança. Graças a seus poucos temores, à sua genialidade e espontaneidade,[4] ele estava fazendo Ciência. Uma ciência que não poderia ser aceita, nem mesmo entendida pelos pensadores da época, mas... que hoje está provado ser a melhor forma de se fazer Ciência, com letra maiúscula.[5] Não falarei agora dos pressupostos atuais da ciência. Mas como ele sempre apregoava que não pode existir separação entre o homem que faz a ciência e o cientista propriamente dito, acredito fortemente que o homem Moreno sentiu-se culpado. Quem sabe sua culpa fosse proporcional ao seu desejo de ser Deus? Segundo Marineau (1992, p. 86), "Foi este suicídio que lhe fez questionar a natureza e os limites de sua obra". Ou também podemos pensar que seria possível que sua extrema consciência da responsabilidade com tudo e todos o levasse a sentir-se frustrado diante de qualquer fracasso? Vejamos o que ele nos diz:

> O homem é um ser cósmico; é mais do que um ser psicológico, biológico e natural. Pela limitação da responsabilidade do homem aos domínios psicológicos, sociais ou biológicos da vida, faz-se dele um banido. Ou ele é também responsável por todo o universo, por todas as formas do ser e por todos os valores, ou sua responsabilidade não significa absolutamente nada (...)" (Moreno, 1974, p. 21). "Que compensações poderia a psicoterapia oferecer, se não houvesse sentido para a vida? (Moreno, 1994, p. 22).

De fato, um terapeuta que agrega ao juramento de Hipócrates — de sigilo (a não ser em casos éticos, como pensado hoje) — um outro juramento — de responsabilidade recíproca ou, como é moderno dizer, de *co-responsabilidade* —, acaba, sem dúvida alguma, implicando mais fortemente o profissional com seu grupo ou seus pacientes. Assim seria impossível ele não se sentir co-responsável por tudo o que ocorre sob sua direção.

---

4. Ler "Do oráculo ao destino" que escrevemos em co-autoria com Ailton Scavassa e apresentamos no II Congresso Ibero-Americano de Psicodrama em Águas de São Pedro, em abril de 1999, no qual sugerimos algumas hipóteses para essa extrema coragem. O texto está no Capítulo 7 de nosso livro *Integrando diferenças.*

5. Ver *Tributo a Moreno. Aquele que sobreviveu... Resgatando um moreno científico* (Levy, 2003).

> (...) os membros do grupo são levados progressivamente em momentos oportunos no decorrer do tratamento a compreender sua responsabilidade recíproca e se conduzir conseqüentemente (Moreno, 1992, p. 24).

Além disso, ele também dizia, mesmo definindo muito bem o papel e a posição do terapeuta, que "o diretor era *também um membro do grupo*"[6] (Moreno, 1974, p. 84). Mais uma vez ele anteviu uma noção cara hoje aos terapeutas de família: a ressonância — e por isso talvez fosse a pessoa mais vulnerável. E também o mais responsável, pergunto?

Possivelmente assim pensava Moreno. E, assim, até pode ter se sentido culpado e considerado que errou nos dois casos, mas nós, em minha opinião, não podemos culpá-lo. Resumirei a seguir quais teriam sido os possíveis "erros" e os muitos acertos de Moreno que desembocaram em conseqüências facilmente perceptíveis como positivas atualmente.

## ■ Erros. Erros?

1) Moreno "utilizou as mulheres como protagonistas na maior parte do tempo, negligenciando possivelmente a personalidade dos dois homens"? (Marineau, 1992, p. 188)

— Quem em 1924 pensava em casal? Quem pensava em alguma psicoterapia que não fosse o modelo individual, intimista?

2) Moreno não se preocupou em fazer um diagnóstico?

— Seu enfoque era diferente da psiquiatria clássica.

Quantos psicodramatistas até hoje não se preocupam com diagnósticos?

3) Moreno não previu, nem conseguiu evitar os suicídios de seus "pacientes"?

— Que "pacientes" eram esses?

— Que "terapia" Moreno estava fazendo?

— Quantos até hoje conseguem evitar sempre o suicídio dos pacientes?

---

6. Grifo do autor.

4) Moreno atendeu pessoas amigas e conhecidas?
— Quem naquela época não agia assim? Freud, Ferenczi?

5) Acreditou que existia uma vítima (George) e um algoz (Bárbara)?
— Quem tinha uma visão sistêmica naquela ocasião?
Sua preocupação era a de ajudá-la a mudar e melhorar, por meio da prática que ele estava começando a descobrir que poderia ser terapêutica.

6) Sua visão de mundo otimista fez com que sua tele não funcionasse muito bem, pressentindo o suicídio?
— Apesar dos "erros", Moreno nunca abriu mão desse pressuposto. E mesmo assim teve muitos sucessos.

## Acertos

1) Moreno teve visão e coragem de romper com o modelo individual.
2) Introduziu egos-auxiliares, platéia e casal.
3) Por meio de Bárbara, Moreno pôde demonstrar o caráter modificador e terapêutico do psicodrama.
4) Moreno iniciou no ponto em que muitos chegaram: a terapia de casal e de família.
5) Moreno fez um esboço de terapia de casal com Robert e Diora.
6) "Salvou" um suicida confesso em 1920, preconizando o que é feito hoje.

## Conseqüências

Em 1939, o "Psicodrama de Casal" que Moreno faz é um sucesso absoluto. Ao atender o triângulo Frank e Anna Maurer, com a respectiva amante Ellen, Moreno "inventa" muitos conceitos hoje caros a todos os terapeutas de casal e família. Vejamos por que:

1) Intui a pragmática da comunicação humana com seu enfoque digital e analógico e a noção de *double-bind* ou mensagem contradi-

tória. "Na vida real as pessoas às vezes dizem uma coisa e agem de forma contrária" (Moreno, 1974, p. 185).

2) Sinaliza a complementaridade sistêmica.

3) Ocupa às vezes a posição de investigador ingênuo.

4) Aponta e esclarece lealdades invisíveis.

5) Percebe como Bowen a dificuldade de separar-se da família de origem.

6) Entende muito claramente o que hoje sabemos. Moreno diz: "Ele acreditou que havia se casado com uma só pessoa, mas em vez disso casou-se com toda a família" (Moreno, 1974, p. 190).

7) Introduz a amante primeiro no "como se".

8) Moreno fala da própria experiência como Mony Elkaim e toda a visão cibernética de segundo grau.

9) Conduz por vezes a terapia como se fosse uma conversação comum. Como prega todo o construtivismo atual.

10) Traz a amante Ellen com Frank (na nona e décima sessões, quando a relação terapêutica já está estabelecida).

11) Circulariza as perguntas.

12) Dá conotações positivas.

13) Pontua a importância do primeiro encontro para qualquer casal.[7]

14) Estimula as tarefas.

15) Preocupa-se com a escolha do cônjuge. Entende que podemos escolher o nosso pior pesadelo para matrimônio.

16) Faz uma terapia breve, de 15 em 15 dias, extremamente atual.

17) Não busca o *happyend* do casal. "Não foi possível manter o casamento de Frank e Anna, mas uma boa separação é mais saudável que um mau casamento" (Moreno, 1974, p. 215).

18) Faz rituais de separação.

19) Fala explicitamente do nó de regras contraditórias, como Mony Elkaim muito mais atual.

20) Preocupa-se com a questão cultural não pensando de forma cartesiana ou evolucionista. "Há em geral, limites *estéticos* e *éticos*[8] das representações que o diretor terapeuta deve sempre observar. O mesmo problema pode ser tratado diferentemente em diferentes culturas" (Moreno, 1974, p. 216).

---

7. Ver "A Guerra dos Roses" (Levy, 2000, Capítulo 3).

8. Grifo do autor.

21) Em relação a um segredo, Moreno se preocupa com a ética e com a autonomia do indivíduo. "Aqui valeu o juramento hipocrático, o respeito pela autonomia dos indivíduos" (Moreno, 1974, p. 216).

## Conclusão

Assim, para concluir, vejamos:

Moreno foi um mago, como diz Geraldo Amaral, no prefácio de *Quem sobreviverá?* (1992). Não era um recluso, mas sim um santo guerreiro (palavras de Moreno). Em uma época em que a objetividade e a neutralidade eram palavras de ordem, Moreno se atrevia a questionar esse pseudodistanciamento do cientista e chamou a si próprio um *criador desarmado* profundamente envolvido em todas as suas vivências, realizações e escritos. Não aceitava a cisão entre o cientista por um lado e o homem por outro. Geraldo Amaral diz:

> O sistema sociométrico ganhou profundidade e clareza e foi capaz de combinar os dois extremos que permearam a cultura humana: a mágica-poética ativa e concreta com a ciência, metódica e objetiva (Moreno, 1992, p. 20).

Acredito então que, como cientista, estava começando suas experiências com casais e por isso não poderia prever o que aconteceria. Como homem, sentiu-se responsável pelas mortes e aprendeu, cresceu e mudou, como vimos antes, reformulando-se constantemente.

Experienciando constantemente, pôde criar a obra que criou. Não tinha medos. Arriscava-se sempre. Afinal, quem aos 4 anos se atira do alto sem nenhum instinto de conservação e nunca perdeu seu lado criança, como ele afirma em *Quem sobreviverá?*, pode cometer e sofrer as conseqüências de seus "erros". Moreno se dizia Deus e era tachado de megalomaníaco. Mas quem hoje poderá culpá-lo? O que pregam todas as correntes de auto-ajuda, de programação neurolingüística, de treinamento para executivo, de aumento de auto-estima não é algo bem parecido com isso, apesar de vir camuflado às vezes com outra roupagem?

Entre erros e acertos, ele falou e fez bobagens, sem dúvida, mas também previu e deixou conceitos importantes para muitas terapias, como a de família e de casal. E antecipou também toda a visão pós-moderna da cibernética de segundo grau, falando como o fazem hoje Maturana, Varella, Von Foester, Morin, Mony Elkaim e tantos outros gênios atuais que são estudados e saudados na contemporaneidade.

Se dois pacientes seus se suicidaram, também ele foi o primeiro a "curar", como já dissemos, um suicida confesso e, em 1939, fez o atendimento do triângulo amoroso de Frank–Anna–Ellen com um desfecho favorável para todos. Moreno diz textualmente: "impediu-se a possibilidade de uma tentativa de suicídio de Anna ou Ellen" (Moreno, 1974, p. 215), ou seja, Moreno estava preocupado com as mulheres "abandonadas". Estaria se lembrando de Robert e George?

Então, para finalizar, posso dizer que se ele "errou", também pôde se corrigir. Teremos de aceitar que Moreno foi um homem muito especial, sem dúvida alguma, mas que não era Deus. Eu gostaria de lembrar os leitores que, no final da vida, Moreno disse: "A existência do Universo é importante, é realmente a única existência significativa; é mais importante que a vida e a morte do homem como indivíduo".

E Moreno, sem dúvida alguma, acertou deixando uma marca forte no mundo das psicoterapias, da sociologia e de outras áreas. Como bem disse o paciente suicida de Moreno, Robert Muller, ao escrever no jornal *Prague Press:*

> Dr. Moreno, o conhecido escritor e psiquiatra, fundou um *Impromptu Theater* para os intelectuais de Viena (...) Começa bem por baixo, com técnicas muito primitivas, com freqüência das mais simples (...) Com Moreno, podemos ver no *impromptu* uma forma terapêutica muito boa para o processo curativo da civilização — e esse é o ponto principal, a idéia-semente no evangelho revolucionário de Moreno em suas tentativas de dar continuidade e restaurar a vitalidade da nossa cultura. Ele é, sem dúvida, uma força motriz (...) (grifos no original, Moreno, 1997, p. 92-93).

Sem deixar de ter um olhar crítico, não podemos nunca nos esquecer desse Moreno como força motriz, como criador-cientista universal. Acredito, na realidade, que nós, psicodramatistas brasileiros, estudiosos da teoria e prática morenianas, estamos cada vez mais conscientes disso e, conseqüentemente, estamos contribuindo para colocar Moreno em seu lugar merecido neste século.

## Referências bibliográficas

BLÉANDONU, G. *Wilfred R. Bion. 1897-1979. A vida e a obra.* Rio de Janeiro: Imago. Tradução Laurice Levy e Marcella Mortara, 1993.

ELKAIM, M. *Se você me ama, não me ame: abordagem sistêmica em psicoterapia familiar e conjugal.* São Paulo: Papirus, 1990.

FONSECA, J. *Psicoterapia da relação: elementos de psicodrama contemporâneo.* São Paulo: Ágora, 2000.

FREUD, S. *Análise terminável e interminável* (1937). Rio de Janeiro: Imago, 1975. v. 23. [Edição Standard Brasileira das Obras Completas Psicológicas de Sigmund Freud].

LEVY, L. *Integrando diferenças: possíveis caminhos da vivência terapêutica.* São Paulo: Ágora, 2000.

________. *Tributo a Moreno, aquele que sobreviveu. Resgatando um Moreno científico.* Monografia para obtenção do título de Professor-Supervisor pelo Delphos Espaço Psicossocial e Febrap. 2003.

MARINEAU, R. *Jacob Levy Moreno: 1889-1974.* São Paulo: Ágora, 1992.

MORENO, J. L. *J. L. Moreno: autobiografia.* Tradução de Luiz Cuschnir. São Paulo: Saraiva, 1997.

________. *Psicoterapia de grupo e psicodrama.* São Paulo: Mestre Jou, 1974.

________. *Quem sobreviverá?: fundamentos da sociometria, psicoterapia de grupo e sociodrama.* Goiânia: Dimensão, 1992.

NAFFAH NETO, A. *Psicodrama: descolonizando o imaginário.* São Paulo: Plexus, 1997.

# Psicodrama e relações amorosas

MARTA ECHENIQUE

Minha prática clínica com casais baseia-se no Psicodrama de Jacob Levy Moreno. De suas variadas vertentes teóricas, que incluem a Socionomia, a Teoria da Espontaneidade-Criatividade, a Teoria dos Papéis e a Teoria da Matriz de Identidade, o aspecto que quero ressaltar passa pela Matriz de Identidade, especificamente como formadora da identidade de gênero.

Penso que as diferentes dificuldades pelas quais podem passar as relações amorosas estão muito relacionadas com a estruturação da identidade de gênero.

A identidade se constrói na relação, sendo o "eu" a resultante do exercício de papéis, a consciência de si que desabrocha no intercâmbio com o "tu". Cada ser é o que é, em virtude dos papéis que vivencia com o outro. O conjunto de papéis e contrapapéis oferecidos à criança nesse processo de estruturação chama-se Matriz de Identidade. A construção da identidade envolve momentos de aproximação e de distanciamento, que têm como pontos máximos: a **fusão** (indiferenciação) e a **individuação** ("eu sou eu, sou o 'não-outro'").

Fusão e individuação são elementos organizadores, pólos de um mesmo processo pelo qual a identidade se estrutura mediante um movimento pendular. Os momentos de individuação contribuem para a delimitação do "não-eu" e, por conseqüência, do "eu". Os momentos de fusão marcarão para sempre o "como" da futura atuação do ser no mundo.

Ambas as posições são necessárias e igualmente estruturantes; no entanto, é impossível permanecer em fusão ou individuação puras. Nas diversas fases da vida, o ser oscila entre um e outro em diferentes ritmos e velocidades. Em algumas circunstâncias evolutivas ou afetivas, o indivíduo permanece mais tempo em determinado ponto, saindo dele em direção ao pólo oposto apenas eventual e rapidamente. Dessa maneira, o feto, assim como, logo após, o recém-nascido, permanece prolongadamente em fusão e o adulto, quase sempre em individuação.

Desde o início, os estímulos oferecidos pela Matriz de Identidade a cada gênero são muito diversos. É diferente a relação de uma mãe com seu filho ou sua filha ou a de um pai com cada um dos dois, assim como é diferente a relação de filho ou de filha com pai e mãe. Essas relações são responsáveis por adultos de uma mesma espécie que percebem e lidam com o mundo de maneira tão específica a cada gênero.

Desde o momento em que toma conhecimento do sexo do bebê, cada membro da família passa a desempenhar papéis em razão das expectativas de comportamento e dos estereótipos correspondentes, desencadeando condutas matrizadoras do indivíduo como pertencente a seu gênero.

Nesses momentos iniciais, a formação da identidade da criança, oscilando entre os pólos "fusão" e "individuação", tem o seu maior peso na fusão. A intensa troca afetiva com a mãe estabelece para ambos os sexos uma relação de intimidade com características de indiscriminação e simbiose, do tipo "eu sou ela, ela é eu".

De acordo com essa identificação original, as condições de maternagem e as diferenças na qualidade dessa fusão marcarão os padrões que regem a feminilidade e a masculinidade.

São diferentes as características da fusão com meninos ou com meninas, a começar pelo diálogo tônico que se dá de forma específica com cada um.

Na relação que a mãe estabelece com o filho, experimentando-o como seu oposto, ela se fascina e se encanta com a diferença, desencadeando em si fantasias de fusão com o sexo oposto. Ela proporciona ao menino uma fusão inicial com colorido erótico, o que desencadeia o surgimento dos mecanismos socioculturais de interdição ao incesto. A mãe se contém e o seu tônus, mais tenso, reflete a censura à expressão de seu afeto. O menino responde ao tratamento recebido;

sentindo a tensão dela, ele começa a ser menino antes de saber que tem um pênis e antes de perceber as diferenças sexuais.

O tônus postural da mãe ao amamentar a filha é mais relaxado, a relação é caracterizada pela satisfação de se ver repetida, pela tranqüilidade de lidar com o ser que é uma extensão de si mesma. Seus arrulhos de cumplicidade expressam a sexualidade difusa de ambas e estimulam a feminização. Identificando-se uma com a outra, vivem uma fusão da qual não precisam fugir, uma vez que não há o fantasma do incesto. A sensação de englobamento e bem-estar dispensa a filha de qualquer esforço de individuação, o que leva ao prolongamento da simbiose.

A qualidade das vivências fusionais iniciais com a mãe, ou seja, fusão misturada com erotismo (meninos) ou fusão com identificação (meninas), é determinante na estruturação da personalidade e leva a diferentes resultados. No primeiro caso, é estimulada a individuação e, no segundo, a fusão, vivência do "ser-com-outro", sendo este um dos pontos mais significativos para explicar as diferenças entre homens e mulheres.

O fato de a menina viver inicialmente a identificação, desfrutando dela com tranqüilidade e aceitação da mãe, faz que ela construa seus primeiros instrumentos de identidade baseada na semelhança. Por meio da mãe, ela se identifica com o grupo feminino, desenvolvendo um sentimento de pertencer, uma identidade coletiva que permanece para sempre. Mais tarde, já adulta, a mulher permitirá facilmente a fusão de outros com ela, desejando intimidade e afiliação familiar. A mãe sente a sua filha como extensão de si mesma, projeção sua no tempo e tende a mantê-la menos separada, estimulando o prolongamento das vivências simbióticas.

Não só as duas protagonistas, mas também a própria cultura espera e estimula o prolongamento da fusão. A menina não precisa se separar; ao contrário, sua separação precoce prejudica sua identificação com a pauta de desempenhos femininos. A permanência na fusão não afeta a sua identidade de gênero — espera-se que as mulheres sejam um pouco dependentes. Seu prejuízo se dá na individuação. A fusão exagerada dificultará seu domínio da realidade extrafamiliar e seu agir independente no mundo.

O vínculo de identificação do menino com a mãe, erotizado por esta, promove nele o conhecimento da diferença. A fusão é gratificante para ambos; todavia, a proximidade intensa e excitante contém o germe da ambivalência: ao mesmo tempo que deseja perpetuar a fusão e prendê-lo junto a si, a mãe o empurra para longe, porque o ama e o quer bem masculino. A separação é essencial a ele, uma vez que a fusão, tentação de aconchego e intimidade, é perigosa para o bom desenvolvimento de seu "ser-homem".

O processo de individuação do menino é facilitado pelo afastamento. Ele já sabe que não é igual, que não faz parte do grupo feminino, mas ainda não conhece os homens. A identificação se dá pelo avesso, visto que a identificação propriamente dita começa mais tarde, quando o pai se torna presente. Por isso o desenvolvimento da identidade de gênero é mais difícil para os meninos.

Porque o menino tem de renunciar muito cedo à fusão com a mãe, assim como pelo fato de esta vivência não conter plenamente o elemento de identificação, o homem experimenta vinculações mais flexíveis, com maior espaço para as diferenças. Todavia, a necessidade de escapar à fusão simbiótica com a mãe para preservar sua masculinidade desenvolve uma postura fóbica em relação a envolvimento e entrega, medo de intimidade, que se prolongará nos demais relacionamentos amorosos.

A construção da identidade inicia-se em ambos pelo gênero, com base nessas primeiras vivências afetivas. Enquanto ela desenvolve o sentimento de ser semelhante e parte, ele desenvolve o sentimento de ser "à parte", diferente, uno. A menina vive fusão-identificação e faz a relação amor = identificação; o menino vive fusão-eroticidade e faz a relação amor = eroticidade.

Esses primeiros esquemas continuarão funcionando nos adultos. Ao longo da existência, homens e mulheres repetem os padrões iniciais de sua memória afetiva, criando pautas de comportamento que são transpostas para todas as relações interpessoais, sobretudo as amorosas.

Os parceiros amorosos, com todas as suas possibilidades de troca emocional e intimidade corporal, reeditam as primitivas vivências, repetindo a relação primordial de cada um com a respectiva mãe, com seus componentes fusionais e de individuação. Assim como a mãe, o par é desencadeante de ansiedades e fantasias, ao mesmo tempo objeto desejado para a fusão (salvadora ou sufocante, conforme seja o caso) e ameaça de rejeição e abandono. É nessa relação que se observa a maior intensidade do conflito fusão-individuação.

Assim como há uma pressão social para a mulher permanecer presa ao pólo fusional, há uma pressão sobre o homem para que fique preso ao pólo da individuação. O homem busca sempre a diferenciação, quer se afirmar, separar-se, ser indivíduo. Para defender-se da regressão e do medo de ser anulado, tende a encaminhar o desejo fusional para a posse sexual, na qual se sente seguro; e mesmo na busca do erótico, mantém uma atitude de oposição à indiscriminação.

A mulher quer se fundir ao amado, formar com ele uma mistura homogênea na qual não se distinguem limites individuais. Por isso, para ela, um abraço apertado e carinhoso muitas vezes vale mais do que a relação sexual propriamente dita e esta terá pouco valor se faltar intimidade e aconchego.

Ela quer uma relação absoluta e íntima, dispondo-se a dar o mesmo em troca, enquanto ele anseia pela liberdade em uma relação mais separada, com espaços e momentos definidos. É uma diferença de objetivos que deixa a mulher ansiosa e insegura, pois lhe parece que ele a ama menos do que seria necessário, e deixa o homem tenso, ao se sentir cobrado e pressionado. Quanto mais o inseguro e o exigente amor da mulher insiste, mais ele recua.

As propostas conscientes e bem-intencionadas de estabelecer uma relação amorosa madura de troca e encontro se perdem nas contradições dos desejos e temores inconscientes. Ao repetir a história vivida, surgem as fantasias ameaçadoras, em que um é perseguidor do outro e a relação se reveste de violência. Ambos se frustram e não sabem o que fazer, pois também não reconhecem o que está acontecendo com o seu amor.

A maior harmonização das relações amorosas passa pela coexistência dessas forças opostas e pela aceitação da inevitabilidade do conflito entre o desejo de fusão e o desejo de individuação.

As mulheres precisam ser estimuladas e reforçadas em sua individuação para superar as dificuldades de discriminar-se e de amar não simbioticamente, valorizando um espaço relacional que possa preservar, ao mesmo tempo, os elos relacionais e a distância.

Os homens precisam resgatar o prazer da fusão, superando o medo da diluição para poder entregar-se à intimidade e ao amor.

Baseado nessa leitura, o trabalho terapêutico das relações amorosas, tanto na terapia de uma das partes, como na terapia de casal, envolve necessariamente um processo de rematrização, no qual se reforcem a segurança da própria identidade e a aceitação das diferenças anteriormente referidas para que possam melhor se perceber, sem terem de se defender um do outro como de um oponente.

## Referências bibliográficas

FASSA, B.; ECHENIQUE, M. *Poder e amor: a micropolítica das relações.* São Paulo: Aleph, 1992.

MORENO, J. L. *Psicodrama.* São Paulo: Cultrix, 1975.

# O co-inconsciente e a palavra criadora no sociodrama familiar[1]

MARIA RITA D'ANGELO SEIXAS

Escolhemos o tema do co-inconsciente porque acreditamos tratar-se de um conceito-chave na terapia familiar de um modo geral e no sociodrama em particular, mas que, a nosso ver, tem sido pouco valorizado no discurso dos terapeutas familiares.

No sociodrama, o mundo é encarado como uma trama de relações e preconiza-se uma terapia que tenha como objetivo a transformação da humanidade em seres criativos. Ou seja, que liberte o homem da trama relacional em que vive, quando esta tolhe a sua espontaneidade, impedindo-o de executar a sua função de co-criador do Universo.

Seu ponto de partida é o homem em relação. Preocupa-se com o significado dos sentimentos entre duas ou mais pessoas no conjunto das correntes afetivas ou na trama relacional que as liga, as quais constituem, no plano consciente, o co-consciente e, no plano inconsciente, o co-inconsciente grupal, assim chamados porque, segundo Moreno (1975), foram criados gradativamente em conjunto, à medida que o grupo relacional se constituía.

Moreno (1975) observou que pessoas que se conhecem intimamente conseguem inverter seus papéis melhor do que os que estão separados por distâncias psicológicas e conclui que isso se dá porque as

1. Trabalho apresentado no III Congresso Brasileiro de Terapia Familiar, Rio de Janeiro, julho/1998.

inversões não acontecem no vácuo, mas são realizadas em um contexto relacional. Essa interação, contudo, não pode ser explicada pelo conceito de inconsciente de Freud, no qual as associações livres de um indivíduo podem ser um caminho para o próprio inconsciente. Como poderá o material inconsciente de **A** vincular-se natural e diretamente ao material inconsciente de **B**? Para Moreno, a única forma possível para isso não é diretamente por meio dos psiquismos isolados de **A** e **B**, mas pelo partilhamento progressivo de uma realidade mais profunda, em que os estados inconscientes de dois ou mais indivíduos se interliguem com um sistema de estados inconscientes já existentes. É o que acontece de forma geral nos grupos constituídos e, de forma particular, na família.

Todos os membros de uma família participam da mesma trama relacional e estão intimamente interligados, como pai e filhos, marido e mulher, irmãos etc.

> Os estados co-conscientes e co-inconscientes são aqueles que, por definição, os pacientes experimentaram e reproduziram conjuntamente e só podem ser reproduzidos ou representados em conjunto (Moreno, 1975, p. 30-31).

Muitas dessas relações que fazem parte do co-inconsciente grupal são pertinentes à matriz de identidade dos indivíduos, porque lhes permitiram perceber-se como diferentes dos demais componentes da matriz, embora pertencentes a ela, e lhes ajudaram a constituir a própria identidade. Constituem-se modelos relacionais precoces, que se perpetuam por toda a vida em forma de papéis.

Não podemos, contudo, entender a matriz como uma entidade que assume, absorve e transforma o recém-chegado.

Dentro dessa matriz, que no início é constituída pelos membros da família, os componentes vão-se relacionando por meio de seus papéis e contrapapéis, que se transformam mutuamente em um processo de co-experiência e co-ação. O papel de mãe, por exemplo, só se desenvolve efetivamente na medida em que se tem um filho no colo. É na interação, quando se estabelece um vínculo entre o papel e o contrapapel, que eles se transformam mutuamente. Por esses vínculos perpassam correntes afetivas que veiculam sentimentos, ideologias, valores, normas, fantasias, desejos entre as pessoas. Segundo Aguiar (1990), esse enorme cabedal de vivências, pertencentes à coletividade que preside a construção dos vínculos e condiciona a realização dos projetos comuns, é que constitui o co-consciente e o co-inconsciente grupal.

A criança dentro da matriz passa por um processo lento de desenvolvimento de papéis. Baseando-se na indiferenciação total com o mundo, ela vai lentamente se separando dos outros. Torna-se capaz de, mediante o exercício da espontaneidade, assumir os papéis sociais que a matriz lhe oferece, de modo a elaborá-los e a acrescer-lhes suas características pessoais. Chega então à capacidade de inverter papéis, indicando que atingiu a maturidade de seu processo de socialização, sendo capaz de ver o outro pelos olhos dele. A inversão de papéis consiste em alguém assumir o lugar do outro e de este assumir o seu.

Um estado co-consciente ou co-inconsciente não pode ser propriedade de um único indivíduo e sua representação é impossível sem um esforço combinado, com a colaboração de todos os indivíduos envolvidos nesse episódio. Assim, a terapia familiar ou conjugal deve ser conduzida de tal modo que manifeste a "interpsique" de todo o grupo na representação, exteriorizando suas inter-relações e seus estados co-conscientes e co-inconscientes (Moreno, 1975).

Dessa forma, entramos já no segundo aspecto que queríamos abordar, ou seja, a importância do conceito de co-inconsciente para a terapia familiar.

A realização individual só ocorre quando uma pessoa consegue, mediante elaboração, imprimir características pessoais nos papéis sociais e modelos que o social lhe apresenta.

Quando o indivíduo ou a família prende-se em repetições de modelos ultrapassados, dificilmente consegue atender às necessidades próprias e alheias e entra em conflito ou cai em uma rigidez alienante.

O trabalho psicoterápico será realizado no plano da modificação da relação rígida transferencial, transmitida pela trama relacional co-consciente e/ou co-inconsciente. Essa transformação permitirá a liberação da espontaneidade dos membros da família e o aproveitamento de relações mais adequadas, promovendo mudanças na "realidade familiar" que tornarão o sistema familiar mais estável sem, contudo, enrijecê-lo.

Interessante notar como, seguindo por outros caminhos, Varela & Lyn Hoffman chegaram a formulações muito mais próximas às de Moreno.

Varela (in Lyn Hoffman, 1990) fala de um "domínio conversacional" em que mentes mantêm ações de tipo conversacional, sem se importar com sua distribuição no espaço, ou com o seu tempo de vida. Essas mentes não podem ser vistas como contribuições individuais. Assim, em uma sessão terapêutica, que é um exemplo de "domínio conversacional", o objetivo é o aliciamento da participação dos indivíduos que compartilharam a experiência.

Lyn Hoffman, por sua vez, diz que procura estabelecer um "inconsciente compartilhado" na terapia: "ultimamente me pergunto se há inconsciente individual que não esteja ligado ao inconsciente familiar, social e cultural" (1990, p. 35). Sempre que acontece uma conversação ou processo interacional entre pessoas, cria-se um "inconsciente compartilhado". A terapia consiste em conectar-se com esse manancial subterrâneo. Por isso, se transformarmos a terapia em algo muito racional, excluiremos ou perderemos grande parte do trabalho.

Todos esses autores falam da existência de um espaço comum, que permite aos homens se comunicarem no plano co-inconsciente. Entendem eles que a reformulação dessa comunicação, quando insatisfatória, deve ser conseguida por meio de uma terapia que favoreça uma revisão dos "significados" individuais mediante uma conversação que nos permita penetrar no "inconsciente compartilhado", adotando sempre que possível o ponto de vista do outro.

Seguindo a mesma linha de pensamento, Moreno (1972) diz que as "palavras" com as quais os homens se comunicam são entendidas como reflexões, reverberações de uma voz presente que está falando e é possível ouvi-la através do Universo. Mas, apesar de cada palavra se repetir um número infinito de vezes, só foi criativa a primeira vez que foi dita.

Moreno pensa que existem momentos nos quais surge uma nova palavra, um "novo significado" em que a criatividade parece ultrapassar qualquer origem pessoal. Este é o momento primeiro e a História é criada por esses momentos espontâneos, que nascem do homem criador, mas o transcendem.

Como resultado desses momentos, "as palavras criadoras" em seguida se tornam propriedade do Universo, como uma rede de conservas culturais, até que outros homens, por meio de outros diálogos, criem novas palavras e assim por diante.

Assim, ao contrário do que se diz, o sociodrama não desvaloriza as palavras, mas afirma que o momento criador se atinge por meio de palavras criadoras. Enfatiza, porém, que pela concretização das palavras em "falas de papéis", podemos levar muito mais facilmente os coautores à reconstrução conjunta do roteiro de sua história de vida e valoriza as técnicas de ação para chegarmos a isso.

Essa concretização no cenário, mediante técnicas de ação, leva à percepção conjunta da sociometria familiar, ou seja, de modelos relacionais, fantasias e emoções que não conseguimos partilhar no dia-a-dia, pois muitas são relações e significados pertencentes ao co-inconsciente familiar.

A dramatização permite a cada um deparar com os próprios papéis e com os alheios e, por meio da amplificação pela ação dessas interações, escolher se deseja manter, transformar, corrigir ou reconstruir a realidade familiar, quebrando a rigidez na interação e disfuncionalidade da família. Essa externalização é conquistada pela utilização de técnicas sociodramáticas que facilitam o aflorar do material subterrâneo, trazendo à luz a estrutura submersa do grupo familiar, que não podemos observar a olho nu.

Exemplificaremos como isso acontece com a narração de um caso que acreditamos ser bastante elucidativo:

> *Trata-se de uma família de três filhas, pai e mãe, que nos foi encaminhada pelo terapeuta de uma delas, Mariana (23 anos), que era mitômana e cleptomaníaca.*
>
> *Dizia ele que não conseguia mais caminhar no caso, devido às mentiras de Mariana, que tirava coisas das amigas, bebia muito, saía à noite dizendo que ia para um lugar e ia para outro e negava tudo isso, inclusive na terapia.*
>
> *Esperava que, com uma abordagem familiar, pudéssemos encontrar alguma saída para o problema, uma vez que esgotara os recursos na terapia individual.*
>
> *Mariana era filha do meio. A irmã mais velha tinha 26 anos e a mais nova, 19. As três eram universitárias e nunca tinham tido problemas na escola.*
>
> *A família chegou desesperada. Segundo eles, estava insuportável o relacionamento dentro de casa, por causa de Mariana. Tudo tinha de ficar trancado e assim mesmo ela sempre conseguia um jeito de tirar coisas das irmãs. As três brigavam muito e as agressões verbais eram cada vez piores.*
>
> *Afora isso, não havia mais problemas na família. Os pais davam-se muito bem e relacionavam-se bem com as filhas também (sic).*
>
> *Típico caso de um paciente identificado como problemático, destruindo a vida de uma família perfeita. Mariana mostrava-se bastante agressiva e arredia e, cada vez que lhe pedíamos algum dado sobre sua vida, dizia que não tinha nada a dizer, que não estava ali para cuidar de sua vida, mas da de sua família e que ela tinha seu terapeuta.*

*Procuramos desviar as atenções de Mariana e procurar mais dados sobre a vida familiar. Pouco a pouco foram surgindo outras dificuldades. As filhas não conseguiam namorar, apesar de todas serem muito bonitas, e concluímos em conjunto que isso acontecia devido à extrema crítica que tinham em relação aos namorados e ao medo de serem submissas a eles, o que as tornava muito distantes, colocando-se em um pedestal. Disseram que essa idéia de não ser explorada era passada pela mãe, e a crítica excessiva era reflexo da extrema exigência de perfeição que os pais tinham em relação a elas. O pai, por exemplo, as desqualificava muito e só respondia a perguntas das filhas que considerasse importantes, "com algum conteúdo". Comentaram que a mãe era muito exigente e estava sempre criticando, como um "ferrinho de dentista".*

*A mãe argumentou em sua defesa que a vida estava muito cansativa, que ela não conseguia mais ser "do lar", que gostaria de fazer algo, mas não sabia como, nem o quê. Todas as sugestões discutidas em grupo, contudo, foram rejeitadas, mostrando que em nível inconsciente, algo a impedia.*

*Começou-se a delinear ante nossos olhos uma família extremamente rígida, mas que não tinha consciência disso.*

*Perguntamos sobre a infância e todos disseram ter sido muito felizes e sem problemas.*

*A essa altura, Mariana, sempre que surgia uma disputa, mesmo que não fosse nada com ela, começava a brigar e acabava sendo culpabilizada.*

*Solicitamos então que fizessem a escultura da família.*

*Mariana ofereceu-se para fazer primeiro e todos concordaram com sua imagem. Colocou:*

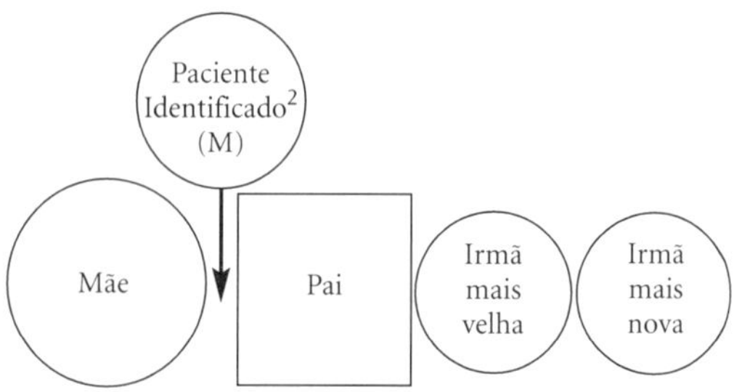


2. Paciente Identificado é aquele que a família considera o doente da família (nota da editora).

*Pai e mãe lado a lado, sem se tocarem. M. com a cabeça no meio dos dois, podendo ser sufocada por eles, caso a apertassem. A irmã mais velha muito junto do pai, e a mais nova ao lado desta irmã, mas distante de todos.*

*Apesar de havermos pedido para que a construção da imagem fosse feita em silêncio, Mariana metia-se em qualquer comentário feito pelas irmãs com a mãe ou o pai, durante a execução da escultura.*

*Ficou evidente o cuidado que essa moça tomava para que os pais não percebessem o distanciamento entre eles assumindo o papel de provocadora de casos, metendo-se em todas as discussões, mesmo aquelas que não lhe diziam respeito. O interessante é que se expunha muito ao fazer isso, pois a forma como se colocava na imagem, com o pescoço entre os pais, podendo ser apertada por eles, deixava-a numa posição muito vulnerável. Perguntamos se fazia algum paralelo dessa situação com o que acontecia na sua vida e ela percebeu o quanto se dava mal e se expunha, bebendo e roubando, sem tirar nenhum proveito disso, apenas para desviar para si mesma a atenção dos pais em relação aos próprios problemas conjugais. Também se deixava sufocar em casa, pois acabava por perder as amigas, que se afastavam dela. Mariana reconhecia que, com essa atitude, passou a receber mais atenção do pai, que admirava sua argumentação.*

*Também ficou evidente como as irmãs eram coniventes com ela, estimulando esse papel de criadora de casos, levantando sempre questões que sabiam que a levariam a se manifestar.*

*O pai aparecia como muito ligado à filha mais velha, a única que valorizava intelectualmente, e mais afastado da mãe (talvez o motivo pelo qual a mãe estivesse desejando sair de casa).*

*A mais nova não conseguia conversar com o pai com medo de sua "desqualificação" e cada vez afastava-se mais de casa, afetivamente.*

Com base nesse dado, esperamos que tenha ficado claro como a escultura revela a sociometria familiar, ou seja, as rejeições, as escolhas mútuas, os desejos, as necessidades de escolhas incongruentes e até a ideologia da família, bem como os triângulos (mãe, pai, Mariana), as díades (duas irmãs) e pessoas isoladas. Ou seja, toda a trama do co-inconsciente familiar.

Depois dessa sessão, começamos a pesquisar desde quando a sociometria era assim.

*As meninas começaram então a lembrar-se de como os pais as tratavam quando elas eram pequenas. O pai trabalhava muito, só aparecia à noite e não era de muita brincadeira com elas. A mãe, profundamente exigente e impaciente. A mais velha, Lúcia, lembrou-se de uma vez em que uma das irmãs não queria comer e vomitou. A mãe fez que engolisse o vômito.*

*Mariana, sempre a mais rebelde, era a mais castigada. A mãe relatou, ainda muito magoada, que Mariana, aos 6 anos, pegara um anel dela para mostrar às amigas, dizendo que ganhara do namorado, e perdera o anel. As irmãs contaram que, a partir daí, Mariana foi tachada de ladra pela mãe. (Este nos parece ser o "locus nascendi" do problema.)*

*A mãe relatou, com muita impaciência também, que todas as vezes que tinha de sair com Mariana era um inferno, porque ela questionava tudo: desde a roupa que tinha de vestir, até a forma de ir, se seria a pé ou de carro etc. O pai disse que, quando pensava que tinha de enfrentar essa batalha com Mariana, não tinha nem vontade de ir para casa.*

*A mais velha foi a escolhida para fazer a escultura da família, por ser a que mais se lembrava das coisas nessa época. Construiu então a seguinte escultura:*

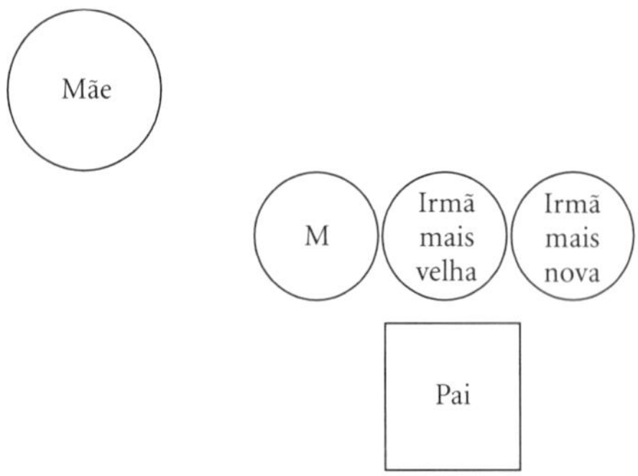


*As três irmãs ficavam próximas e se defendiam mutuamente da mãe, que era muito agressiva e exigente. Passava o dia dando ordens e irritada porque estava só com as crianças o tempo todo e o pai totalmente periférico. A mãe se percebe não como agressiva, mas como alguém que quer as coisas muito direitas, conforme seus pais lhe ensinaram.*

*Mais uma vez, as filhas estão no meio dos pais e Mariana puxa para si todas as atenções, para encobrir o distanciamento afetivo dos pais entre si e com elas.*

***

*Hoje, sentem os pais mais perto. As filhas perceberam e comentaram também a rigidez da mãe, sua exigência excessiva com ordem e comportamentos, enquanto o pai tinha uma exigência mais intelectual com elas, não admitindo que fizessem uma pergunta incorreta para ele. As irmãs passaram a ter muito mais tolerância com Mariana. Esta, por sua vez, parou de se envolver em brigas que não eram suas e deixou de tirar as coisas das irmãs, tornando-se mais amiga delas. Suas brigas com a mãe também diminuíram muito. A mãe, a muito custo, revelou ao pai sua insatisfação com as atividades de casa e não foi apoiada por ele, que apenas lhe recomendou que diminuísse sua exigência com a ordem.*

*A mãe agora está aparecendo como a maior criadora de casos.*

*Mariana pôde deixar seu papel anterior e, hoje, disse o pai, ela é a que mais conversa com ele, a que está mais próxima dele.*

É interessante notar como essa toda família estava presa aos princípios educacionais rígidos dos avós e agora, pouco a pouco, vai recuperando sua espontaneidade e mudando sua forma de ver o conjunto das relações. A modificação de Mariana foi impressionante e sua terapia individual pôde deslanchar. Segundo as filhas, o pai também se tornou muito mais acessível. Apenas a mãe continua ainda muito presa a seus princípios, exigindo ordem excessiva em casa, mas atualmente é contestada pelas filhas. O pai fica quieto para não desautorizar a mãe, mas percebe-se claramente que não concorda com os exageros. As filhas estão apoiando muito a mãe para que saia de casa e Mariana tomou consciência da raiva que tem da mãe ao lembrar como foi tratada.

A terapia não terminou, mas já gerou muitas mudanças e o clima familiar melhorou muito.

Quanto ao co-inconsciente familiar, continha uma ideologia de "não se poder errar", herança dos avós maternos.

A família da mãe, com muitos filhos, sempre exigiu muita ordem, enquanto o pai, que foi criado por uma avó muitíssimo exigente, que criava mais quatro netos, escolheu uma mulher bem mais suave que ela, mas também muito exigente.

Com essa percepção, todos começaram a caçoar de suas exigências e tornaram-se mais tolerantes uns com os outros.

Esse caso exemplifica como as mudanças relacionais podem ser coconstruídas no que diz respeito às novas vivências vinculares nas dramatizações com a utilização de técnicas de ação e do trabalho com papéis.

A escultura é uma das técnicas sociodramáticas que permitem a exteriorização no cenário de toda a trama invisível das inter-relações do co-inconsciente familiar, com todas as relações de atração, rejeição e indiferença entre os membros da família naquele momento. À medida que o trabalho se desenvolve e para propiciar a percepção de outros ângulos, terapeuta e família vão trabalhando com a escultura com base nas técnicas de espelho, duplo, inversão de papéis, imprimindo-lhe movimento ou reconstruindo a escultura ideal. Com esse trabalho, outras vivências de vínculos vão sendo experimentadas e alternativas relacionais vão surgindo.

Penso que pudemos ressaltar que o conceito de co-inconsciente é básico na teoria moreniana e no trabalho com família, porque faz a junção do psicodrama, que se preocupa com o estudo do desenvolvimento e com o tratamento do homem dentro da matriz de identidade, com o sociodrama, que se dedica ao trabalho com a trama relacional invisível dos grupos e com o tratamento de seus membros em conjunto.

Valorizando o jogo de papéis conjunto, o terapeuta preocupa-se em trazer à tona a rede intergeracional, co-inconsciente, com todos os pontos de bloqueio da espontaneidade de seus membros, e em desfazê-los, liberando-os para a criatividade da descoberta de novos vínculos e de novas percepções das próprias vidas e das dos outros, possibilitando-lhes, ainda, ouvir e emitir novas falas, que criem novas histórias pelo desenvolvimento de novos papéis.

## Referências bibliográficas

AGUIAR, M. *O teatro terapêutico: escritos psicodramáticos.* São Paulo: Papirus, 1990.

HOFFMAN, L. *Una posición construtivista para la terapia familiar: sistemas familiares.* Buenos Aires: [s.n.] 1990. p. 29-44.

Moreno, J. L. *Las palabras del padre.* Buenos Aires: Editorial Vancu, 1976.

________. *Psicodrama.* São Paulo: Cultrix, 1975.

________. *Fundamentos de la sociometria.* Buenos Aires: Editorial Paidós, 1972.

Seixas, M. R. D. *Sociodrama familiar sistêmico.* 2. ed. São Paulo: Aleph, 1992.

PARTE 2

# Questões da vida em casal

# Limites no atendimento de um casal ou quando o casal é perfeito em sua complementaridade

LAURICE LEVY
LÚCIA FERRARA
MARIA CECÍLIA V. D. BAPTISTA

*Um terapeuta que trabalha*
*numa perspectiva familiar*
*relacional pode ser comparado a uma câmara*
*munida de uma filmadora capaz*
*de aproximar ou afastar imagens*
*através de um movimento de lentes.*
*Pode movimentá-la rapidamente, trabalhar no*
*nível intrapsíquico, mas também estar*
*atento ao nível mais amplo.*

(MINUCHIN)

Existe um ditado francês que diz: *Deux malheurs forment un bonheur.*[1] À primeira vista é chocante e aparentemente inadmissível. Entretanto, como terapeutas familiares, podemos entender claramente o sentido desse ditado popular. Com uma visão pós-moderna e construtivista, isso se torna cada vez mais fácil de ser vislumbrado e principalmente de ser compreendido.

Neste enfoque, o terapeuta não teria o direito de querer "patologizar", "tratar" ou "curar" aquele que não deseja uma transformação.

Guy Ausloos (1996), terapeuta familiar canadense, deu uma palestra muito significativa no Rio de Janeiro[2] sobre a competência da família. Essa competência diz respeito exatamente ao fato de que to-

1. "Duas infelicidades formam uma felicidade."
2. Convidado pela Terra dos Homens e Delphos Espaço Psicossocial, que tivemos o prazer de traduzir.

dos (consciente ou inconscientemente) sabem o que é melhor para si — sem entrar no juízo de valor do que seja este *melhor*. Claro que a *ressonância* do terapeuta (como diz muito bem Mony Elkaim) é importante e forte. Se quisermos caminhar com Antony Williams, Maturana, Varella, Von Foester e todos os outros que pontuam a impossibilidade de se manter neutro, seríamos jogados em um paradoxo. Como ser neutro, sem poder sê-lo? Pensamos ser muito freqüente o terapeuta deparar com esse desafio.

É isso que gostaríamos de compartilhar com os leitores.

Os colegas, terapeutas familiares, sabem que as famílias dirigem-se aos consultórios com as mais diversas queixas dos **filhos**. Todavia, no decorrer dos atendimentos, o que se percebe, algumas vezes, é que os sintomas dos filhos apenas sinalizam, em uma linguagem simbólica, algum tipo de dificuldade das figuras parentais (em seu papel de pai e mãe) e, não raras vezes, problemas nitidamente conjugais.

É hábito, em nossa clínica, nesses casos, chamar o subsistema casal, a fim de aprofundarmos o trabalho na relação marital. É uma estratégia que nos permite trazer à luz questões que só dizem respeito à díade. Ocasionalmente, esses atendimentos liberam o paciente identificado (PI) da carga que a família deposita sobre ele. Todavia, no caso relatado a seguir, isso não foi possível. O caminho "escolhido" pela família foi em outra direção.

Além disso, apesar de a compreensão teórica (ou, talvez, **justamente** por isso) se tornar cristalina ante nossos olhos, éramos impotentes para avançar além das possibilidades e capacidades de cada um dos membros da família.

Com essa família especificamente, o que ficou mais forte e marcante foi o fato de nós, terapeutas, termos sido "obrigados" a suportar e aceitar nossos limites, aprendendo com aquelas pessoas que a decisão sobre seu modo de funcionamento era deles. Aquele sistema não poderia mudar mais do que já tinha sido feito. Era o melhor que poderiam desejar.

Era uma família composta por mãe, filho e padrasto. Este último ligou pedindo uma consulta. A queixa dos "pais" é que Juca, de 17 anos, não mais obedecia e nem tampouco aceitava as tarefas e *prazeres* ditados pelos pais, como visitar os avós nos finais de semana, acompanhar os pais nos passeios de barco etc.

Joana (a mãe) e João (o padrasto) tinham um relacionamento estável de mais de 12 anos. João é um pai-padrasto, pois é muito presente e amigo. Percebemos, todavia, que funciona mais como um irmão mais velho. O PI não tem nenhuma aproximação com seu pai biológico.

Juca é um rapaz alto, forte, de presença marcante (como a mãe) e aparentemente muito seguro de si. Ao olharmos para ele, não podemos deixar de nos lembrar do sentimento de Freud e de Moreno ao afirmarem que um filho amado pela mãe tem a certeza de ser um vencedor[3].

Joana, a mãe, também é muito grande e forte. Poderosa, guerreira, está fazendo uma faculdade à noite, aos 45 anos, apesar de trabalhar arduamente durante o dia, como funcionária dedicada e exemplar.

João, o padrasto, em contrapartida, é pequeno, frágil e muito feminino. Apesar de ganhar mais e ser mais velho que Joana, parece um menininho dependente e carente.

Joana se separou do pai de Juca quando este tinha 5 anos. Ele fala, com visível sofrimento, que "desistiu" de seu pai biológico após entender e se convencer de que não poderia contar com ele. Além de ausente, todas as vezes que se comprometia de vê-lo, acabava não cumprindo o prometido e deixava Juca com uma frustração enorme.

O pai-padrasto, no entanto, é muito próximo e atuante, mas não tem força nem autoridade para assumir o lugar de pai. Bate longos papos com Juca, mas sai correndo para contar para Joana. Faz aliança ora com um, ora com outro. Desafortunadamente, às vezes faz coalizões. Sabemos que estas ocorrem quando duas pessoas da família se juntam não em prol de algo em comum, mas para se colocarem contra o terceiro ausente (Bowen, 1991). Juca reclama muito disso dizendo que João é uma boa pessoa de modo geral, mas que por essa característica não é confiável. Queixa-se de não poder ter segredos só dos dois.

Na verdade, o casal foi trazido pelo filho. Sua intenção inconsciente talvez tenha sido se libertar do jugo do casal. Mas... o casal não queria se ver!!! O resultado obtido na terapia foi que o filho se deu conta da situação e resolveu caminhar para seu crescimento individual, sem esperar muito dos pais.

---

3. Laurice Levy (2000), *Do oráculo ao destino — co-incidências fabulosas na vida de Freud e de Moreno*, cap. 7.

Há algum tempo, quando **só** se fazia terapia de criança, Maud Mannoni (1982), psicanalista renomada, dizia que a mãe trazia seu sintoma pela mão ao trazer o filho para a terapia. Sem dúvida isso sempre foi verdadeiro. Muitos terapeutas infantis começaram a rever seus atendimentos ao perceberem a aridez e frustração que sofriam toda vez que tentavam ajudar a promover mudanças nas crianças "sintomáticas". Qual entre nós já não sentiu o desconforto de ver os pais tirarem os filhos da terapia justamente quando estes melhoravam?

Por isso, entre outros motivos evidentemente, muitos profissionais começaram a mudar seu enfoque terapêutico. Estudaram as teorias do duplo-vínculo, a pragmática da comunicação humana e a visão sistêmica com a cibernética de primeira e de segunda ordem. A evolução teórica e técnica continua rica e ininterrupta. Hoje, o pensamento construtivista está ganhando cada vez mais adeptos. Com essa visão de mundo, casos como o que apresentaremos agora não são muito raros de serem detectados na clínica.

Percebemos que a máxima preconizada por Maud Mannoni se mantém correta e atual, só que no sentido inverso. O filho, que seria aquele que sofre mais (mais consciente? ou mais sadio?), foi quem trouxe sua família pela mão.

Claro que isso não foi explicitado tão claramente assim. Mas ficou fácil decodificar esse pedido ao atendermos os três personagens de nossa história, apesar da "roupagem" ou camuflagem com que vem a demanda de terapia.

Realmente, o que vimos, por meio do atendimento, com um enfoque integrativo — sistêmico, psicodramático e psicanalítico — **é que havia um descompasso entre os diversos tempos dos membros dessa família.**

Seguindo uma leitura psicodramática de Carlos Menegazzo, conseguimos detectar e entender a importância das diversas visões de mundo e cristalização em determinado tempo interno dos membros da família e do casal que evidentemente impedem a possibilidade de uma comunicação sem ruídos.

Inicialmente, o movimento dos terapeutas foi tentar clarear e agir de alguma forma que auxiliasse o sistema a promover mudanças, em sua totalidade. Dentro de uma leitura do ciclo vital, ficou claro que o casal, deparando-se com os primórdios do "ninho vazio", viu-se diante de suas questões. Estas sempre existiram, apesar de ficarem em segundo plano em prol da criação do filho.

Nossa proposta, geralmente, é tentar afrouxar os laços que aprisionam as pessoas entre si. Acreditamos que, uma vez conseguido esse objetivo, todos poderiam transitar de forma mais livre pelas próprias questões, podendo relacionar-se melhor consigo próprio, com os outros e com o mundo.

Assim, depois de algumas sessões com a família, marcamos uma sessão com o subsistema casal. Eles utilizaram todo o seu tempo falando da terapeuta do filho, que seria, neste momento, o pivô de todos os problemas familiares!!!

Conscientes de que nada adiantaria ir contra a resistência, convidamos a família e a terapeuta do filho para uma sessão conjunta. Nesse caso específico, a inclusão do subsistema terapeuta-filho liberou a família para poder olhar a própria dinâmica. E foi justamente essa sessão que nos incitou a elaborar este capítulo.

Como a família é muito verborrágica, decidimos interromper o fluxo estéril de acusações e o discurso de surdos-mudos, propondo que cada um fizesse uma imagem, sem palavras, de como se via naquela família.

Consideramos que o uso da ação é sempre um poderoso aliado em famílias ou casais que têm na verbalização seu maior empecilho. O psicodrama, de modo geral, tem o poder de ampliar o campo de visão, sensação e sentimentos. Na verdade, os métodos ativos podem ser "uma inesperada dádiva divina, pois vão além das explicações e análises" (Williams, 1994, p. 11).

Muitos terapeutas familiares, entre os quais nos incluímos, já perceberam a enorme influência e interação que pode haver entre o psicodrama e a visão sistêmica.

Até mesmo a paixão que é esperada no psicodrama é entendida sistemicamente. Senão, vejamos:

> A paixão que emerge no psicodrama estratégico é entendida ciberneticamente. Não se situa em algum lugar dentro da pessoa, efervescente, porém fora da consciência (...) Não se constitui como 'algo em si', mas é fundamentalmente *relacional* (Williams, 1994, p. 14).

Assim como a palavra *protagonista*, que vem do grego e "significa um homem em estado de arrebatamento, um louco" (Williams, 1994, p. 12) pode ajudar a minimizar intelectualizações, rigidez e resistências.

Por isso, cientes da importância do uso do corpo de modo espontâneo, sem racionalizações, deixamos muito clara a consigna de que agissem sem pensar, apenas retratando ali como se sentiam nesta família. Na ação dramática proposta, podemos dizer que todos foram protagonistas na imagem que criaram.

> *A mãe segura a cabeça, olhando para cima.*
> *O pai (padrasto) se coloca com os ombros caídos como um boneco.*
> *O filho (mais afastado) faz um gesto de quem não agüenta mais.*

Pedimos solilóquios.

A mãe diz: "*Eu sei o que é melhor para todos. Só não sei o que está acontecendo*". Fazemos um duplo, dizendo: "*Também... olhando para cima, como posso ver como estão os que eu amo? Como ver os que estão abaixo ou longe?*".

O pai-padrasto diz: "*Sinto-me como um fantoche. Não consigo sair desta posição. Mas sei que no final tudo vai dar certo*".

O filho diz: "*Estou de saco cheio*".

Pedimos então para que se olhassem nas respectivas posições, pela técnica do espelho.

A mãe se fragiliza e, chorando (pela primeira vez), diz para o marido: "*Não quero te ver fantoche*". Tenta ajudá-lo, mas ele tem dificuldades de se levantar.

Como ela continua chorosa, o marido sai de sua posição de fantoche e a coloca no colo. O filho expressa alegria. Demonstra alívio. Entretanto, a mãe não suporta vê-lo longe (e feliz?) e estende os braços chamando-o para si. O filho se afasta mais ainda, ficando na outra ponta da sala, dizendo: "*Não, não, você deve ficar aí, com seu marido*".

Chamou nossa atenção o fato de a posição de fantoche do pai e a de saco cheio do filho manterem certa semelhança, apesar de denotarem posições diametralmente opostas. Como se o filho já tivesse ultrapassado a fase de boneco, podendo então perceber o que deseja (não sendo mais fantoche) e entendendo de forma madura os limites de sua família. Muito tranqüila e lucidamente, diz: "*Já sei. Eu é que devo me adaptar e, enquanto eu não tiver dinheiro para me manter e estiver em **sua** casa, vou aceitar as **suas** leis*". Este era o discurso da mãe e do padrasto ao reclamarem da bagunça em seu quarto e de sua tentativa de liberdade.

Na dramatização, os indivíduos não apenas se 'comunicam' como se tornam parte da comunicação. Eles vêem, ouvem, cheiram, provam o gosto sentem, agem comentam(...) (Williams, 1994, p. 130).

Mesmo entendendo que foi a reestruturação familiar possível naquele momento, não podemos deixar de relatar que fomos tomados por um sentimento de justiça (em nossa óptica) pensando: "*Isto não é justo. Afinal, todos na família são co-responsáveis e ele tem de assumir toda a mudança sozinho?*". Mas, como dissemos no início do capítulo, tivemos de abandonar nossas crenças e valores em prol do desejo, do ritmo e do tempo da família.

## ■ O tempo mágico, o tempo lógico e o tempo mítico reconhecidos na imagem relatada

Vamos descrever, agora, os fios invisíveis que tecem a trama familiar em que apareceu o aprisionamento de seus membros em fases de desenvolvimento do Eu, determinando tempos e razões diferentes que se chocavam entre si.

Acreditamos, como Antony Williams (1994, p. 25) que "a ação capta mensagens do inconsciente, ao fazer uso de pequenos movimentos corporais, maximizando-os" e que, portanto, aquela vivência dramática foi um ponto alto e marcante da terapia.

Para uma leitura teórica, achamos importante seguir a orientação de Menegazzo (1994) no que diz respeito ao desenvolvimento da identidade para estabelecer as conexões com os momentos vividos individualmente.

O conceito de identidade contém a idéia de papel. O Eu, deste modo, surgiria dos papéis. Com o aumento da complexidade de papéis, vai-se constituindo uma totalidade integrada do Eu.

Assim, a identidade seria um mosaico em constante inter-relação. É necessário levar em conta o local dos acontecimentos básicos no qual ocorreram essas relações. É o que Moreno denomina de *locus nascendi/matriz.*

O homem atravessaria, desde seu nascimento, três universos: o da matriz de identidade, o da matriz familiar e o da matriz social, os quais serão descritos rapidamente a seguir:

*Primeiro universo:* Temos aqui a matriz de identidade que se desdobra em duas fases: a primeira, como é sabido, caracteriza-se pela mais completa e total **indiferenciação.** Nela encontramos um sincretismo absoluto, uma fome de atos, papéis psicossomáticos e nenhum registro dos acontecimentos.

A segunda fase da matriz de identidade é denominada, por Menegazzo, de **razão mágica** e é caracterizada pelo início da diferenciação. Nela começam os novos papéis e contrapapéis. Há certa compreensão do Eu × Não-Eu e uma noção de espacialidade e temporalidade.

*Segundo universo:* Aqui encontramos a matriz familiar, que também se desdobra no que Menegazzo chama de **razão mítica** e **razão ideológica:**

- **Razão mítica:** Nesta fase, os personagens familiares adquirem características heróicas. Seus vínculos têm valores absolutos e inquestionáveis. Esses vínculos podem ter uma força agregadora ou desagregadora. Há uma fome de transformar tudo o que é desconhecido em familiar. Constante inversão de papéis.
- **Razão ideológica:** É a primeira visão crítica do mundo. A pessoa nesta fase se lança ao confronto. Sua palavra tem um significado próprio. As mudanças se dão no nível da auto-afirmação. Ela é a preparação para a próxima fase.

*Terceiro universo:* É quando e onde se desenvolve a matriz social. É com base nisso que o indivíduo se vinculará a seu mundo pela **razão lógica.**

- **Razão lógica:** Surge aí a liberdade e espontaneidade da Matriz Familiar. O sujeito procura um projeto próprio; adquire um modo criativo de vincular-se ao mundo.

O que chamaríamos de matriz disfuncional seria exatamente quando há o aprisionamento em alguma etapa do desenvolvimento da Matriz. Nesse caso, haveria a distorção das percepções com ausência de criatividade.

Vamos agora fazer a ponte entre a teoria e a prática:

João (pai-padrasto) demonstrou claramente que estaria na *Razão Mágica.* Ele tem uma relação em corredor, tanto com a esposa quanto com o filho-enteado. Não tinha se casado até os 40 anos, tendo sempre morado com a mãe. Só se casou quando ela faleceu. Sempre fez as mais variadas terapias, mas a impressão que fica é de que não obteve muitas mudanças. Suas relações são idealizadas e transcendem o Eu. O lema das pessoas que estão nessa fase seria: **"A esperança nunca falha e o desejo jamais se engana"**.

Joana (mãe) se encaixaria perfeitamente na ***Razão Mítica.*** Vejamos por quê: Ela separa claramente o mundo entre familiar e estranho. Tudo o que é desconhecido tem de ser excluído (relação com a terapeuta do filho, da qual ela se sentia excluída e ameaçada). Suas verdades são inquestionáveis, estáticas e absolutas — a ponto de o filho se curvar conscientemente, por saber de antemão que ela não mudaria. O lema seria: **"Eu sei o que é melhor para todos. Eu sou a poderosa e a verdade"**. Com isso, ela jamais pode perder o controle de tudo e de todos. E tampouco precisa olhar para eles. Eles são apenas uma extensão de seus mandos e desmandos.

Finalmente, Juca (filho) já teria avançado mais do que seus familiares. Por seu discurso e comportamento, vemos que ele tem a coragem de se lançar ao confronto com as verdades da mãe e do padrasto. Depois da vivência, em um movimento de *condescendência*, compreende e aceita temporariamente as "regras do jogo". Tenta se diferenciar da família buscando a mudança pessoal por meio de sua terapia, auto-afirmando-se. Serviu de co-terapeuta em nossos atendimentos. Demonstrou a possibilidade de construir projetos próprios. Está na ***Razão Ideológica***, a caminho da ***Razão Lógica.*** Com o surgimento dos próprios valores, reconhece suas necessidades e sentimentos, dando-lhes algum valor. Poderá, com base nisso, confrontar-se com sua matriz familiar e com os valores da cultura familiar.

Entretanto, é importante dizer que, por mais paradoxal que pareça, a família **também** é responsável por seu crescimento.

Percebemos, finalmente nesse caso, que os pais tinham uma **comunicação digital**, verbal e consciente, de querer prender e aprisionar o filho, mas no nível **analógico**, não verbal, demonstravam uma confiança incondicional nele. O olhar de admiração e amor que a mãe sempre dirigiu a ele confirma que ela o considera inteligente, forte e capaz de realizar seus desejos. Muitos terapeutas atuais acreditam que o duplo-vínculo não é necessariamente sempre nocivo. Talvez seja o caso aqui.

Outro fato importante é que pudemos ver, também, a complementaridade do casal, mesmo que em sua "disfunção". Ou seja: a razão mágica (do marido) **casa** perfeitamente bem com a razão mítica (da esposa), o que nos leva a crer que realmente é tarefa quase impossível querer modificar o sistema marido–mulher.

É claro que, como conseqüência imediata, o filho adoece, tem alguns problemas na faculdade e ameaça sair de sua terapia individual. No entanto, consegue superar e realmente continuar se tratando em sua terapia até sair bem melhor, em outro momento. O relato de sua terapeuta é de que, sem esse atendimento familiar, provavelmente ele teria interrompido a terapia individual muito antes de solidificar algumas de suas conquistas.

Ficou evidente que a terapia familiar foi "funcional" para Juca. Inicialmente, a disfuncionalidade familiar impedia a possibilidade do tratamento individual, tanto do filho quanto do padrasto. Juca, entretanto, com a mãe, mesmo vendo claramente a situação familiar, "escolheu" continuar caminhando na "disfuncionalidade" (funcionalidade?) do casal.

Resumindo, poderíamos dizer que o PI consegue "ler" a situação, por meio da ação dramática, percebendo as limitações dos pais que ele não mais tenta mudar. Assim, Juca fez uma nova leitura e reescreveu sua história. Elaborou para si um projeto de vida e reafirmou sua posição de senhor e dono de sua história daí por diante (dentro dos limites do possível, é claro!).

João e Joana, por sua vez, apesar de marcarem sessões para o casal, nunca mais voltam! Esquecem a hora, ligam desculpando-se. Desmarcam a sessão alegando trabalho, viagem, estudo etc. Dizem querer ver suas questões, nos acham muito competentes, mas somem... Ficamos sabendo posteriormente que estão freqüentando um grupo de casais na igreja...

Conseguimos entender, então, que o ideal para eles era realmente procurar ajuda na igreja e/ou continuar eternamente em sua relação complementar. A nós, terapeutas, cabe apenas aceitar humildemente os nossos limites.

## ■ Referências bibliográficas

AUSLOOS, G. *A competência das famílias. Tempo. Caos Processo.* Lisboa: Climepsi, 1996.

BOWEN, M. *De la familia al individuo: la diferenciación del si mismo en el sis-*

*tema familiar*. Compilação de M. e M., Andolfi. Buenos Aires: Editorial Paidós, 1991.

ELKAIM, M. *Se você me ama, não me ame: abordagem sistêmica em psicoterapia familiar e conjugal.* São Paulo: Papirus, 1990.

ELKAIM, M. (Org.). *La thérapie familiale en changement.* Institut Synthélabo pour le Progrès de la Connaissance. France: Le Plessis-Robinson PUF, 1999.

LEVY, L. *Integrando diferenças: possíveis caminhos da vivência terapêutica.* São Paulo: Ágora, 2000.

MANNONI, M. *A teoria como ficção.* Rio de Janeiro: Campus, 1982.

MENEGAZZO, C. M. *Magia, mito e psicodrama.* São Paulo: Ágora, 1994.

WILLIAMS, A. *Psicodrama estratégico.* São Paulo: Ágora, 1994.

# Abordagem simbólica do conflito conjugal: o corpo em cena

VANDA LUCIA DI YORIO BENEDITO

Nas diferentes formas de arte — música, pintura, escultura, literatura etc. —, encontramos a projeção de elementos da psique humana, refletindo a diversidade de dinâmicas psicológicas. Então, num processo dialético, cria-se e aprende-se com o objeto que é criado, ao retirar dele o que nele foi projetado. É o caminho da individuação pessoal e coletiva.

Para Mary Dougherty, uma obra de arte é "um trabalho que não é somente uma possessão do ego, mas é também um produto mediador conectado a uma fonte de sentido ao qual tanto o artista quanto a comunidade podem se voltar" (Dougherty, 1998, p. 23). Tal texto enfatiza a importância da produção artística para além do sentido estético, mas como um caminho de representação simbólica individual e cultural, mediando esses dois contextos.

Para este capítulo, vamos tomar uma expressão artística literária como ponto de partida para um estudo e uma investigação psicológica profunda, como é a relação amorosa e conjugal.

O mote para iniciar esse caminho é ver traduzido em pouquíssimas palavras o que se busca compreender em vários tratados de psicologia. Vamos reler um pequeno fragmento de um clássico de nossa literatura: o começo do último capítulo de *Dom Casmurro*, depois de alguns anos da morte de Capitu. Ela e o filho foram exilados na Suíça por Bentinho, depois que este conseguiu dominar seus impulsos assassinos e suicidas, encontrando no exílio de mãe e filho um alívio para seus ciúmes atormentadores.

Um pouco de literatura...

> Agora, por que é que nenhuma dessas caprichosas me fez esquecer a primeira amada do meu coração? Talvez porque nenhuma tinha os olhos de ressaca, nem os de cigana oblíqua e dissimulada. Mas não é este propriamente o resto do livro. O resto é saber se a Capitu da Praia da Glória já estava dentro da de Matacavalos, ou se esta foi mudada naquela por efeito de algum caso incidente. Jesus, filho de Sirach, se soubesse dos meus primeiros ciúmes, dir-me-ia, como no seu cap. IX, vers. 1: 'Não tenhas ciúmes de tua mulher para que ela não se meta a enganar-te com a malícia que aprender de ti'. Mas eu creio que não, e tu concordarás comigo; se te lembras bem da Capitu menina, hás de reconhecer que uma estava dentro da outra, como a fruta dentro da casa (Machado de Assis, 2002, p. 183-184).

Num único parágrafo, o autor antecipa Freud e Jung e todos os teóricos da terapia de casal, quando nos remete a dois grandes princípios que constituem parte fundamental do conflito amoroso, e que na terapia conjugal precisam ser identificados e elaborados.

O primeiro: nas diferentes queixas e desentendimentos conjugais, estão contidos aqueles elementos que, no início do relacionamento, mais os atraíram reciprocamente e que, a certa altura do casamento, transformam-se naquilo que é mais difícil de suportar na personalidade do parceiro.

Um jogo de palavras nos ocorre neste momento, sem saber de sua originalidade ou se é uma apropriação indébita. A palavra *atrair* só se diferencia da palavra *trair* pelo prefixo *a*. Se juntarmos as duas numa única frase, formamos um pensamento que se aplica a essa situação descrita, ou seja, somos traídos por aquilo que nos atrai.

O segundo: a força que um conteúdo inconsciente de um cônjuge tem sobre o outro. Essa força tem o poder de criar um campo caótico indiferenciado na vivência da conjugalidade, que predispõe os parceiros a atuar mutuamente no inconsciente do outro, levando-os a perpetuar situações insolúveis e paralisantes.

Na clínica observamos esses dois princípios contribuindo conjuntamente para estabelecer e manter sérios conflitos conjugais. Tomemos como exemplo um pequeno recorte flagrado de uma sessão de terapia com um casal, que aqui pode estar representando tantos outros.

## ■ Caso clínico

João e Maria chegaram ao consultório com múltiplas queixas: ressentimentos intensos pela falta de atenção e desconsideração mútuas, desamor e descuido pelas coisas do outro, pequenos maus-tratos físicos da parte dele, o que lhe garantia, sempre, de forma evidente, o papel de agressor nessa relação. Ele se queixava permanentemente das torturas psicológicas que ela lhe impunha em razão de suas insatisfações e carências.

Nas sessões, um se dirigia ao outro de forma sarcástica, cheios de ódio, com um único objetivo: provar o quanto o outro era responsável pelos destroços do casamento, e despejar o fel armazenado continuamente a cada momento do relacionamento, no qual tudo era motivo de disputa e ataque.

Maria, em cada gesto, em cada fala, no seu olhar, na sua postura, mostrava-se uma mendiga raivosa. Ele, na sua postura, no seu sorriso de canto, no seu olhar, falava do alto de sua realeza que não queria ou não deveria sofrer certas exigências.

Em certa sessão, eu lhes pedi que fizessem uma imagem corporal, de forma que esta pudesse traduzir seus sentimentos naquele relacionamento. Essa solicitação surgiu de uma situação de conflito relatada por eles, que foi um pequeno incidente doméstico: brigaram porque João havia pedido a Maria que procurasse seu xampu, ou ele usaria aqueles que estavam no box, que, segundo Maria, eram produtos caros, medicinais; portanto, não queria que João os usasse. Para ele, uma única lavada não acarretaria nenhum grande prejuízo para ela. Na busca do objeto solicitado, Maria foi criticada por abrir e fechar a porta do banheiro algumas vezes, provocando entrada de vento, o que o deixou bastante irritado. João, ao receber seu xampu, atirou-o longe, agredindo-a verbalmente.

A imagem do relacionamento foi construída por Maria da seguinte forma: João sentado da mesma forma como ele se posicionava na sessão, com ares de frieza e altivez. Ela, então, postou-se diante dele, curvada, segurando um pequeno cesto, como se estivesse lhe oferecendo aquele objeto com servidão. Dessa posição, ela dizia que estava oferecendo-lhe seu coração, e que ele, de sua superioridade, a maltratava, não lhe dava valor, e assim ela ia se despedaçando. Na seqüência, ela se colocou de joelhos no chão, recolhendo seus "cacos" para poder novamente se reerguer.

## Uma técnica psicodramática

Essa técnica da escultura humana, viva e dinâmica, foi utilizada tanto para apurar o diagnóstico do vínculo, como um caminho para identificar e vivenciar os complexos sombrios dos quais o casal estava refém. Citemos, na íntegra, um trecho em que Barberá nos expõe o alcance dessa técnica:

> A escultura, sobretudo praticada com um bom aquecimento, é surpreendente. Não é de estranhar porque, no processo de esculpir o corpo, este impõe seus próprios automatismos. A memória corporal possui modelos, esquemas de comportamentos, que associam e combinam o recordado e o esquecido e, quando solicitada a partir da emoção e não a partir da razão, irrompe e toma forma fora das vias cognitivas que, na maioria das ocasiões, impediria, por meio de diversos mecanismos de defesa, que aqueles esquemas emergissem de forma tão evidente. Trata-se, na opinião de Moreno, de uma criação livre ou criação a partir do catalisador da espontaneidade mobilizada pelo aquecimento (Barberá & Knappe, 1999, p. 142).

O trabalho com escultura nos permitiu associar outra técnica do psicodrama, denominada inversão de papéis. Nessa técnica, pede-se que cada um dos parceiros assuma o lugar do outro, buscando o máximo de aderência e empatia com a personalidade e o comportamento do indivíduo representado. Isso não foi possível para esse casal. Ela não conseguiu assumir a superioridade que havia atribuído a João na sua postura altiva e inacessível. E ele não conseguiu inclinar-se para frente, flexionando o dorso, como sinal de servidão, posição que ela se auto-atribuía no relacionamento. A postura que ele tomou foi de flexionar ligeiramente os joelhos, para caracterizar tal servidão. Ele realmente não se "envergava".

Da posição de vassala, Maria sente muito ódio por chão, digo João, tão intenso quanto o dele, expresso por diferentes atitudes em relação a ela. (Abro aqui este parêntese para justificar o fato de não corrigir propositadamente meu ato falho ao trocar a palavra *João* por *chão*. Já no próximo parágrafo o leitor terá apreendido o significado e a equivalência simbólica desse fato.)

João complementou esse quadro dizendo não acreditar no que ela estava dizendo: "Maria não está entregando seu coração, mas, ao contrário, está se colocando numa atitude de pedir. Só que o cesto está furado, e nada do que eu lhe dê será suficiente, nada a preenche. Isso me dá raiva, e tenho vontade de cada vez mais maltratá-la". E, num gesto, ele a empurrou cada vez mais para o chão, ou para o "João-chão", como podemos interpretar esse movimento. Nesse momento, ele mostrou toda sua raiva por Maria, projetando na figura da esposa, que trazia explicitamente, na sua história de vida e na sua postura corporal do momento, tudo aquilo que constituía seu maior temor: o fracasso, a fraqueza, a submissão e a humilhação, ou seja, ser um fracassado, um fraco, ser humilhado e submeter-se ao outro. Essa poderia ser uma das origens de todo o desprezo que João vinha dirigindo a Maria e a tudo o que se referia a ela.

Ela precisava ocupar esse papel na relação de casal, já que ele estava protegido tanto por sua organização psicológica narcisista, quanto pelas próprias projeções de Maria, idealizadas sobre ele. Na sua escolha, ela o viu como alguém que, por ser mais velho, poderia ser um protetor e um provedor, um príncipe que foi criado com honras edípicas, das quais ela sonhava usufruir. Mas justamente por isso, o marido não tinha ido muito além do desejo de continuar a receber e ser servido sempre.

A condição psicológica de Maria, sua postura diante dele e do mundo, ajudou a mantê-lo nesse papel de soberano e tirano para ela. Idealizado, João ocupava um lugar jamais alcançado e merecido por ele, o que alimentava seu ódio originado por uma inveja destrutiva e persecutória. Um complexo inconsciente emergiu por meio do seguinte *insight*: "Ele tem, eu não tenho; ele sempre teve, eu nunca tive; ele sempre vai continuar a ter, eu nunca vou conseguir ter".

Ficar com João era uma forma de Maria perpetuar esse ódio do vazio, da fome, do desejo secreto de roubar aquilo que desejava, mas inconscientemente acreditava jamais lhe seria dado. Ele simbolizava para ela o inatingível. João fazia que ela sentisse seu frio, sua fome, tomando a figura dele como um objeto real, concreto e atual, ao qual ela podia dar um nome pela responsabilidade de sua miséria interna: João.

## ■ Diagnosticando o campo psicológico complementar na conjugalidade

Assim, qualquer coisa que vinha dele era sentida por Maria como espoliação, pois esse sentimento coincidia com o ódio de quem sempre se viu privada de um bom alimento interno.

Essa imagem desvela o campo psicológico complementar em que Maria e João se sustentavam. E por meio dela capturamos o paradoxo dessa relação, que corresponde ao paradoxo da vida psíquica de cada um.

Algumas perguntas nos aproximam desse drama. Por exemplo: o que faz uma pessoa faminta emocional e materialmente se ligar a alguém que não tem muita disponibilidade para doar-se, ou prazer em prover o outro, para quem generosidade pode ser vivida como submissão? O que faz uma pessoa com dificuldades de doação, irritadiça, com baixa resistência a frustrações, ligar-se a alguém que precisa receber, mesmo que sejam migalhas, mas que se enfurece ao recebê-las, pois estas lhe mostram o tamanho de sua fome?

Tomemos a concepção de psique formulada por Jung como um caminho para responder a essas indagações. Para ele, a psique é um sistema auto-regulador, em que a contra-reação reguladora compensatória se faz no inconsciente, já que a consciência é considerada um processo de adaptação momentâneo. A finalidade desse mecanismo regulador compensatório da psique é impedir o desenvolvimento unilateral exacerbado da consciência e a conseqüente dissociação de conteúdos psicológicos que formaram os complexos inconscientes. Seus conteúdos serão projetados caso o ego não os inclua no seu processo de discriminação e ampliação da consciência.

Na relação conjugal, dada a intimidade e a proximidade inconsciente entre os parceiros, estes muitas vezes projetam, um no outro, conteúdos da sombra, de difícil assimilação pelo ego, uma vez que estes geralmente representam o oposto do que é valorizado pela consciência.

Assim, o casal forma um sistema auto-regulador, em que a contra-reação reguladora do inconsciente de um se faz por meio do comportamento do outro. Nesse sistema, as polaridades que estão representadas pelo conflito entre os cônjuges produzem um grau de tensão, e desta tensão surge o símbolo, produto da natureza psíquica, movimentando e transformando a energia intra e interpsíquica. Portanto, a escultura que nasce desse conflito pertence ao campo do simbólico.

A compreensão dessa estrutura e da dinâmica que lhe corresponde reforça a importância da idéia de que a discriminação e a elaboração de um símbolo favorecem a produção afetiva de um trabalho psicológico profundo, pois o homem, assim como a humanidade, desenvolve-se de um elaborar simbólico contínuo ao construir tanto sua história pessoal como sua cultura.

Com esse enfoque, a intervenção no vínculo conjugal deve ir muito além de observações, conselhos ou mesmo interpretações do terapeuta. Exige um trabalho constante e artesanal com o produto inconsciente e indiscriminado que surge do próprio casal: matéria-prima para o processo de transformação do vínculo e individuação dos cônjuges.

> A escultura assim realizada servirá de base e de ponto de partida para um trabalho terapêutico mais complexo, que se fundamenta na utilização de um conjunto de técnicas ativas subsidiárias que completam o processo técnico de esculpir. Essas técnicas diversificam os caminhos por meio dos quais a escultura pode expressar os conteúdos ocultos, complementando-a e tornando-a mais complexa enquanto o instrumento capaz de prover vias de compreensão, compreensão e integração, como canais singulares ou simultâneos de informações que promovam uma mudança no processo terapêutico do sistema em questão (Barberá & Knappe, 1999, p. 145).

## ■ O procedimento clínico e seu processamento teórico

Na segunda parte deste capítulo, encontra-se uma leitura possível dos passos que normalmente se sucedem ao longo do processo da elaboração simbólica de um conflito conjugal, baseando-se na imagem corporal anteriormente descrita. A análise teórico-prática desse procedimento será feita por meio da parceria de algumas idéias da Psicologia Analítica de Jung e do Psicodrama de Moreno, utilizando o corpo como campo simbólico. Estudos nesses dois campos da psicologia, um potencializando o outro na condução deste processo terapêutico, facilitou uma via de trabalho, o corpo, que favoreceu um caminho na direção da elaboração de símbolos pertencentes a esse casal, explorando suas múltiplas dimensões, ainda que muitas dessas, certamente, não tenham alcançado o nível da consciência.

Traduzir os símbolos nas suas múltiplas dimensões é conectá-los aos diferentes níveis de necessidades de cada personalidade, e é uma forma de criar espaços psicológicos novos em cada indivíduo, e na relação a dois. Possibilita que a psique se expanda, buscando atingir o máximo de suas possibilidades afetivas, cognitivas, perceptivas e intuitivas. Essa expectativa está de acordo com alguns postulados de Jung sobre a natureza dos símbolos:

> O símbolo é uma expressão indeterminada, ambígua, que indica alguma coisa dificilmente definível, não reconhecida completamente (...) Por isso o símbolo possui numerosas variantes análogas e quanto mais possuir, mais completa e correta é a imagem que traça de seu objeto (Jung, 1986, p. 112).

No livro *Amor conjugal e terapia de casal*, a autora corrobora esse postulado.

Seguindo essa concepção, na terapia de casal, os conteúdos emocionais e verbais dos diálogos, gestos, sonhos, fantasias, imagens mentais e corporais, descontinuidade de pensamento, reações desproporcionais e irracionais etc. constituem símbolos que gradualmente vão sendo elaborados na relação triangular: os dois parceiros e o terapeuta.

> A psicoterapia de casal deve ajudar o casal a desenvolver os meios adequados para que os conteúdos inconscientes se apresentem à consciência, para que possam ser elaborados dentro da dinâmica da conjugalidade.
> (...)
> Assim, tanto do ponto de vista teórico quanto do ponto de vista da prática clínica, encontramos respaldo para um trabalho dessa natureza com casais. A mobilização dos afetos por meio de vivências expressivas tem se mostrado bastante eficaz, não só pelo contato com o material mais inconsciente, como também na elaboração simbólica dos mesmos. Os recursos imagéticos podem ser mobilizados por meios de muitas técnicas, inclusive dramatizações e jogos dramáticos (Di Yorio, 1996, p. 100).

Daqui para frente, passo a propor uma viagem ao leitor. Siga-me como se você fosse o terapeuta desse casal. Procure intuir, engajar-se com as dificuldades desse papel, nas diferentes etapas que se sucedem na dinâmica da terapia a três. Procure também se colocar no lugar de cada um dos cônjuges, para que seja possível empatizar com as dores psicológicas e com as defesas de cada um. Para isso, não perca de vista a imagem da relação conjugal que foi construída durante uma sessão de terapia, já referida anteriormente.

Cada fase desse trabalho tem os seus percalços. No começo do processo terapêutico, caminhamos ainda no escuro com o nosso casal. Todas as queixas e emoções passionais nos levam para o terreno movediço da ambigüidade dos sentimentos e ressentimentos.

Sem palavras que a defina, a escultura do casal que nos tem guiado como pano de fundo para nossas explorações de uma dinâmica conjugal, pode, diante de outros olhares, corresponder, por exemplo, a uma representação de idolatria, e não apenas de poder e submissão, como a esposa quis nos mostrar. Uma apreensão mais dilatada dessa imagem nos coloca em contato com uma rede de significados inconscientes, justificando assim o ódio e a idolatria contidos na mesma imagem e fazendo parte da mesma ordem simbólica de sentimentos, numa vinculação que expressa claramente a vivência ambivalente da paixão.

Perazzo (1994) descreve em seu livro *Ainda e sempre psicodrama* o caráter ambivalente da paixão:

> A paixão em si sintetiza vida e morte, encontro e desencontro, preenchimento e solidão. Junta no mesmo saco a sensação da eternidade do momento com a crueza da impossibilidade de sua perpetuação. Grava e quase imediatamente desgrava a sensação corpórea de preenchimento e falta e a relega a um referencial deslocado na memória e na lembrança, que nem sabe se reconhece mais sequer como saudade (Perazzo, 1994, p. 82).

Essa experiência, aplicada à situação da conjugalidade, permite ao casal viver o "tudo" e o "nada" provenientes do estado de simbiose e de separação, necessárias na vivência conjugal, sem, no entanto, perder de vista a relação de um eu com o outro; que é uma condição estrutural da psique, fundamental para estabelecer as conexões das partes com o todo e garantir o processo de simbolização. Simbolizar significa, em termos funcionais, vivenciar o todo de acordo com as partes, tomar e experimentar a parte, como se fosse o todo.

A vivência psicológica mobilizada pela imagem surgida de um conflito conjugal, como descrito anteriormente, é o primeiro passo em direção à elaboração de uma experiência emocional simbólica, expressa corporalmente pelo gesto de ambos. Este certamente é uma parte, que naquele momento representa simbolicamente o todo de uma relação, ainda bastante indiscriminada, tanto para o casal, quanto para o terapeuta.

As informações que advêm da escultura partem de diferentes fontes: sensações cinestésicas, proprioceptivas e emocionais, trazendo uma realidade psicológica profunda, ainda não assimilada pela consciência, mas que tem força para moldar um relacionamento e a natureza de seus conflitos.

> Porque enquanto se mantém a escultura, seus componentes estão recebendo mensagens a partir de suas posturas, contatos, posições relativas, proximidades ou separações, gestos, comodidade ou incômodo, equilíbrio ou desequilíbrio. É um caudal de vozes a quem se tem que dar tempo para serem expressas, tempo para serem ouvidas, diferenciadas e processadas. E tudo isso só pode ser conseguido a partir da escultura, por um processo de encontro, de parada e de reflexão sobre a própria vivência, e durante o tempo que for necessário. Após a escultura ter sido desfeita, a posteriori, perde-se a oportunidade, o momento mágico de contato com o mundo interno, que é o que nos dá a informação privilegiada (Barberá & Knappe, 1999, p. 159).

## O símbolo e seu processo de elaboração

Abre-se uma fresta. O corpo, como se pode observar na imagem desse casal, é uma fonte de múltiplos caminhos para restabelecer conexões entre o ego e os afetos dele dissociados. É o corpo contando uma parte da história inconsciente de cada um, e trazendo para a relação amorosa a dor e a raiva dessa mesma história, e também as defesas nela construídas.

> Ao sugerirmos que o paciente construa uma escultura, certamente, depois do aquecimento para essa tarefa, ele começa a tomar contato, de forma intuitiva, com os esquemas presentes em sua memória, e que se formaram ao longo de sua vida, alguns desde os primeiros momentos, conforme o que Fonseca Filho denomina de 'memória organísmica', ou seja, os esquemas puramente biológicos que são os únicos que se podem gravar nessa idade, até os correspondentes ao momento presente.
>
> (...)
>
> Aqueles esquemas existenciais que jaziam ocultos em seu mundo interno assumem agora entidade corpórea. Esquemas que, a partir de sua subjetividade, marcam e definem as bases dos modos vinculares, que se movem em seu meio" (Barberá & Knappe, 1999, p. 154-155).

Em razão do estado emocional de raiva e ressentimento, presente no momento da briga, capturamos do casal uma situação mutuamente transferencial. Constata-se um deslocamento da energia afetiva de um campo para outro. Ou seja, a briga relatada na sessão era apenas mais um depósito para onde o casal deslocava afetos que não encontravam meios adequados para sua expressão. Grande parte daquela emoção estava colocada em lugar errado, mesmo que, para a consciência dos dois, o que o outro fazia justificava sempre tanta ira. Alargar o campo da consciência, introduzindo qualquer outra possibilidade de compreensão, que não se feche na interpretação estereotipada de culpar sempre o outro, já é um avanço significativo, mesmo que este não se mantenha para as próximas brigas. Uma nova semente já foi plantada e o analista deve confiar nisso, e ser o zelador dessa preciosidade a ser exibida sempre que necessário, como prova da competência do casal em fazer algo diferente por eles.

Assim, a tensão da experiência emocional mobiliza símbolos, e sua conseqüente elaboração satisfaz as necessidades profundas da psique, já que os símbolos são produtos da consciência e do inconsciente. Assim, sua abrangência no campo da conjugalidade se deve ao fato de que, com base na visão simbólica do conflito, todas as percepções, conscientes e inconscientes, trazem "verdades" de cada um, muitas vezes contidas e disfarçadas em seu oposto. No caso, talvez idolatria vivida por meio do ódio. E o terapeuta deve se empenhar em buscar essas "verdades", com a participação e aliança do casal, que o autoriza nesse trabalho de investigação.

Seguindo o caminho da elaboração simbólica do conflito em questão, o momento seguinte é uma incógnita; vai depender da condição psicológica e do compromisso profundo de cada parceiro com esse processo. Aqui não se trata só de boa vontade, ou de movimentos manipulados pelo desejo consciente, para atravessar esse pântano de sentimentos ambivalentes.

O que se exige nessa etapa é que cada um dos cônjuges reconheça o horror e a repulsa que o papel do outro desperta em si, menos por uma questão de julgamento consciente, mas muito mais por rejeitar inconscientemente esses aspectos na própria personalidade. Numa relação tão íntima como é a conjugalidade, freqüentemente condena-se o outro a viver aquilo que o "um" rejeita inconscientemente em si, ou, ao contrário, deseja, mas não legitima.

Aqui, o desafio terapêutico é sensibilizar cada um dos cônjuges a se religar numa parte de sua ferida por meio da ferida do outro, ressignificando o conflito pela percepção de que este é um caminho a se buscar. Assim, damos ao conflito uma meta, um sentido maior. E procuramos trabalhar sem o julgamento do certo/errado, bom/mau, mas abrindo o caminho da empatia em relação à própria dor e à dor do outro, compreendendo-as de um denominador comum, ou seja, no ponto em que ambas se conectam.

## Os diferentes desafios nas diferentes etapas do processo terapêutico

Um terceiro momento se apresenta. Depois de os conteúdos inconscientes terem sido formulados na forma de uma imagem, e de a dor desses conteúdos ter sido reconhecida como fazendo parte da história pessoal de cada parceiro, diminuindo, com isso, a responsabilidade do outro como o grande causador do problema, passamos a conhecer a condição psicológica individual dos cônjuges para transpor o que constitui suas defesas, transferidas e atualizadas no vínculo.

Essa é uma etapa decisiva no processo da terapia de casal, quando, da aproximação dos elementos conscientes e inconscientes, pode surgir uma terceira posição, diferente das anteriores que se conflituavam. Cada cônjuge precisa lidar com as defesas que impedem a parte consciente e racional de compreender que a raiva e as brigas entre o casal acabam sendo um caminho para camuflar a dor psíquica trazida para essa relação. O desafio, então, é o comprometer-se com os sacrifícios psicológicos necessários para superar o seguinte paradoxo: ao mesmo tempo que ambos precisam desesperadamente receber um do outro o que lhes falta, é justamente o que lhes falta aquilo que constitui a maior dificuldade de cada um entregar na relação. E o desafio está no fato de que, sendo difícil entregar, esse é o ponto do sacrifício em prol do próprio desenvolvimento. É um ganho para a própria personalidade romper com as amarras das defesas, levando cada um a doar a si mesmo aquilo que, antes, pensava não querer doar ao outro, quando, para defender-se na relação, ficava vulnerável a si mesmo.

E pode ser por meio desse paradoxo que se busca encontrar uma saída, um caminho, mesmo que tortuoso. Somente alguém tão subnutrido de amor pode desestabilizar um outro tão parcimonioso afetivamente. E somente alguém tão pouco penetrável e pouco disposto a fazer concessões pode levar um outro a desenvolver seus próprios recursos de auto-sustentação.

Nesse momento, para haver uma transformação, o ego tem de conseguir abrir mão de posturas que até então se justificavam pela inconsciência das próprias feridas, e cuja dor estava, de forma transferencial, atrelada e justificada pelo comportamento do outro. Tudo isso estava expresso numa relação corpórea, que denunciava as imagens inconscientes que paralisavam o relacionamento.

Essas imagens são denominadas por Barberá (1999) de "sistemas-cenas internos", e que Naffah (1980) os traduz correlacionando corpo e inconsciente.

> É, pois, no desconhecimento do seu lugar no mundo que este corpo existe; como tal reproduz inconscientemente o drama humano do qual é porta-voz. Forma de ser que exprime, sem dúvida, uma existência cujo desenvolvimento foi barrado, estagnado, conservado, e onde o corpo, como um fantoche, envolvido em suas fantasias e perdido num passado distante que não teve condição de transformar, cumpre o destino de repetir insistentemente a verdade mascarada que o constitui enquanto ser. Mas para poder compreender este fenômeno, é necessário examinarmos o processo histórico através do qual a corporeidade se constitui e se transforma e onde muitas vezes se perde (Naffah, 1980, p. 7).

> Nossa posição é a de que existe uma narrativa corporal, uma poética do movimento ou um texto do corpo, 'que se escreve' quando este se expressa com seus gestos, movimentos e posturas. Este texto responde a uma idéia interna, a um esquema ou projeto que, estimulado por um impulso para realizar-se, transforma-se em forma e movimento (Barberá & Knapp, 1999, p. 161).

Justamente pela possibilidade de se estar perdido em algum lugar do passado, é que nesse ponto do procedimento busca-se libertar os complexos no inconsciente de cada parceiro, tentando desmanchar as defesas que os mantêm mutuamente justificados pelas atitudes do par. Essa etapa exige mais tempo e cuidado terapêutico redobrado, pois o processo, por si só, já impõe aos cônjuges uma exigência de maior transparência consigo mesmo e com o outro. Essa situação costuma deixar os parceiros inseguros e temerosos — o que pode, até mesmo, ocasionar o rompimento da terapia, como foi o caso do casal citado.

Algumas vezes é possível prever essa ocorrência e trabalhar com o casal sobre o perigo desse possível rompimento, em virtude do tipo de luta que se observa no plano intrapsíquico, conjugal e na transferência terapêutica. Antecipar tal possibilidade não necessariamente poderá evitá-la, mas ajuda os cônjuges a ganhar mais consciência daquilo que o processo está exigindo e o ego teima em se omitir.

A luta presente nessa fase do processo pode ser avaliada pela carta do esposo do casal anteriormente referido:

> *Não agüento mais conviver com Maria, mas também não consigo me separar. Vejo uma paralisação em todas as áreas de minha vida, por mais esforço que eu faço para superá-la. Não acredito que isto seja possível sem uma solução para esse casamento torto, manco. Não vejo qualquer solução a menos que eu me anule, sacrifique coisas importantes, eu mesmo. Tenho que admitir que sou orgulhoso, não gosto de dar o braço a torcer, e por isso muitas vezes não faço o que seria correto. Sei que gostaria que as coisas mudassem magicamente, sem os meus sacrifícios. Sei das minhas dificuldades e como estas aparecem no casamento. Há uma carga afetiva forte tanto da minha parte quanto da Maria, mas não quero e não aceito ter que atender expectativas e demandas que me submetem às dissociações dela. Sempre acaba mal quando resolvo adotar atitudes positivas ao ter um vislumbre de esperança. Diante de tudo isso estou também questionando a validade da terapia de casal no nosso caso.*

O material escrito pelo esposo nos mostra sua luta narcísica para fazer os sacrifícios psicológicos necessários ao processo de transformação de sua personalidade, e, com base nisso, advirem novas possibilidades de ajuste no relacionamento amoroso. O importante para cada um dos cônjuges é perceber que qualquer mudança, em primeiro lugar, beneficia a si próprio, e, como decorrência natural, pode vir a beneficiar o relacionamento. Mas, na maioria das vezes, a defesa neurótica impede-os de ter tal percepção. A visão estreita que a neurose lhes impõe leva-os a resistir às mudanças, acreditando que, se assim o fizer, estarão se submetendo aos desejos e caprichos do outro. Mas, na verdade, essa crença nada mais é do que uma forma de projetar o medo, disfarçado em raiva, que subjaz às emoções perturbadoras que alimentam a dor escondida pelas defesas.

Uma vez que as condições psicológicas dos parceiros lhes permitiram caminhar na direção das transformações necessárias para superar a força de travamento das defesas, segue-se um novo momento: as queixas do outro não são mais ouvidas só como críticas persecutórias, contra as quais precisa lutar e se defender. A essa altura do trabalho, é possível sensibilizá-los a considerarem válidas as queixas do outro, encarando-as como um possível caminho para dentro de si.

Com as defesas menos acirradas, pode-se estabelecer um diálogo entre duas pessoas, com direitos iguais, com razões igualmente importantes, que merecem e precisam ser compreendidas. Em conseqüência, começa a ser possível, cada vez mais freqüentemente, a aproximação dos pontos de vista contrastantes, num exercício de alteridade entre as partes, sem que isso represente alguma forma de ameaça ao valor de cada um na relação. As diferenças podem vir a ser a semente para o nascimento do novo em cada um, antes temido, rejeitado e desvalorizado no outro; e agora reconhecido como necessário em si. É o desenvolvimento da empatia entre o par, fundamental para qualquer relação humana de boa qualidade.

De Jung para os terapeutas de casal:

> Como o caminho para essa adequação só raras vezes está aberto de forma imediata, na maioria dos casos têm-se que suportar um longo conflito que exige sacrifícios de ambas as partes. (...) É espantoso constatar o quão diminuta é a capacidade das pessoas em admitir a validade do argumento dos outros, embora esta capacidade seja uma das premissas fundamentais e indispensáveis de qualquer comunidade humana. Na medida em que o indivíduo não reconhece o valor do outro, nega o direito de existir também do 'outro' que está em si, e vice-versa (Jung, 1984, p. 89).

Com isso, podemos concluir que a terapia de casal deve ajudar os parceiros a desenvolver também sua capacidade de dialogar consigo próprio, como um pré-requisito para dialogar com o outro. O diálogo interior é um dos alicerces para a construção de relacionamentos interpessoais mais objetivos, menos sujeitos a distorções, estas muito freqüentes em relações de maior intimidade, como é o caso da conjugalidade.

Essa intimidade favorece a falta de discriminação entre o que compõe a personalidade de um ou outro, levando os parceiros a considerar negativamente no seu par justamente o que desconsidera em si próprio, e com isso busca corrigir no outro aquilo que deveria corrigir em si mesmo.

Esse estado de imaturidade psicológica condena os casais a sérias distorções perceptuais, que muitas vezes fazem que a realidade do outro seja vivida como um insulto. A dificuldade no trato de realidades psicológicas separadas e individualizadas pode ser contornada, tecnicamente, incluindo o corpo, no procedimento terapêutico. Pois na sua concretude tangenciamos o mundo simbólico. Naffah coloca o corpo como um "agente do conhecimento", como uma "ponte entre o presente, passado e futuro, entre o real e o imaginário" (Naffah, 1980, p. 13).

Se no mundo das fantasias estão contidas infinitas possibilidades, e como toda fantasia tem um substrato corporal, então o corpo é um instrumento e um caminho para catalisar o imaginário e o real num todo simbólico, traduzido em novas atitudes, mediante novos significados.

> Ao viver um determinado papel psicodramático, o indivíduo reúne, numa ação, suas motivações psicológicas, e também exerce uma função simbólica que sintetiza todas as possibilidades humanas: desde um simples movimento até a função superior do pensamento.
>
> Ao viver um determinado papel psicodramático, o indivíduo vive uma emoção que não é real e nem imaginária, mas é tão real quanto imaginária. Vive a síntese psicológica e simbólica dessas duas dimensões — a real e a imaginária.
>
> Ao viver um determinado papel psicodramático, o indivíduo resgata aquilo que não ousou viver, e desperta para tantas possibilidades quantas puder vislumbrar.
>
> Ao viver um determinado papel psicodramático, o indivíduo refaz um passado e constrói um futuro (Benedito, 1987, p. 21-22).

Toda essa discussão deixa antever que o processo da terapia de casal em geral é bastante penoso, principalmente quando se trata de vínculos com alto grau de patologia. Porém, pode ser de grande ajuda, pois, do conflito com o outro, cada parceiro pode situar-se em relação a si próprio, conhecendo melhor suas feridas e suas defesas, descobrindo caminhos para superá-las numa relação de parceria e afeto. Ou seja, talvez a terapia de casal seja um dos maiores recursos para lidar com as organizações narcísicas de personalidade, pois pode colocar por terra a fantasia onipotente de auto-suficiência e o orgulho de não precisar do outro. Esse processo pode levar a uma transformação tanto da personalidade quanto do vínculo amoroso.

## ■ Referências bibliográficas


BARBERÁ, E. L.; KNAPPE, P. P. *A escultura na psicoterapia.* São Paulo: Summus, 1999.

BENEDITO, V. D. Y. *A função simbólica e o efeito integrador dos papéis psicodramáticos.* Trabalho de conclusão de curso de formação da Sociedade de Psicodrama de São Paulo, 1987.

DI YORIO, V. *Amor conjugal e terapia de casal: uma abordagem arquetípica.* São Paulo: Summus, 1996.

DOUGHERTY, M. "Duccio's prayer: mediating destruction and creation with artists in analysis". Proceedings of The Fourteenth International Congress of Analytical Psychology, Florence — *Destruction and creation: personal and cultural transformations.* Edited by Mary Ann Mattoon. Switzerland: Daimon Verlag, 1998.

JUNG, C. G. *Símbolos da transformação.* CW 5. Petrópolis: Vozes, 1984. Introdução. Parte II.

________. A função transcendente. In: JUNG, C. G. *A dinâmica do inconsciente.* CW 8. Petrópolis: Vozes, 1986.

MACHADO DE ASSIS, J. M. *Dom Casmurro.* São Paulo: Ática, 2002. [Série Bom Livro].

NAFFAH NETO, A. *Psicodramatizar.* São Paulo: Ágora, 1980.

PERAZZO, S. *Ainda e sempre psicodrama.* São Paulo: Ágora, 1994.

# Amor conjugal e padrões de relacionamento

GILDA MARIA CASTANHO FRANCO MONTORO

## Introdução

Apesar de o *amor romântico adulto* ou *conjugal* ser tão importante na vida de todos nós, a psicologia, até recentemente, não só estudou muito pouco seus fenômenos, mas também investigou insuficientemente as continuidades e as descontinuidades que existem entre formas infantis e adultas de amar.

O estudo do amor romântico conjugal só floresceu nos anos de 1980 e 90; entretanto, a palavra *amor* nem é mencionada em diversos livros básicos e clássicos da área de terapia de casal e família, embora todos, na prática, analisem diversos tipos de patologia amorosa. É como se na psicologia o termo amor fosse maldito; em algum lugar li que "*love is a four-letter word*" (grande parte dos palavrões em inglês é constituída por palavras com quatro letras).

Como honrosa exceção, menciono Helen Kaplan, que no epílogo de um livro sobre terapia sexual escreve: "Durante a revisão deste livro sobre sexualidade, fui atingida pela ausência notável da palavra amor. E, entretanto, amor é o ingrediente mais importante na relação sexual [*lovemaking*] (...)" (1974, p. 524).

Outra exceção é Dalmiro Bustos, autor do livro *Perigo, amor à vista*, sobre relacionamento conjugal e psicodrama de casais, que afirma:

Definir relações amorosas é animar-se a romper com os mitos do conhecimento e permitir que psique nos conduza a Eros e que este nos atire seus dardos. Passamos parte da vida desejando ser feridos pela desejada e temida flecha, e a outra metade queixando-nos por tê-lo permitido (2001, p. 18).

## Definições de amor

*Erasmo (52 anos, engenheiro) e Marta (47 anos, assistente social) (nomes fictícios), casados há 25 anos, procuram terapia de casal preocupados com a freqüência das brigas repletas de acusações mútuas, geradoras de tanta raiva que os dois se ameaçam de separação.*

*Relatam um episódio de agressão física em que Marta arranhou Erasmo quando ele se recusou a responder a suas queixas e tentou sair do quarto. Erasmo reagiu com empurrões e torcendo seu braço.*

*Além disso, têm passado por períodos cada vez mais longos de distanciamento, quando só conversam aquilo que chamam "diálogo executivo" sobre a casa e os filhos. Nos últimos dois anos, o relacionamento sexual esfriou muito; chegam a passar dois meses sem sexo, o que é bastante ameaçador para ambos, que se orgulhavam de ter uma vida sexual razoavelmente intensa até recentemente.*

*Não querem se separar. Embora repletos de sentimentos negativos, Erasmo diz que "não têm problemas sérios e ainda se gostam". Marta fica com os olhos marejados, mas dispara uma série de acusações com raiva: que ele só diz isso agora, mas na vida real parece que só estão juntos por covardia e interesse financeiro, que ele só pensa no trabalho etc. Erasmo faz que não ouve, muda de assunto, comenta que os filhos estão bem, têm boa saúde e sucesso na escola e na vida profissional.*

*Ambos se queixam de não se sentirem amados e reconhecidos.*

Podemos dizer que "amor" é um termo amplo, com uma base de significado comum e com vários sentidos específicos, por exemplo:

- amor dos pais pelos filhos (componentes prioritários: cuidado e proteção, dedicação altruísta);
- apego da criança aos pais (componentes prioritários: busca de proximidade e de segurança);
- atração romântico-sexual; paixão;
- amizade.

As definições gerais de amor, encontradas em dicionários ou em publicações científicas (Goldenson, 1970; Gregory, 1988) englobam, mas não são específicas, o amor romântico conjugal; enfatizam em geral dois temas:

a) sentimentos de preocupação, de cuidado e proteção com o bem-estar do amado;
b) desejo de proximidade com o amado, que é percebido como um ímã, um pólo de atração positiva.

Muitos teóricos, entre eles Freud e Jung, focalizam a *relação mãe–filho* como o protótipo de todas as relações de amor. Na relação mãe–filho temos um lado basicamente doador, altruísta, benevolente — a mãe que cuida — e um lado basicamente receptivo, incorporativo, preocupado com o próprio bem-estar — a criança que é cuidada. *A relação é complementar, não simétrica.* Mas os dois lados buscam o mesmo fim, que é o bem-estar da criança.

O fato de a maior parte das definições teóricas, assim como pesquisas com diversas amostras para investigar o significado do termo amor, ter enfatizado esses dois aspectos — o *cuidar* e o *desejo de proximidade* — torna claro que o termo amor, na consciência coletiva, está impregnado da simbologia do que Jung nomeou o *arquétipo da Grande Mãe*, em seus dois pólos: por um lado, a mãe que cuida e protege, visando ao bem-estar do filho; por outro lado, a criança apegada, que busca a proximidade materna como fator de segurança e conforto. Retomando o conceito de Moreno sobre os "*clusters* ou cacho de papéis[1]", segundo o qual os papéis se agrupam de acordo com uma certa dinâmica, Bustos (2001) propõe que esses agrupamentos podem ser divididos em três áreas de aprendizagem, a primeira, o *cluster 1* ou *cluster* materno, referindo-se a esses mesmos fenômenos básicos do desenvolvimento humano.[2]

Embora a maioria das definições gerais enfatize o lado doador do amor, as pessoas, quando pensam em suas relações amorosas, espe-

---

1. O conceito de papel é central no psicodrama, e com base nele Moreno desenvolve sua teoria das relações interpessoais.

2. As outras duas áreas de aprendizagem se dão mediante vivência de papéis no *cluster* 2, ou Paterno, cujo complemento é o pai ou a figura substituta, e no *cluster* 3 ou Fraterno, cujo complemento são os irmãos ou seus equivalentes.

cialmente nas de amor romântico, na maioria das vezes enfatizam o lado receptivo; por exemplo, reclamam de parceiros que não as amam de verdade, desejam receber mais atenção, aceitação etc.

Nessas quase três décadas em que tenho trabalhado com terapia de vínculos (casal e família), ouvi milhares de queixas de pessoas que se sentem mal-amadas, ou seja, acham que recebem pouco; talvez não tenha ouvido nem uma centena de queixas derivadas do fato de que a pessoa esteja consciente de não se sentir capaz de se dar no amor. Apesar de, em princípio, as relações de amor adulto serem racionalmente pensadas como devendo ser simétricas, democráticas, com responsabilidades iguais, persiste na consciência coletiva da conjugalidade moderna a nostalgia de ocupar o papel de filho muito amado de maneira incondicional, e projetar no cônjuge a simbologia de uma *mãe-placenta* perfeita que nutre de coisas boas e remove as toxinas da vida diária. É compreensível, portanto, que a maioria das relações conjugais envolva tanta complexidade e contradição, sendo palco de muita frustração e desapontamento.

## ■ Amor conjugal

> *Marta é muito articulada verbalmente e reclama que o marido é viciado no trabalho, que ele não olha para ela, não a agrada, não é terno, só a procura para sexo,* "aliás, ultimamente, nem isso...". *Embora ela adore festas, bailes e viagens, ele nunca a acompanha, alegando cansaço.*
>
> "Ele não reconhece tudo que eu faço de bom por ele, pelos filhos e pela casa."
>
> "Nunca diz obrigado por nada."
>
> "Ele não acha mais a mínima graça na minha companhia; se eu reclamo, ele ameaça ir embora."
>
> "Ele está naquela fase do casamento que eu posso ir aonde quiser, desde que ele não tenha de ir junto."
>
> *Erasmo fala devagar e tem dificuldades de se expressar emocionalmente; diz que está satisfeito com o relacionamento, mas a única coisa ruim é que Marta só reclama, não vê mais nenhuma qualidade nele. Mesmo quando ele tenta acertar, ela só critica. Aceita que, quando magoado, se afasta,* "para não brigar e piorar as coisas". *Fica com os olhos marejados ao dizer que só trabalha por ela e pelos filhos, e*

*que ela não o ama mais — enxuga as lágrimas e, envergonhado, pede desculpas pelo descontrole. Conta que desde criança, quando magoado, fica com o* "coração frio" *para não sofrer.*

"Ela reclama que eu só fico no computador e não venho dormir com ela, mas, quando eu vou, daí reclama que eu ronco."

"Eu não sou do tipo grudento; se eu chego perto sinto desejo, e ela não quer mais transar comigo."

"Acho que casal da nossa idade que vive grudado é falsidade."

*Pergunto:* "Apontem uma coisa que faria que vocês se sentissem mais amados."

*Erasmo:* "Que ela me criticasse menos."

*Marta:* "Que ele ficasse mais tempo comigo."

Embora alguns autores tendam a encarar o "amor conjugal" como apenas uma categoria abrangida pelo conceito geral de amor, a maioria dos estudiosos o diferencia como possuidor de características próprias, complexas, que o tornam ao mesmo tempo único e multifacetado.

O que é único a respeito do *amor conjugal* vivido num relacionamento duradouro, seja hetero, seja homossexual, é que ele interliga mais aspectos de nossas vidas do que qualquer outro: sentido da vida, romantismo, sexualidade, corpo, fantasias, autoconceito, medos e ansiedades, assim como os valores que regem nossa vida. Por tudo isso, acredito que possa ser considerado a forma mais complexa, conflitiva e desafiadora de amar (Montoro, 1987), e, portanto, a que mais favorece o desenvolvimento não só do papel conjugal, mas também de inúmeros outros papéis.

Proponho que o *amor conjugal* seja compreendido como um fenômeno complexo e estruturante, catalisador do processo de individuação, que envolve a integração de vários sistemas afetivos:

- apego;
- cuidado;
- romantismo e sexualidade;
- amizade.

Em cada relacionamento conjugal, esses elementos se combinam e funcionam de maneiras específicas ao indivíduo e à relação.

## Aprendendo a amar

John Bowlby (1969, 1973, 1979, 1980, 1989) foi o criador da *Teoria do Apego*, uma variante da psicanálise que adota uma abordagem sistêmica, evolucionista e etológica, a qual se fundamenta não só em material clínico, mas também em dados oriundos de pesquisa experimental e longitudinal. Bowlby estudou os fenômenos vinculares mãe–filho, propondo o conceito de "sistemas afetivos" complementares de *apego* (criança apegada) e *cuidado* (figura cuidadora).

No início da década de 1970, fazendo mestrado nos Estados Unidos, apaixonei-me pela *teoria do apego*, na época ainda em processo de criação. As propostas de Bowlby me pareceram extremamente revolucionárias — foi meu primeiro contato com o pensamento sistêmico — e, ao mesmo tempo, tão simples e adequadas para explicar a vida emocional de todos nós.

A *teoria do apego* se propõe a descrever e explicar certos fenômenos centrais do *desenvolvimento emocional humano*:

- a *propensão* para formar *apegos* (fortes vínculos afetivos especiais com pessoas preferenciais);
- as várias formas de *perturbação emocional* que ocorrem quando esses *vínculos* são *ameaçados* ou *rompidos*;
- a construção, ao longo da infância, de *Modelos Mentais* de *si próprio*, do *outro*, e da possibilidade de *relacionamento interpessoal*, modelos esses que se originam dos primeiros apegos do bebê e da criança;
- a maneira como esses modelos se tornam componentes centrais da personalidade, regulando a percepção, o sentimento e o comportamento durante toda a vida.

A partir de 1980, quando comecei a estudar psicodrama, fui atraída pelas inúmeras semelhanças e possível integração das obras de Moreno e Bowlby (Montoro, 1983). Em primeiro lugar, ambos enfatizam a impossibilidade de pensar o ser humano a não ser em relação com outros membros da espécie, à luz de seus vínculos de diversos tipos. Moreno enfatiza a importância do *encontro*, Bowlby propõe que o bebê humano já nasce com uma predisposição para formar vínculos de amor com as pessoas que dele cuidam. Fonseca (2000), baseando-se em uma perspectiva moreniana, sugere que os ensinamentos de

Bowlby pertencem à psicologia relacional, abordagem que concebe o ser humano como ser eminentemente relacional.

Em segundo lugar, ambos percebem o ser humano de maneira otimista e enfatizam seu lado saudável e criativo. Moreno ressalta a importância da *espontaneidade*[3] e Bowlby afirma que, em condições propícias, é sempre possível fazer uma revisão dos modelos mentais do *self*, do outro e da possibilidade de relacionamento.

Em terceiro lugar, se Moreno cunhou a genial expressão *Matriz de Identidade*,[4] definindo simbolicamente a família como uma placenta social que contém "(...) os alicerces do primeiro processo de aprendizagem emocional da criança" (1975, p. 112), Bowlby e seguidores demonstraram exaustivamente como transcorre esse processo de formação da identidade nos vínculos primários e quais possibilidades de patologia podem ameaçar um indivíduo que cresça num sistema familiar incapaz de prover estabilidade, continência e afeto. Complementa Fonseca: "O resultado destas influências relacionais na matriz de identidade significará, no futuro, adultos seguros ou inseguros" (2000, p. 81).

## ■ Apego e cuidado

*Marta conta que, quando conheceu Erasmo, ele estava recém-separado em seu primeiro casamento com uma "mulher louca" que o abandonou por outro e deixou-o com a filha de seis meses. Erasmo confirma que estava perdido e furioso, tentando criar a menina com a ajuda de uma tia dele que se mudou para sua casa. Marta também tinha acabado de terminar um noivado de anos. Conheceram-se numa festa "Jovem Guarda", na qual ele foi fantasiado de Erasmo Carlos e ela, de Martinha. Apaixonaram-se perdidamente e, seis meses depois, estavam vivendo juntos.*

*Quando questionados sobre a atração inicial, Marta relata que ele era alto e forte, com jeito sério, calado e triste. Achou que ele seria*

3. Para Moreno, a espontaneidade e a criatividade são fatores naturais e inatos no bebê humano.

4. "A matriz de identidade é a placenta social da criança, o lócus onde ela mergulha suas raízes. Proporciona ao bebê humano segurança, orientação e guia" (Moreno, 1975, p. 114).

> *um cara trabalhador, que cuidaria dela, e sentiu-se capaz de ser mãe da filha dele, amá-lo e protegê-lo para sempre da tristeza.*
>
> *Erasmo diz que gostou de Marta porque era bonita e alegre, muito terna, doce e gostava dele. Sua primeira mulher era fria, agressiva e muito estranha. Tinham se casado só porque ela estava grávida e ele era contra o aborto. Gostava de ouvir Marta discorrer sobre vários assuntos.* "Ela era como um canarinho que eu gostava de escutar, às vezes nem prestava atenção no que ela dizia."

Para Bowlby, o *sistema de apego* é um sistema afetivo de grande importância na evolução das espécies, que se caracteriza por uma *busca e manutenção de proximidade com pessoas especiais* (figuras de apego), consideradas essenciais para a manutenção do bem-estar psíquico de cada indivíduo. Embora o desenvolvimento desse sistema ocorra durante a infância e a adolescência, pelas relações com as figuras de apego (mãe, pai e/ou substitutos), *o apego permanece ativo durante todo o ciclo vital do ser humano*, mesmo que se manifeste no adulto de maneira diferente da criança. Nos adultos, *é em geral dirigido à figura do cônjuge.*

Entre os vários sistemas ou "arquétipos amorosos", o *apego* é o primeiro a desenvolver-se na criança; sua estruturação influencia toda a personalidade e o futuro desenvolvimento de outros sistemas que emergirão mais tarde, e para os quais ele servirá de alicerce. Um dos fundamentos da *teoria do apego* é a proposta de que, durante os primeiros anos, toda pessoa cria *modelos mentais da vida social*, nos quais está implícito o que esperar de si próprio (auto-imagem), do outro e das relações interpessoais.

Esses modelos são *construídos socialmente* pelo relacionamento interpessoal com as pessoas mais significativas na vida da criança, responsáveis por seu cuidado e proteção nas horas de perigo, nas dificuldades variadas, dores físicas e mentais. Mais tarde, na vida adulta, quando outros sistemas afetivos, como o romântico-sexual e o cuidado parental, tornam-se plenamente desenvolvidos, eles têm como fundação os modelos cognitivos e emocionais da vida social, construídos nos primeiros anos. Portanto, *toda a simbologia das relações interpessoais está, até certo ponto, influenciada pelos padrões de apego desenvolvidos na infância.*

Bowlby e dezenas de seguidores e colaboradores contribuíram para acumular uma evidência conjunta de que a expectativa e a capacidade de amar de uma pessoa adulta dependem de sua aprendizagem inicial, ou seja, a qualidade dos primeiros vínculos amorosos da criança com seus pais e/ou substitutos traça o leito da estrada por onde as relações amorosas seguintes caminharão. Uma criança que cresce cercada de rejeição, descaso, suspeita e hostilidade tem alta probabilidade de experienciar grande dificuldade na formação e na manutenção de vínculos conjugais profundos e duradouros ao chegar na vida adulta. Também Bustos (2001, p. 120) enfatiza que "a falta de cuidados amorosos minam o desenvolvimento psíquico e físico de um bebê".

O *amor dos pais* ou substitutos é o ingrediente vital que *humaniza* a criança e revela sua identidade, tornando-a única, um sujeito do verbo *ser*, que vivencia "sou amado, logo existo" muito antes do "penso, logo existo". De fato, o amor mantém ao longo da vida essa mesma função, a de revelar nossa identidade enquanto humanos, na medida em que a existência de cada um é impossível sem o espelho do olhar do outro.

O *sistema de cuidado* tem como protótipo a relação mãe–filho, embora possa existir em inúmeros outros tipos de relação nas quais um indivíduo se preocupa com o bem-estar de outro, por exemplo, na relação conjugal. O *cuidado é ativado nos pais* em relação aos filhos ou *entre cônjuges*, quando o outro demonstra comportamento de apego ou é percebido como alguém que tem necessidade de proteção e/ou ajuda.

O bom funcionamento do cuidado inclui sensibilidade, responsividade e ajuda para solucionar problemas. Funcionamento inadequado ou expressão disfuncional do *sistema de cuidado* pode incluir: imprevisibilidade e inconsistência; negligência, abandono e rejeição, abuso e agressão destrutiva, além de interferência invasiva, sufocante e controladora, que não seja sensível ao ritmo e às necessidades do outro.

No caso dos pais e da criança, assim como entre cônjuges, *apego* e *cuidado* são naturalmente *complementares.* Quando o *sistema de apego* de um cônjuge está ativado, ele elicia ou ativa o comportamento de cuidar por parte do outro; quando ele é ativado num cônjuge, produz comportamentos que diminuem a aflição do outro, ou mesmo que desativam o sistema **de apego**. Como apontou Neumann (1973, p. 81): "(...) um instinto se adapta ao outro como uma chave em sua fechadura" .

Tanto dados clínicos quanto dados de pesquisa demonstram que desvios ou distorções no sistema de cuidado parental são, em grande parte, decorrentes de uma história de vida em que o apego foi vivido de maneira perturbada ou disfuncional; a pessoa internaliza e aprende a maneira de cuidar defeituosa tal como foi cuidada, ou apresenta deficiências reativas àquelas apresentadas pelas figuras parentais. Esses desvios podem aparecer tanto no papel de progenitor quanto no de cônjuge.

## Romantismo e sexualidade

> *O casal teve, de início, um relacionamento sexual muito intenso, que deixou os dois deslumbrados. O bom entendimento na área erótica perdurou durante a maior parte da união.*
>
> *Logo após o casamento, Marta assumiu com dedicação e imenso sucesso a função materna com a menina; adotou-a do fundo do coração e até hoje é extremamente querida por ela. Dois anos depois, tiveram um filho. Marta dedicou-se prioritariamente ao cuidado das crianças, que cresceram bem, saudáveis e autônomas, embora se queixando de seus cuidados sufocantes.*
>
> *Erasmo sempre trabalhou muito, e a família tem um excelente padrão de vida. Marta sempre se queixou de abandono, de solidão e da distância do parceiro. As queixas pioraram conforme ela foi se sentindo mais sozinha, à medida que os filhos foram crescendo. Reclama que ele nunca quer conversar com ela. Erasmo argumenta que ele não tem assunto, apontando que conversar com Marta costuma ser um martírio, porque ela só fala de problemas.* "Faz de tudo uma tragédia, é neta de Sófocles."
>
> *No momento, a filha mais velha está formada e mora com o noivo. O menino faz faculdade em outra cidade e vem para casa só nos fins de semana.*

Afinal, o que queremos dizer com Amor Romântico? Em primeiro lugar, precisamos reconhecer que o termo *romântico* não é um termo unívoco, ou seja, não tem um significado único. Embora alguns autores tendam a encará-lo como apenas uma categoria abrangida pelo conceito geral de amor, a maioria dos estudiosos diferencia o amor romântico como possuidor de características próprias, complexas e misteriosas que o tornam único.

Sendo único, tanto pode ser reduzido a seus aspectos mais neuróticos, irracionais, infantis, obsessivos, limitadores, um tipo de adição (Peele, 1988), quanto percebido como a forma mais completa e profunda de amar, a que mais causa crescimento do ser humano (Branden, 1982, 1988). Para alguns, é sinônimo do amor idealizado e inatingível que os trovadores dedicavam a uma amada igualmente idealizada e inatingível. Nesse sentido, o amor romântico, chamado de *amor cortês*, seria uma invenção dos trovadores do sul da França no século XIII. Entretanto, nos textos mais antigos da humanidade, já podemos encontrar sua presença.

Ackerman (1994) afirma que, embora muitos autores proponham que o conceito de amor foi inventado pelos gregos e que o amor romântico começou na Idade Média, ao que tudo indica o vocabulário do amor e as imagens usadas pelos amantes apaixonados para referir-se a seus sentimentos românticos pouco mudaram em milhares de anos.

Alguns textos abaixo servem de ilustração:

Minha querida — minha amada — cujo amor me fortalece
Ouça o que te digo
(...)
Quão maravilhoso ir passear no campo
com o coração consumido pelo amor.
(...)
O ganso que mordeu a isca e caiu na armadilha gritou
mas teu amor me distraiu e eu não consegui capturá-lo
Vou dobrar minhas redes, mas o que direi para minha mãe
quando eu voltar sem a caça?
Direi que falhei ao armar minhas redes
porque estou preso nas redes de teu amor.
(Poema anônimo egípcio, 1300 a.C.,
apud Ackerman, 1994, p. 11)

Não tem jeito, mãe querida,
Não posso terminar minha fiação
Pode culpar Afrodite
Apesar de terna
Ela quase me matou
De amor por aquele rapaz
(Safo, fragmento 12)

Com medo de te perder
Corro trêmula
Como uma menininha
Atrás da mãe.
(Safo, fragmento 54, século VI a.C.,
apud Shaver, Hazan e Bradshaw, 1988, p. 69)

A fase de paixão propriamente dita costuma durar em torno de dois anos, caso não haja circunstâncias que a prolongue. A paixão poderá desaparecer ou se transformar num *Amor Romântico Adulto* de média ou longa duração, vivido na conjugalidade do namoro e do casamento.

Byrne e Murnen definem amor romântico como "uma forte ligação emocional entre dois adultos que inclui gostar, sentimentos de ternura e preocupação com o bem-estar do outro, desejo sexual e em geral uma crença na exclusividade sexual" (1988, p. 296). Branden afirma que: "Amor romântico é uma ligação espiritual, emocional e sexual apaixonada entre duas pessoas, que reflete a alta avaliação que cada um tem do outro" (1988, p. 220). Segundo ele, trata-se de uma emoção que produz uma avaliação do outro e uma tendência a agir de determinadas maneiras. Amor representa uma disposição para experimentar o ser amado como a corporificação de valores pessoais importantes e, portanto, como uma fonte real ou potencial de felicidade e alegria.

Acredito que, quando presente na conjugalidade, a característica mais marcante do amor romântico, conforme aqui definido, talvez seja a de ele ser capaz de *manter o outro na consciência como um ser especial*, o qual provoca um interesse sempre renovado, cuja existência é motivo de *fascínio e fonte de alegria*. Ou seja, de certo modo, no amor romântico o *ser amado* permanece sempre um pouco *idealizado* e *especial*, mesmo após um casamento de décadas, embora não mais inatingível como a musa dos trovadores medievais. E como as pessoas que se sentem amadas e valorizadas pelos cônjuges tendem a se sentir seguras e mais felizes, creio que podemos afirmar, também, que a vivência desse tipo de amor no casamento contribui para um aumento da espontaneidade.

O que faz que nos apaixonemos por uma pessoa e não por outra?

Jung (1981) sugere que a escolha de parceiros é determinada por aspectos não resolvidos, reprimidos ou problemáticos da personalidade; nesse sentido, o casamento pode ser entendido como uma tentativa de integrar melhor a personalidade. A projeção de *Anima/Animus* (um "não eu" que simboliza um outro "eu" ainda não desenvolvido) num parceiro com características complementares causaria a atração inicial que leva o casal a relacionar-se.

Vargas, por sua vez, assinala que quase sempre as pessoas escolhem parceiros que são seu oposto: "um cônjuge tem na consciência o que o outro tem por se desenvolver, no inconsciente... Fundamentalmente, a personalidade busca o desenvolvimento da sua outra, por assim dizer, metade" (1986, p. 120).

Em concordância com essas colocações, acredito que o estado de enamoramento traz em si um germe ou uma semente de crescimento, de desenvolvimento da personalidade (Montoro, 1986). Quando um casal se apaixona, cada um percebe ou projeta no outro atributos que o faz sentir-se completo, seguro; parece que cada um achou suas partes que faltavam. No auge da paixão, as pessoas projetam maciçamente nos parceiros qualidades das quais necessitam para desenvolver-se enquanto indivíduo. Por isso, quando ocorre a separação brusca entre dois apaixonados, ela é vivida como uma amputação de uma parte da alma. Esse processo da dor da separação foi magistralmente descrito por Caruso (1981).

O que é único a respeito do amor romântico conjugal, conforme vivido em nossa época, é que ele interliga mais aspectos de nossas vidas do que qualquer outro: sentido da vida, sexualidade, corpo, fantasias, autoconceito e valores que nos regem. Por tudo isso, acredito que, na atualidade, possa ser considerado a forma mais complexa, conflitiva e desafiadora de amar (Montoro, 1987), e, portanto, a que mais favorece o processo de individuação (Guggenbühl-Craic, 1980).

Sroufe e Fleeson (1988), por sua vez, argumentam que a tarefa da construção do vínculo conjugal é complexa e reflete as histórias familiares de relacionamentos de cada membro da dupla. A escolha de um parceiro se constitui na seleção de um sistema internalizado compatível. Não é à toa que as pessoas que cresceram num clima de insegurança afetiva muitas vezes escolhem parceiros com condições de vinculação afetiva que reproduzem as relações primárias — indiferença, frieza, rejeição, abuso, agressão etc.

Sexo e romantismo na maioria das vezes estão intimamente interligados no amor conjugal, embora possam funcionar separados.

O *sistema sexual* é bem conhecido e estudado em várias espécies. O desejo sexual é uma das motivações mais fortes da espécie humana, e o orgasmo é percebido pela maioria das pessoas como o maior prazer físico existente. O ciclo de *desejo, excitação*, seguido da *relação sexual* e do *orgasmo* pode ser visto como um *sistema inato com importante função biológica.*

Na espécie humana, a sexualidade, além de ser cantada em prosa e verso há milênios, foi bastante estudada, no século XX, a partir de Kinsey, e depois por Masters e Johnson (1966, 1970), Kaplan (1974) e outros. A sexualidade é também extremamente vulnerável a experiências infantis. Todos esses estudos, assim como dados derivados só da clínica, com base em Freud, demonstram que o sistema sexual, assim como o apego, é sujeito a repressão, desvios e disfunções que têm origem na história de vida do indivíduo.

Há várias maneiras de um amor conjugal se iniciar: o mais comum é que a sexualidade se manifeste primeiro, por intermédio de uma forte atração misteriosa e meio obsessiva, que puxa a pessoa para entrar na relação. A paixão aumenta rapidamente e depois declina, enquanto a atração sexual permanece num nível mais baixo, porém estável, ou declina lentamente.

Os vários componentes da sexualidade interagem de modo variado e contraditório. Por um lado, o desejo sexual é estimulado pela novidade e sujeito a habituação de estímulos, ou seja, é pouco ativado pela rotina; nisso o senso comum e as pesquisas concordam, ao apontarem que a convivência prolongada tem correlação positiva com a diminuição de desejo. Por outro lado, como sugeriram Masters e Johnson (1976), a memória de níveis profundos de prazer, partilhado com um parceiro estável, funciona para fortalecer aquela pessoa como um objeto do desejo. A Helen Kaplan se atribui a frase: "O amor é o maior afrodisíaco existente". Essa afirmação se tornou famosa por explicitar o quanto a sexualidade funciona melhor quando bem integrada aos outros sistemas, produzindo um nível elevado de satisfação e de afetos positivos.

## As interpenetrações e interações entre apego, cuidado, romantismo e sexualidade

> *Peço uma imagem simbólica ou escultura[5] de como eles percebem a relação atual. Marta coloca Erasmo numa posição de quem tenta*

5. *Escultura* é uma das técnicas derivadas do psicodrama, muito utilizada por terapeutas de casal e família de diversas abordagens.

*escapar, olhando para longe, e ela agarrada a seu paletó tentando trazê-lo para perto.*

*Erasmo modela Marta agarrando-o por uma orelha e com o dedo em riste muito perto do seu nariz, passando "pito".*

*A inversão de papéis, que ocorre quando proponho que um troque de papel com o outro, possibilita* insight *para ambos. Erasmo percebe que deve ser muito ruim para ela ter sempre a sensação de que ele está escapando. Admitiu que seu sócio também o acusa de sempre escapar de assuntos-problema. Marta percebe e aceita que é briguenta e desagradável, e que às vezes extrapola.*

*Na sessão seguinte, relatam que brigaram pouco durante a semana; ele aceitou ir ao cinema, desde que escolhesse o filme, e ela não reclamasse de nada. Marta concordou, mas pediu em troca que fossem jantar fora em seguida. Para Erasmo, o programa foi ótimo, "só faltou sexo depois". Para Marta, foi razoável, mas* "faltou intimidade"*. Erasmo claramente se decepciona com a avaliação da parceira.*

Sexualidade e romantismo, apego e cuidado possuem cursos de evolução distintos e são afetados por variáveis diferentes; portanto, o amor conjugal consiste em fenômenos que se manifestam de formas muito diversas. Na prática, todos esses sistemas afetivos funcionam muito interligados.

Apego é um componente presente em doses variáveis (desde predominante até traços mínimos) em quase todas as relações de amor romântico conjugal entre adultos. Além disso, o apego pode ainda ocorrer quando a existência de amor é negada pelas pessoas. Muitos indivíduos, mesmo declarando não mais amar o parceiro, não conseguem separar-se, ainda que não haja impedimentos de outra ordem (filhos pequenos, falta de dinheiro etc.). Outras pessoas que se separam, por terem consciência de não mais amar o parceiro, sofrem por um longo tempo pelo rompimento da ligação, com sentimentos internos de busca do outro que lhes parecem irracionais e incompreensíveis.

A maior parte das pessoas com problemas no *sistema de apego* também o tem no *sistema de cuidado*, porque os dois se desenvolvem na infância, e o estilo de cuidado de uma pessoa revela quase sempre a maneira como foi cuidada (Grossmann et al., 1988) — mas pode revelar também atitudes reativas ao que experimentou. Uma defesa comum contra vivências de desamparo na infância é desenvolver na vida adulta um padrão de superativação do *sistema de cuidado*; a pessoa se identifica com todas as carências e os sofrimentos à sua volta, cuida do cônjuge e de todos compulsivamente e, em geral, permanece inconsciente de suas próprias carências, reprimindo seu *sistema de apego* — evita pedir ajuda, reluta em ser cuidada pelo parceiro etc. Todas as vivências de apego e desamparo são projetadas (portanto, "cuidadas") no outro.

Outras pessoas têm o *sistema de apego* funcionando aparentemente bem, sabem depender, ter intimidade e se deixar confortar pelo cônjuge, mas são ineficientes na hora de cuidar dos filhos ou do parceiro. É como se as primeiras tivessem se identificado precoce e exclusivamente com o papel de mãe, a que cuida e dá amor (embora o façam de maneira compulsiva e indiscriminada, configurando muitas vezes uma mãe terrível), e as últimas tivessem permanecido tardiamente no eterno papel de criança: ser cuidada e receber amor.

Acredito que seja desejável que apego e cuidado existam em doses semelhantes e recíprocas entre os cônjuges, cada um podendo exercitar os dois pólos, mesmo que com áreas de especialização e em complementaridades criativas. Considero uma utopia estéril a possibilidade de haver absoluta simetria fixa numa relação amorosa, ou seja, os dois funcionando com qualidades e quantidades idênticas em tudo.

Jung (1981) sugeriu que, em geral, o casamento envolve uma pessoa mais complexa, cujo papel simbólico é de continente, e outra mais simples, que simbolicamente seria o conteúdo. Não acredito que isso seja uma verdade universal, mas que seja freqüente entre casais nos quais um funciona mais como progenitor, aquele que cuida ou orienta, e o outro no papel da criança, que é cuidada e orientada. Entretanto, mesmo assim, as aparências podem ser enganosas; às vezes, o cônjuge que age como criança indefesa, numa área de atuação, é um protetor eficiente e continente para o parceiro, em outra área da vida.

O romantismo e a sexualidade interagem com outros componentes da relação conjugal de maneiras misteriosas e nem sempre previsíveis. Há um certo consenso de que um casal que briga muito e que tem vivências de apego inseguro na conjugalidade tende a ter sua vida sexual prejudicada, pelo menos em longo prazo. Esse fenômeno é freqüente, especialmente no que se refere à baixa do desejo entre as mulheres, mas não é universal: em vários casamentos considerados insatisfatórios pelos cônjuges, a vida sexual prossegue com vitalidade e prazer. Além disso, a vivência de abandono e rejeição por parte do parceiro pode tanto abafar quanto ativar a sexualidade.

Na vida adulta, em nossa cultura atual ocidental, é freqüente que o apego e a sexualidade sejam dirigidos ao mesmo objeto. Weiss (1982) argumenta que a sexualidade pode estimular o apego e vice-versa; entretanto, os dois sistemas podem funcionar separados. O apego é um sistema mais conservador, no qual a constância do objeto é elevada; já a sexualidade é muito mais lábil. Constatamos que uma pessoa casada pode sentir apego e desejo só pelo cônjuge; apego e desejo pelo cônjuge, com apego ou desejo por um terceiro; ou só apego pelo cônjuge e desejo por um terceiro; a última alternativa, só desejo pelo cônjuge e apego por outra pessoa é pouco freqüente.

Weiss (ibidem) afirma que o apego em adultos contribui não só para a proteção em momentos de risco e vulnerabilidade, mas também para proporcionar uma base a um relacionamento conjugal estável. Comparando o sistema sexual com o de apego, argumenta que a sexualidade é instável, nem sempre persistente com relação ao mesmo objeto, podendo ser vivida com várias figuras ao mesmo tempo; conforme uma relação se estabiliza, na maioria das vezes a intensidade do desejo declina e, em condições de ameaça, ele decresce. Em contrapartida, o apego é mais estável, muito persistente e resistente à extinção, quase sempre se fortalecendo com o tempo e a convivência; aumenta suas manifestações em condições de ameaça, estando associado a uma só pessoa em particular, e é resistente à troca de figura.

Em síntese, o apego tem uma qualidade de persistência, sendo durável e até se fortalecendo na relação com o passar do tempo; é mais confiável e torna-se cada vez mais estável conforme a relação vai-se intimizando e se firmando. Além disso, em condições de ameaça, é um sistema que se manifesta com intensidade e domina os outros. Nenhum desses atributos se aplica ao desejo sexual.

Acredito que, se por um lado *apego* e *cuidado* são complementares, por outro a *sexualidade*, para realizar-se plenamente, exige que a posição dos amantes seja simétrica, no sentido de que os dois tenham os mesmos objetivos de receber e dar prazer. É impossível uma boa vida sexual em longo prazo sem uma boa capacidade de troca de papéis, mesmo que restrita ao funcionamento sexual. Além disso, como os sistemas afetivos evoluem e se combinam ao longo do tempo, toda *relação amorosa* não pode ser estática: *modifica-se, necessariamente, ao longo dos anos.* Um casamento, para funcionar bem, exige que os parceiros se adaptem sempre às transformações da relação.

Por isso, os relacionamentos amorosos diferem tanto, e o *amor conjugal* se apresenta com *tantas faces*, muitas delas contraditórias entre si. Essa afirmação pode parecer superficial ou óbvia, mas todo terapeuta tem de levar em conta que na prática não há regras que sirvam para todos os tipos de casais. Cada relação conjugal que se apresenta em nossos consultórios é construída por todos esses ingredientes, interligados e funcionando de maneira única, mesmo que possamos identificar alguns padrões básicos subjacentes, como veremos adiante.

Em termos teóricos e ideais, um casamento feliz, que propiciasse a individuação dos dois cônjuges e a criação de filhos psiquicamente saudáveis, deveria basear-se num amor conjugal capaz de integrar esses sistemas afetivos num funcionamento flexível e equilibrado.

## Amizade

Na minha opinião, existe ainda um outro sistema afetivo em funcionamento nas relações conjugais que é pouco mencionado. Podemos chamá-lo de *amizade*, e pode ser considerado um descendente direto daquilo que Harlow (1971) estudou em macacos e denominou de *peer love*, que podemos traduzir como "amor pelos colegas ou pares". Esse sistema se desenvolve ao longo da infância, no relacionamento com irmãos e com outras crianças. Possui identidade própria, não devendo ser reduzido a nenhum dos outros mencionados. A amizade pode ser vista como um componente específico em geral presente no amor romântico adulto. Existe um certo senso comum, que se expressa na mídia e nas conversas entre as pessoas, que defende que um casal precisa ser "amigo" para o casamento dar certo.

Na amizade há *igualdade* e *simetria*, há *expectativas de troca* e *mutualidade*, sem exigência de possessividade e perfeição, e com *tolerância pelas limitações do outro*. Amizade implica certa cumplicidade e uma posição, *a priori*, de aceitação do outro como ele é; implica postura de *misericórdia* quanto aos defeitos e sofrimentos do amigo. A amizade supõe certa capacidade de aceitar o outro como ele é.

## Padrões de amor conjugal

> *Peço outra escultura, desta vez sobre a relação ideal. Erasmo modela o casal lado a lado de mãos dadas, mas um pouco afastados,*

*cada um olhando numa direção diferente. Marta modela os dois abraçados a meia distância, olhando-se nos olhos.*

*Ao entrar na escultura de Marta, Erasmo diz que, se fosse para ficar só um pouco assim, ainda dá, mas, se for muito tempo, não faria mais nada na vida; além do mais,* "dá um sufoco".

*Ao entrar na escultura de Erasmo, Marta diz que cada um está olhando para um lado, e que parece que vão se soltar a qualquer minuto.*

*A terapeuta comenta que os níveis de conforto com intimidade são diferentes para os dois e se propõe a ajudá-los a entender como cada um aprendeu seu estilo de amar, com expectativas tão diversas.*

Décadas de pesquisas com crianças (Ainsworth et al., 1978; Sroufe, 1983; Van Ijzendoorn, 1988) sobre modelos de apego nas relações pais–filhos evidenciaram a existência de três *padrões de apego*: seguro, ansioso evitador e ansioso ambivalente. Cada um deles supõe diferentes *modelos internalizados*, que abrangem a auto-imagem, a visão do outro e o funcionamento das relações interpessoais.

Desde que Hazan, Shaver e Bradshaw (1988) sugeriram que o *amor romântico* tem uma dinâmica muito semelhante à do apego, diversos estudiosos (Simpson, 1990; Bartholomew, 1990; Kobak & Hazan, 1991; Feeney, 2003) têm pesquisado a existência de *padrões de amor romântico adulto*, que podem ser encontrados subjacentes a inúmeras formas de dinâmica conjugal e cuja compreensão tem enorme utilidade na clínica de Terapia de Casal.

Esses padrões, semelhantes àqueles encontrados em crianças, são denominados *seguro*, *evitador* e *ansioso ambivalente*.

## Padrão seguro

Indivíduos descritos como possuidores de um *padrão seguro* percebem a si próprios (ou são percebidos por seus pares ou entrevistadores) com as seguintes tendências:

- equilíbrio entre proximidade e autonomia nas relações;
- facilidade e desejo de intimidade;
- pouca preocupação com abandono ou com excesso de intimidade;

- conforto na dependência mútua e na expressão de necessidades e desejos;
- facilidade de se revelar;
- boa percepção do sofrimento psíquico;
- manejo de afetos negativos de maneira construtiva e orientada para a ação;
- felizes, amigáveis e capazes de aceitação e tolerância com o parceiro;
- relações que, em média, duram mais tempo; constatação de que a paixão inicial se modifica, mas que o amor romântico persiste;
- nível alto de compromisso e envolvimento na relação amorosa;
- satisfação nas interações com o parceiro;
- boa auto-estima, popularidade no grupo social;
- crença de que a maioria das pessoas é bem-intencionada e confiável.

## *Padrão evitador*

*Erasmo é filho único de um casal que se separou quando ele tinha 6 anos. Seu pai era inglês e se mudou de volta para a Inglaterra em seguida; desde então, tiveram pouquíssimo contato, mas o pai nunca deixou de mandar dinheiro regularmente. Sua mãe se deprimiu com a separação, lamentava-se muito e nunca se recuperou.*

*Erasmo sentiu-se muitas vezes inferior aos filhos que o pai teve no segundo casamento, na Inglaterra. Cresceu com a mãe na casa da avó materna, onde moravam também duas tias solteiras. Acha que foi criado com dedicação, mas com muita intromissão de tantas mulheres. Desde criança era introvertido e aprendeu a se trancar no quarto para não ser importunado. Quando tinha 12 anos, sua mãe adoeceu de um câncer fulminante, que a matou em seis meses, com muitas dores.*

*Ele se lembra da culpa que sentia por evitar a presença da mãe nos últimos tempos de hospital; as dores e as queixas eram insuportáveis. Após sua morte, a avó e as tias, também em grande sofrimento, acabaram de criá-lo. Elas o incentivavam a não pensar nem falar do assunto. Acha que se recuperou rapidamente, mas com culpa, porque logo não conseguia mais se lembrar da face materna.*

> *Foi um adolescente tímido e calado, muito bom aluno. Namorou pouco. Recém-formado, conheceu sua primeira mulher, de ascendência inglesa, com quem se casou precocemente, pois ela engravidou. Quando perguntado sobre o que o atraiu nela, diz que* "ela era muito bonita e muito misteriosa, todos queriam namorá-la". *Quando ela o abandonou com a filha de seis meses, ficou deprimido e teve um episódio de síndrome do pânico, o qual foi atribuído à separação pelo psiquiatra que o medicou. Diz que, só de pensar na filha abandonada, sofreu mais do que pela morte da própria mãe. Conta que sentiu sempre muita gratidão pela maneira como Marta amou e cuidou da menina, mas que não fala muito porque* "não sou bom para bajular as pessoas".

Indivíduos descritos como possuindo um *padrão ansioso evitador* percebem a si próprios (ou são percebidos por seus pares ou entrevistadores) com as seguintes tendências:

- medo e desconforto com intimidade; necessidade de manter distância;
- necessidade de autonomia prevalecendo sobre necessidade de intimidade;
- desconfiança e dificuldade de confiar e depender; dúvidas quanto à honestidade e integridade dos próprios pais e das pessoas em geral;
- grande valorização da realização e do sucesso profissional;
- manejo do sofrimento psíquico suprimindo a raiva da consciência; pouca expressão emocional de sofrimento;
- pouca disposição em discutir problemas; tendência a evitar manifestações e expressões de sofrimento;
- baixa autoconfiança em situações sociais;
- percepção de que os parceiros amorosos freqüentemente reclamam de falta de intimidade e de apoio em momentos de sofrimento;
- menor investimento e pouco compromisso nos relacionamentos amorosos;
- visão pouco positiva do amor; descrença na existência da paixão arrebatadora e da possibilidade de o amor durar;
- crença na dificuldade de encontrar alguém a quem se possa realmente amar;
- baixo envolvimento e pouca satisfação nas interações diárias com o parceiro.

## *Padrão ansioso ambivalente*

> *Marta é a filha mais velha de um pai* "intelectual e muito frio" *e de uma mãe muito temperamental e crítica, que sempre preferiu seu irmão mais novo. Conta que desde pequena precisava brigar para se afirmar e ter atenção. Relata com profusão de detalhes e lágrimas as injustiças maternas, as brigas, a sensação de rejeição e negligência, assim como os diversos estratagemas que usava para controlar a atenção da mãe. Desde pequena, especializou-se em ser prestimosa e útil para ser amada. Ajudava o pai, datilografando suas aulas, estava sempre pronta para ouvir todas as tristezas das amigas, enfim, garantia para si própria um espaço amoroso ao exercer um cuidado compulsivo e se fazer indispensável. Só que, se não encontra reciprocidade,* "sinto-me uma idiota e fico com muita raiva".
>
> *Antes de Erasmo, namorou por muitos anos um jornalista tipo Narciso, egocêntrico e brilhante, mas que* "só a explorava". *A relação foi permeada de brigas horríveis, até que ela terminou tudo porque não agüentava mais; semanas depois, encontrou Erasmo.*

Indivíduos descritos como possuindo um *padrão ansioso ambivalente* percebem a si próprios (ou são percebidos por seus pares ou entrevistadores) com as seguintes tendências:

- preocupação constante com falta de proximidade ou abandono; medo de rejeição;
- desejos constantes de união, reciprocidade e fusão com a outra pessoa;
- percepção que os parceiros se assustam com o desejo excessivo de intimidade, ou reclamam dele;
- necessidade de intimidade prevalecendo sobre necessidade de autonomia;
- enfrentamento do sofrimento psíquico por meio de estratégias ruminativas e de amplificação do problema;
- percepção de que as outras pessoas são em geral complexas e difíceis de entender;
- crença de que as pessoas têm pouco controle sobre as próprias vidas;
- manifestações exageradas de sofrimento e raiva;
- servilismo e submissão para ganhar aceitação;

- percepção do amor como caracterizado por altos e baixos, atração sexual e ciúme extremo;
- facilidade em se apaixonar, mas dificuldade de encontrar o amor verdadeiro;
- sensação de serem mal compreendidos ou injustiçados; queixa da baixa capacidade de compromisso dos parceiros.

## ■ A influência do padrão amoroso na dinâmica conjugal

Um padrão seguro pressupõe que o sujeito perceba a si próprio como não só merecedor, mas também capaz de conseguir apoio e conforto quando sentir necessidade, e que perceba o outro como psicologicamente disponível e receptivo. Em contrapartida, um padrão inseguro (tanto do tipo evitador quanto do tipo ansioso/ambivalente) pressupõe que o sujeito antecipe rejeição ou atendimento inconsistente por parte das figuras de apego, e que tenha uma auto-imagem marcada por baixa auto-estima, pouco valor ou pouca eficiência para conseguir o apoio e a atenção desejados.

Kobak e colaboradores (1993) afirmam que a pessoa com modelo seguro, quando sente falta do parceiro, usa estratégias primárias e criativas de busca de proximidade e conforto; as com modelos inseguros usam de estratégias secundárias, defensivas, de hiperativação ou desativação do vínculo amoroso. O padrão ansioso/ambivalente corresponde a uma hiperativação da busca de proximidade, tanto na freqüência quanto na intensidade das respostas, na medida em que o modelo representacional internalizado pressupõe que a figura amada tende a não estar disponível e que é necessário um imenso controle e ativação total da procura de intimidade para conseguir um nível mínimo de segurança julgado apropriado. Aquilo que chamamos de padrão evitador corresponde a uma desativação maior ou menor da busca de proximidade, uma vez que o modelo representacional internalizado pressupõe a não-disponibilidade ou rejeição por parte do ser amado e, portanto, uma inutilidade de ativação da procura de intimidade, a qual só traria sofrimentos que podem ser contornados pela evitação.

Uma vez desenvolvidos, os modelos representacionais ou padrões amorosos têm uma função heurística, na medida em que servem de guia para ações e planos de como se comportar nas relações afetivas de maior importância; portanto, para serem eficientes, deverão estar ajustados à realidade atual.

## Segurança afetiva e comunicação livre

*Refletindo sobre as aprendizagens que cada um teve em sua história passada, alguns temas foram emergindo e possibilitaram a vivência da empatia entre o casal.*

*Marta expressou seus medos de que Erasmo jamais a tivesse amado, e que só tivesse ficado com ela porque necessitava dela no papel materno. Elaborou sua tendência a cuidar compulsivamente, como uma defesa contra o desamparo. Percebeu o quanto vive em* performance *para ser amada, e nunca sabe se é amada pelo que é ou pelo que faz. Tomou consciência do quanto não agüenta ser ignorada* — "sinto-me invisível" —*, que prefere uma briga à indiferença e, principalmente, que as estratégias que funcionavam com sua mãe podem não funcionar na conjugalidade. Associou o ciúme que sente do trabalho de Erasmo ao ciúme que sentia do irmão.*

*Erasmo externou com dificuldade o medo que tinha de ser abandonado por ela, agora que os filhos cresceram, porque ela deixou o ex-namorado do dia para a noite,* "e ele até hoje lamenta não ter se casado com ela". *Percebeu o quanto não agüenta queixas; lembrou-se do horror que sentia diante das dores maternas.* "Quando ela começa a se queixar muito, parece que minha cabeça vai implodir e eu fujo, ou ameaço me separar." *Associou as queixas de Marta às dores da mãe moribunda, com demandas impossíveis de satisfazer.*

*Trabalhou os lutos não elaborados de pai e mãe; conseguiu ir visitar o pai na Inglaterra e conversar um pouco sobre o passado. Elaborou as expectativas inconscientes de que Marta o manteria feliz para sempre.*

*Os dois entenderam o quanto de seu contrato inicial de casamento privilegiava as funções de Marta enquanto a mãe-que-cuida, e Erasmo (e sua filha) enquanto a criança cuidada e emocionalmente protegida. Marta veio a perceber o quanto para ela era difícil se deixar cuidar. Diante da proposta de inversão de funções, Erasmo lembrou que cuida dela financeiramente; quando perguntado se poderia cuidar também de outra maneira, sugeriu que poderia abraçá-la quando ela estivesse chateada, desde que não se queixasse muito.*

A comunicação aberta possibilita a contínua revisão e atualização dos modelos. Famílias que promovem padrões seguros permitem conversação livre sobre assuntos desagradáveis, assim como expressão de emoções negativas que têm como objetivo conseguir respostas de apoio e conforto. Em contraste, indivíduos inseguros aprenderam desde cedo que emoções negativas são ineficientes para obter as respostas necessárias, tendendo a inibir ou a exagerar a expressão dessas emoções (raiva, desespero, choro, medo, insegurança, ciúme). Essa tendência leva, não só na infância como na idade adulta, à expressão inadequada de emoções (tanto na intensidade quanto na qualidade do afeto), podendo provocar respostas negativas e desfavoráveis dos outros envolvidos nas relações, agravando o círculo vicioso.

Estudos sobre casais com alto nível de conflito (Kobak & Hazan, 1991), assim como a experiência com terapia de casal, demonstram como casais infelizes, comparados aos casais felizes, manifestam um nível mais alto de afetos negativos disfuncionais, por exemplo, inibição total de raiva com afastamento e esquiva de situações de conflito; raiva ineficiente e destrutiva; críticas e ataques mais voltados para arrasar o cônjuge do que para conseguir uma resposta construtiva; falta de apoio ou de validação dos esforços do outro. Hetherington e Clingenpeel (1992), revendo estudos que comparavam casais felizes e infelizes, concluíram que o que mais os diferencia é a quantidade de brigas destrutivas e repetitivas, bem como a escalada de afeto negativo e reações vingativas, e não tanto a presença de emoções positivas.

A expressão de afeto negativo — raiva, medo, insegurança ou ciúme — não é considerada disfuncional quando tem como objetivo a obtenção de uma resposta favorável, e não mera agressão e desqualificação do parceiro.

Nesse ponto, podemos levantar uma questão: em que medida um estilo amoroso de um indivíduo, numa relação, é uma propriedade dele ou uma propriedade da atual relação amorosa?

De fato, para tornar as coisas mais complexas, os padrões descritos não devem ser considerados traços de personalidade, ou tendências imutáveis. Em parte, eles são propriedade de cada indivíduo e foram construídos socialmente durante sua história de vida, em seus relacionamentos com outros significados. Mas, em parte, pertencem a uma relação conjugal e precisam ser compreendidos sistemicamente naquela relação específica.

O grau de segurança percebida em uma relação conjugal depende tanto das características de cada parceiro quanto das circunstâncias e da interação entre eles; por exemplo, um indivíduo com alto grau de evitação terminará por desencadear características ansiosas ambivalentes no parceiro, e vice-versa. Pela rejeição à intimidade e ao compromisso, o sujeito evitador produz desconfiança no parceiro; pela excessiva desconfiança e controle, o ansioso/ambivalente gera nele menos compromisso e proximidade. Portanto, esses termos — *seguro*, *evitador* ou *ansioso/ambivalente* — podem ser empregados para caracterizar tanto as disposições mais estáveis da personalidade de um indivíduo quanto as disposições transitórias, que sejam conseqüência do tipo de relacionamento atual.

Além disso, os padrões estão sujeitos a transformações, que se originam nas experiências de vida do sujeito. Acredito que o conceito de "experiência emocional corretora" refere-se a uma experiência que pode ser processada a ponto de modificar um modelo ansioso ou evitador a fim de torná-lo mais seguro; essa transformação demanda uma experiência de tal ordem (pela força e/ou pela persistência da vivência) que implica nova percepção de si próprio como alguém que pode apoiar-se no parceiro, e de um parceiro como alguém psicologicamente disponível. Toda experiência emocional corretora, seja por intermédio de uma terapia, seja pela experiência amorosa de algum tipo, implica mudanças na avaliação do *self*, do outro e da possibilidade de relacionamento.

Considerando a existência desses três padrões, podemos conceber vários tipos de combinação num relacionamento conjugal:

1. seguro — seguro
2. seguro — ansioso evitador
3. seguro — ansioso ambivalente
4. ansioso ambivalente — ansioso evitador
5. ansioso evitador — ansioso evitador
6. ansioso ambivalente — ansioso ambivalente.

Como os padrões descritos acima aparecem em nossa prática terapêutica?

Na clínica de *terapia de casal*, há uma incidência muito maior de mulheres que se queixam do estilo evitador dos homens (pouca conversa, pouco desejo de intimidade, preocupação com o trabalho e descaso com os problemas emocionais familiares) e de homens que se queixam do padrão ansioso/ambivalente de suas mulheres (demandas intermináveis de atenção e intimidade, reclamações constantes de falta de afeto, combinadas com críticas às tentativas de aproximação do parceiro). As queixas no sentido inverso existem, mas são menos freqüentes.

Uma pesquisa de Simpson (1990) apontou uma interessante diferença entre os sexos. Mulheres com apego ansioso/ambivalente tinham parceiros que relatavam baixa satisfação na relação, mas não havia correlação entre ansiedade/ambivalência masculina e a satisfação das parceiras. A possessividade feminina parece ser vista como um defeito pelos homens; o mesmo não acontece em igual proporção com a possessividade masculina. Em nossa cultura, ainda marcantemente patriarcal, os homens dão mais valor ao poder e à autonomia; é mais afrontoso e causador de raiva para um homem ser controlado e mandado pela mulher do que o contrário. Um marido ciumento e possessivo é até bem-visto por muitas mulheres e valorizado em muitas subculturas. Ao que tudo indica, a mulher fria e evitadora de intimidade é razoavelmente bem aceita pelos homens, mas o homem evitador costuma desencadear alto grau de sofrimento em sua parceira. As expectativas são diferentes entre os dois sexos.

Kobak & Hazan (1991) estudaram o papel de modelos funcionais internalizados no funcionamento conjugal em quarenta casais (média de anos de casamento = 7), interessados em comparar as percepções que cada um tinha de si próprio e do outro. Seus achados comprovaram a idéia de que os padrões individuais de relacionamento amoroso são estáveis e influenciam a relação; também existe influência da relação sobre o padrão amoroso individual, mas é pequena. Um dado interessante observado foi sobre a concordância de percepção. Casais em que a autopercepção de cada um tinha alta correlação com a percepção que o cônjuge tinha do parceiro eram mais bem ajustados. Ou seja, quando a percepção de um cônjuge era parecida com a do outro (o que é fruto de comunicação aberta), o casamento era mais feliz.

Os autores concluíram que, quando os parceiros são capazes de discutir objetivos conflitantes e manter comunicação construtiva, a informação sobre si próprio e sobre o outro pode ser usada para a revisão dos modelos do *self* e do outro. Ademais, modelos precisos (com pouca distorção e projeção) promovem comportamento adaptativo e expectativas realistas. Não é por acaso que toda terapia de casal promove uma pesquisa sobre a percepção que cada um tem de si e do outro, tentando facilitar a comunicação e, portanto, uma visão menos distorcida do parceiro, que possibilite empatia e troca de papéis.

Outros dados apontaram para efeitos diádicos ou relacionais: maridos de mulheres críticas e rejeitadoras eram menos seguros; mulheres de maridos que as ouviam com atenção e disponibilidade eram mais seguras. Esses fatos são consistentes com os relatos clínicos da diferença de objetivos entre maridos e mulheres, em terapia de casal. As mulheres freqüentemente se queixam de pouca atenção e pouca intimidade; os homens muitas vezes têm como objetivo uma diminuição de conflitos, brigas e reclamações.

## ■ Conclusão

*Assim, a terapia de casal foi propiciando a Erasmo e Marta um espaço seguro em que puderam aos poucos rever suas hipóteses sobre o funcionamento do mundo, do* self *e do outro.*

*Cada um foi capaz de entender o círculo vicioso no qual eles se encontravam — o quanto as cobranças de Marta agravavam a evitação de Erasmo e o quanto seu distanciamento piorava a ansiedade e o controle dela. Por meio das trocas de papel, puderam perceber que os comportamentos que mais os irritavam no outro não eram sádicos nem propositais, mas defensivos.*

*Marta começou a ensaiar outras maneiras de ganhar atenção que não a crítica. Erasmo aprendeu a defender sua necessidade de introversão sem que Marta se sentisse rejeitada. Juntos, foram fazer aula de mergulho, um sonho antigo de Erasmo, o que os levou a realizar pequenas viagens ao litoral. Marta começou a buscar atividades próprias, individuais, que alimentassem sua forte extroversão, aceitando que Erasmo era incapaz de supri-la em tudo.*

*A vida sexual do casal retomou uma vitalidade, que os dois julgaram* "excelente para nossa idade".

*A terapia de casal durou um ano, com sessões semanais, e sete meses, com sessões quinzenais. O primeiro ano foi ainda marcado por fortes crises, altos e baixos, embora com uma linha de progresso constante e crescente. Os últimos meses com sessões quinzenais foram de enraizamento e fortalecimento dos ganhos obtidos.*

A compreensão de que o amor conjugal é um fenômeno complexo composto de vários sistemas afetivos que interagem entre si e estão sempre em transformação pode ser muito útil na prática de terapia de casal. Por exemplo, o casal X pode ter um funcionamento seguro e adequado dos sistemas de apego e cuidado, de tal maneira que os dois se sintam em geral confiantes quanto à disponibilidade e ao apoio do outro, mas terem o sistema romântico sexual sem energia, cheio de tédio e desinteresse, o que os torna propensos à vulnerabilidade de envolvimento extraconjugais. Já o casal Y pode ter um alto envolvimento romântico sexual, mas com graves queixas mútuas de falta de disponibilidade e apoio em horas de desconforto e necessidade.

Em outro exemplo, no casal W, a esposa está fixada no papel de cuidadora compulsiva, e o marido só é capaz de viver o lado da criança dependente e despreocupada, numa relação tipo Wendy e Peter Pan. Por último, o mesmo casal Z, ao longo de décadas de conjugalidade, pode vivenciar diferentes equilíbrios desses sistemas afetivos, tanto na força e intensidade com que se manifestam quanto na qualidade e na harmonia de seu funcionamento.

Cada um desses casos exige que o terapeuta de casal focalize áreas específicas sem perder a totalidade, que discrimine com os cônjuges as áreas de funcionamento com as quais estão satisfeitos, que defina temas em que há conflito ou insatisfação, que compare as percepções de cada um em busca de concordâncias e divergências. Os casamentos e os objetivos de uma terapia conjugal são únicos, mesmo que os padrões subjacentes de relacionamento possam ser agrupados em categorias facilmente identificáveis. Além disso, a identificação do padrão de relacionamento amoroso do casal nos ajuda a focar as áreas que são os verdadeiros nós cegos subjacentes às dificuldades de comunicação, zonas de incompreensão e infelicidade.

Há muitas vantagens em lidar primordialmente com a comunicação e a regulação de intimidade e distância entre o casal e como esse tema se relaciona com a sensação de conforto ou sofrimento psíquico de cada um.

Em toda terapia de casal, há sempre o risco de o terapeuta se enredar com as dezenas de conflitos, acusações mútuas e sintomas sem fim. Essa demanda de queixas intermináveis e projeção de culpa constante pode confundir e cegar temporariamente o profissional, levando-o a trabalhar questões específicas que, mesmo aparentemente resolvidas pela melhoria de comunicação e negociação, não atingem os núcleos básicos de insegurança de cada cônjuge, núcleos esses que muitas vezes se atiçam e exacerbam mutuamente em interações defensivas.

Ao trabalhar os padrões de relacionamento conjugal descritos antes, o terapeuta está possibilitando a cada cônjuge a tomada de posse consciente de modelos mentais inconscientes que foram internalizados na infância e na adolescência. Esses modelos internalizados contêm hipóteses sobre o funcionamento do mundo que englobam a auto-imagem, assim como a visão do outro e as expectativas inconscientes sobre as possibilidades de relação eu–outro.

Nas sessões de casal, a análise da história de vida de cada cônjuge os ajuda a entender como aprenderam a sentir e a agir daquela maneira. A compreensão empática e mútua do parceiro facilita ao casal escapar do beco sem saída das projeções de culpa e da sensação de persecutoriedade ligada à frustração constante das necessidades emocionais. A terapia fornece um espaço em que é possível rever os "mapas" do mundo interpessoal, atualizando-os com outros dados pertinentes à relação atual que facilitam o encontro télico do casal. Só assim se pode aceitar que "nem tudo do que foi será" e que, destravando as defesas, dá-se oportunidade para o desabrochar da espontaneidade e a criatividade do amor.

Acredito que amar seja a melhor vacina contra a angústia da vida e o medo da morte.

## ■ Referências bibliográficas

ACKERMAN, D. *A natural history of love.* Nova York: Random House, 1994.

AINSWORTH, M. D. S.; BLEHAR, M. C.; WATERS, E.; WALL, S. *Patterns of attachment: a psychological study of the strange situation.* Hillsdale-NJ: Lawrence Erlbaum, 1978.

BARTHOLOMEW, K. Avoidance of intimacy: an attachment perspective. *Journal of social and personality relationship*, 7. p. 147-178, 1990.

BOWLBY, J. *Attachment and loss — attachment.* Nova York: Basic Books, 1969. v. I.

________. *Attachment and loss — separation: anxiety and anger.* Nova York: Basic Books. v. II, 1973.

________. *The making and breaking of affectional bonds.* Londres: Tavistok Publications, 1979.

BOWLBY, J. *Attachment and loss: sadness and depression.* Nova York: Basic Books. 1980, v. III.

________. *Uma base segura.* Porto Alegre: Artes Médicas, 1989.

BRANDEN, N. *A psicologia do amor romântico.* Rio de Janeiro: Imago, 1982.

________. A vision of romantic love. In: STERNBERG, R. J. e BARNES, M. L. (eds.). *The Psychology of Love.* New Haven: Yale University Press, 1988.

BUSTOS, D. M. *Perigo... amor à vista!* 2. ed. São Paulo: Aleph, 2001.

BYRNE, D.; MURNEN, S. Maintaining loving relationships. In: STERNBERG, R. J. e BARNES, M. L. (eds.). *The psychology of love.* New Haven: Yale University Press, 1988.

CARUSO, I. A. *A separação dos amantes.* São Paulo: Cortez, 1981.

CUKIER, R. *Palavras de Jacob Levy Moreno.* São Paulo: Ágora, 2002.

FEENEY, J. The systemic nature of couple relationships: An attachment perspective. In: ERDMAN, P. e CAFFERY, T. (eds.). *Attachment and family systems.* Nova York: Brunner-Routledge, 2003.

FONSECA, J. *Psicoterapia da relação.* São Paulo: Ágora, 2000.

GOLDENSON, R. M. *The encyclopedia of human behavior.* Nova York: Doubleday and Company, 1970.

GREGORY, R. L. *The Oxford Companion to the mind.* Oxford: Oxford Univ. Press, 1988.

GROSSMANN, K.; FREMMER-BOMBIK, E.; RUDOLPH, J.; GROSSMANN, K. E. Maternal attachment representations as related to patterns of infant-mother attachment and maternal care during the first year. In: HINDE, R. A. e STEVENSON-HINDE, J. (eds.). *Relationships within families. Mutual Influences.* Oxford: Clarendon Press. p. 241-262, 1988.

GUGGENBÜHL-CRAIC, A. *O casamento está morto. Viva o casamento!* São Paulo: Símbolo, 1980.

GURMAN, A. S.; KNISKERN, D. P. (eds.) *Handbook of family therapy.* Nova York: Brunner/Mazel, 1991, v. II.

HARLOW, H. F. *Learning to love.* Nova York: Ballantine Books, 1971.

HETHERINGTON, E. M.; CLINGEMPEEL, W. G. *Coping with marital transitions: a family systems perspective.* Chicago: University of Chicago Press for the Society for Research in Child Development, Monograph, série n. 227, v. 57, n. 2-3, 1992.

JUNG, C. G. Marriage as a psychological relationship. In: *The Collected Works of C. G. Jung,* CW 17 Nova York: C. W. Princeton University Press, 1981.

KAPLAN, Helen S. *The new sex therapy.* Nova York: Brunner/Mazel, 1974.

KOBAK, R. R.; HAZAN, C. Attachment in marriage: effects of security and accuracy of working models. *Journal of Personality and Social Psychology*, v. 60, n. 6, p. 861-869, 1991.

KOBAK, R. R.; COLE, H. E.; FERENZ-GILLIES; R.; FLEMING, W. S. Attachment and emotion regulation during mother-teen problem solving: a control theory analysis. *Child Development*, 64, p. 231-245, 1993.

MASTERS, W. H.; JOHNSON, V. E. *Human sexual response*. Boston: Little, Brown & Comp., 1966.

________. *Human sexual inadequacy*. Boston: Little, Brown & Comp, 1970.

________. *The pleasure bond*. Nova York: Bantam Books, 1976.

MONTORO, G. Vínculo mãe–filho e a capacidade de amar. *Psicologia Atual*, n. 26, ano V, p. 28, 1982.

________. Teoria de defesa de Bowlby e psicodrama, *Revista da Febrap*, nº 1, ano V, 1983.

________. Dinâmicas conjugais. *Viver — Revista de Psicologia*, n. 18, ano II, 1986.

________. Casamento na sociedade contemporânea. *Reprodução — Sociedade Brasileira de Reprodução Humana*, n. I, 1987.

MORENO, J. L. *Psicodrama*. São Paulo: Cultrix, 1975.

NEUMANN, E. *The Child*. Nova York: Harper & Row, 1973.

PEELE, S. Fools for Love: The romantic ideal, psychological theory, and addictive love. In: STERNBERG, R. J.; BARNES, M. L. (eds.). *The psychology of love*. New Haven: Yale University Press, 1988.

SHAVER, P.; HAZAN, C.; BRADSHAW, D. Love as attachment: the integration of three behavioral systems. In: STERNBERG, R. J.; BARNES M. L. (eds.). *The psychology of love*. New Haven: Yale University Press, 1988.

SIMPSON, J. A. Influences of attachment styles on romantic relationships. *Journal of Personality and Social Psychology*, v. 59, n. 5, p. 971-980, 1990.

SROUFE, L. A. Infant — Caregiver attachment and patterns of adaptation in preschool: the roots of maladaptation and competence. *Minnesota Symposium on Child Psychology*, v. 16, p. 41-81, RL Mutter, M. (ed.), Hillsdale NJ: Erlbaum, 1983.

SROUFE L.A.; FLEESON, J. The coherence of family relationships. In: HINDE, R.A. E STEVENSON-HINDE, J. (eds.) *Relationships whithin families: Mutual Influences*. Clarendon Press: Oxford, p. 27-47, 1988.

VAN IJZENDOORN, M. H.; KROONENBERG, P. M. Cross cultural patterns of attachment: a meta-analysis of the strange situation. *Child Development*, v. 59, p. 147-156, 1988.

VARGAS, N. S. O masculino e feminino na interação homem/mulher. *Junguiana*, n. 4, p. 117-126, 1986.

WEISS, R. Attachment in adult life. In: PARKES, C. M.; STEVENSON HINDE, J. (eds.). *The place of attachment in human behavior.* Nova York: Basic Books. p. 171-184, 1982.

# *Novos* laços conjugais e *novas* relações familiares (da queixa ao pedido no sociodrama familiar)

MARIA AMALIA FALLER VITALE

*Se queremos que tudo permaneça como está, é preciso que tudo mude.*

(LAMPEDUSA, *O LEOPARDO*)

Muitas são as questões que desafiam a vida das famílias contemporâneas e provocam sua capacidade para encontrar respostas. As mudanças sociais que incidem sobre o cotidiano das relações familiares têm sido objeto de estudo daqueles que pesquisam ou trabalham com famílias no curso das últimas décadas. Entre essas mudanças, os chamados *novos*[1] laços conjugais e, portanto, as *novas* relações familiares têm despertado interesse. Abordar essa temática significa incursionar por *novas* culturas familiares, mas não necessariamente por patologias. É importante dizer ainda que essas mudanças sociais que penetram o âmago das relações familiares são, é claro, vividas em algumas instâncias por nós terapeutas. Resulta daí o desenrolar de um processo instigante, criativo e perturbador de interseção de histórias e ressonâncias (Elkaïm, 1989; Vitale, 2002) entre família e terapeuta.

Muitos autores,[2] nas diversas áreas que estudam a família, têm-se dedicado às denominadas famílias reconstituídas, recompostas[3] e, de

---

1. Utilizo o termo "novos" para referir os laços conjugais advindos dos recasamentos. Sabe-se que essas formas sempre existiram ao lado daquelas consideradas tradicionais, ou seja, a família nuclear intacta.

2. Ver Carter e MacGoldrick (1995), Le Gall e Martin (1997), Guimarães (1998) e Singly (2000). Ver, também, Roudinesco (2003).

3. Vários outros termos são utilizados para designar essas configurações e implicam críticas e questionamentos, revelando a dificuldade para se encontrar uma nomenclatura que expresse essa realidade. Nenhuma expressão se impôs de forma mais definitiva.

modo geral, todos chamam a atenção para a complexidade dessas configurações. Essa complexidade provém em parte da pouca visibilidade que se tem dos inúmeros aspectos contidos nessas mudanças. A separação inaugura trajetórias familiares e individuais variadas. Sabe-se que sob a categoria *reconstituída* há diversos modos de vida em família. Nas famílias pós-divórcio, o primeiro recasamento costuma ser a forma mais visível e, talvez, a mais discutida do ponto de vista terapêutico, mas outras composições se apresentam: casais com filhos de uniões anteriores que mantêm uma outra relação estável, mas sem coabitação; terceiros ou quartos recasamentos. Observa-se que o número de divórcios tem aumentado nas últimas décadas, mas o que ganha relevância hoje é a sua precocidade, ou seja, as separações têm-se produzido mais cedo (Le Gall & Martin, 1997). Assim, no desenrolar do percurso de vida, podem ocorrer várias formas de união conjugal. As implicações dessas tendências refletem na intimidade dos laços conjugais. Tenho trabalhado com casais em seus diversos modos de viver as relações conjugais ao longo do percurso de vida familiar. Essa forma plural de estar a dois me instigou a buscar reflexões que alarguem o campo de visão e, assim, iluminem a própria prática no processo terapêutico.

Por essas razões, tenho-me dedicado a estudar as questões que envolvem as mudanças sociais que repercutem na vida familiar hoje, num vaivém entre as reflexões teóricas e a observação clínica. Algumas dessas reflexões fizeram um sentido quase imediato em face das sutis situações apresentadas pelos casais no contexto terapêutico. Isso não significa, entretanto, que seja viável captar todos os elementos contidos nesse processo, ou dar conta da complexidade oriunda dessas mudanças que se desenham nas relações familiares. Nesse percurso, os vínculos conjugais são expressão significativa das mudanças familiares. As novas configurações dos laços conjugais e familiares têm emergido, nas últimas décadas, nas demandas por terapia familiar ou de casal. As cenas familiares apresentadas no contexto terapêutico são reveladoras dos desafios e das dificuldades enfrentadas por essas famílias.

Convém ressaltar que não tenho intenção de estabelecer, com essa discussão, esquemas teóricos aprisionadores da densidade que as relações familiares manifestam no *setting* terapêutico. Procuro, como já disse, focalizar os novos laços conjugais, de um lado, e apresentar uma forma de trabalhar que atente para algumas das implicações relacionais presentes nessas configurações, de outro. Essas duas dimensões serão ilustradas por breves relatos de exemplos clínicos.[4] Sei que, ao articular esses dois planos, um pode sobressair-se ao outro, mas, do ponto de vista do trabalho com a família, eles se conjugam.

Segundo I. Théry (apud Le Gall in: Singly, 1997), duas lógicas informam a vida da família após a separação. Uma é a lógica da substituição, que privilegia a reconstituição de uma nova família, apagando a outra como modalidade para o restabelecimento, e, portanto, procura copiar o mesmo modelo nuclear clássico. A outra é a lógica da perenidade, que prima pela manutenção do laço parental para além do conjugal, o que gera a reorganização da família em formas novas e complexas. Nesse caso, tudo depende do laço mantido entre os cônjuges separados.

De acordo com Théry, segundo as lógicas dominantes no processo de pós-separação (substituição e perenidade), estruturam-se redes familiares complexas, acontece uma multiplicação de papéis parentais, a inclusão de novos atores familiares ("padrasto", "madrasta", "enteados", "meio-irmãos", "avós sociais") e forma-se um sistema de trocas e ajudas. De qualquer maneira, essas famílias convivem com a ausência preestabelecida de papéis, regras, normas institucionalizadas ou legais que exigem delas a construção de formas para regular essas situações relacionais tão densas e, muitas vezes, tão conflitivas. Não obstante todos esses aspectos, a família continua a ser um foco central da vida privada.

Nessa mesma direção, Guimarães (1998) aponta, com base em sua pesquisa sobre os recasados dos segmentos médios:

> Apesar da insatisfação com a 'família real' vivenciada no primeiro casamento, a instituição 'família' não foi questionada por nenhum dos recasados. O insucesso do primeiro casamento é, normalmente, atribuído a uma escolha equivocada do parceiro; portanto, a constituição de uma nova família atende à expectativa de reconstruir parte dos sonhos que alimentavam o primeiro casamento e não se concretizaram, além da tentativa de evitar repetir os erros que conduziram ao fim da relação anterior (Guimarães, 1998, p. 162).

---

4. As situações aqui relatadas referem-se a casais dos segmentos sociais genericamente chamados médios.

Pretendo, a seguir, traduzir algumas dessas questões no plano terapêutico.

Dois exemplos clínicos podem ilustrar, parcialmente, as lógicas mencionadas — substituição e perenidade — e sinalizar algumas das questões presentes nessa direção para os casais em atendimento terapêutico. Esses atendimentos serão apresentados pela óptica sociodramática. Eles procuram construir e desconstruir — com o casal ou com a família — os significados das mudanças por que passam os laços conjugais e as relações familiares.

São vários os caminhos terapêuticos e faço o recorte por alguns que se foram delineando no decorrer do processo. No primeiro caso, o passo inicial foi descobrir com a família qual o pedido relacional que essa faz para a terapia. A família ou o casal chega à terapia recoberto por queixas, insatisfações. Algumas vezes a queixa recai, como tão bem se sabe, sobre um membro da família ou do casal. A passagem da queixa ao pedido familiar ou conjugal tende a desconstruir essa forma de se relacionar. No segundo caso, o recorte se dá por meio da inversão de papéis, princípio central no referencial técnico moreniano. Em ambas as situações, os recursos psicodramáticos facilitaram o desvendamento das lógicas subjacentes aos novos vínculos conjugais e familiares e os sentimentos aí envolvidos — por vezes, dolorosos sentimentos. A angústia que as famílias recompostas sentem para encontrar saídas para os problemas postos no seu cotidiano sinaliza a necessidade de uma melhor apreensão dos significados contidos nessas relações.

## ■ Caso 1

A família procurou a terapia com a queixa de que o filho mais novo (16 anos) passou a apresentar pequenos atos delinqüentes na escola. A mãe foi chamada pela orientadora e lhe foi sugerido algum "tipo de trabalho familiar". No contato telefônico, fui informada de que a família era constituída pelo casal e dois filhos. Nas sessões, revela-se a seguinte situação: o casal — Maria e João, ambos com 42 anos — está junto desde que as crianças (filhos dela) eram pequenas. João era solteiro quando conheceu Maria.

A separação de Maria ocorreu permeada por muitas brigas, disputas e ressentimentos. A família de origem de Maria — poderosa economicamente — assumiu papel ativo na separação: com ajuda financeira, advogados e com uma postura abertamente crítica com relação ao marido de Maria na época. O marido de Maria estava tendo um caso extraconjugal. Essa situação triangular fez emergirem mágoas, ressentimentos, culpas no plano do casal e despertou na rede familiar sentimentos negativos, hostilidades, que foram direcionados para o marido de Maria. Segundo Maria, as portas foram fechadas para ele, o que significou que a rede familiar criou inúmeros obstáculos para a relação dele com os filhos e com a própria rede. O primeiro marido de Maria recasou-se logo após o divórcio e foi, com o tempo, "desistindo" dos filhos, vendo-os poucas vezes ao ano. Algum tempo depois, Maria casou-se novamente, agora com João, que passou a ocupar o lugar da figura paterna, assumindo o papel de amigo/pai das crianças. Os filhos de Maria gostam de João. O novo casamento de Maria é reconhecido e legitimado pela família materna. João foi visto por Maria como o contramodelo do primeiro marido. Para Maria, este casamento daria certo, pois não cometeria os erros do primeiro.

## ■ Trabalho sociodramático

A família foi solicitada, nas primeiras sessões, a transformar suas queixas iniciais em um pedido. Procuro, assim, construir com a família um pedido de cunho relacional que deverá constituir-se no fio condutor do processo terapêutico. A passagem das queixas ao pedido da família acaba por revelar a lógica pós-separação que sustenta e movimenta os vínculos.

Nas sessões iniciais, a família repete parte de suas queixas, que tendem a recair sobre o filho mais novo. Como já foi dito, procuro construir com a família um pedido que supere as queixas conhecidas e permita dar novos significados a elas, produzindo uma nova demanda familiar.

Proponho, portanto, que todos os membros da família passem para o contexto psicodramático (no caso, saiam de seus lugares e tomem um lugar no centro da sala). Apresento uma almofada e a coloco no meio deles, que estão sentados no chão formando um pequeno círculo. Informo que a almofada é só um objeto facilitador que deve representar o pedido da família para a terapia. Acrescento que as queixas já foram bastante discutidas e o momento é para formularem em conjunto um pedido. Esse pedido deverá orientar a todos nós no decorrer do processo terapêutico e poderá também ser reformulado ao longo do trabalho.

Cada um passa a tocar a almofada, a pegá-la para si, a abraçá-la, a jogá-la de volta ao centro e, aos poucos, todos vão falando, corrigindo uns aos outros; solicitando maior participação daquele que fica mais calado (no caso, um dos filhos). A conversa vai soltando-se. À terapeuta só cabe assinalar quando se voltam para as queixas e não para um pedido. Aos poucos o pedido vai esboçando-se[5] e pode, assim, ser sistematizado: assegurar os afetos construídos e permitir o resgate (potencial) dos laços "esquecidos". Essas demandas se apresentam, num primeiro momento, como conflitantes ou coexistentes no seio da família.

No decorrer do processo terapêutico, esse pedido foi mais bem elaborado e trabalhado. Assim, emergiu a necessidade dos filhos — expressa, principalmente, pelo mais novo — de conhecer melhor esse pai tão criticado e ausente.[6] Desvelou-se aí o sentimento de que havia uma injustiça familiar a ser sanada. Todos se sentiam roubados e roubando alguma coisa. Os filhos haviam deixado de construir vínculos com o pai. João desistira de ter filhos com Maria e sentia-se ora roubando o lugar do pai, ora ameaçado de perder seu papel com os meninos, ora ainda deixado de lado na sua possibilidade de ser pai. O casal havia feito algumas tentativas de ter filhos sem sucesso e acabara por não buscar nenhum tipo de ajuda.

A lógica da substituição parecia ter funcionado parcialmente, em especial para Maria. Ou seja, a família foi aparentemente restaurada no modelo anterior, mesmo com João assumindo um contrapapel em relação ao primeiro marido de Maria. Para João, o fato de ter recebido o reconhecimento de uma família forte, como a família de origem de Maria, apaziguava suas lacunas em relação a sua própria história de pertencimento familiar. Essa troca integra o "contrato" emocional construído pelo casal, sustentado, nesse caso, pela lógica da substituição: Maria "substitui" o primeiro casamento, mantém a unidade familiar; e João, sua própria família. Essa lógica acabou por propiciar

---

5. Solicito que procurem apresentá-lo da forma mais direta e sintética que consigam.

6. Para Dolto (1992), os filhos adolescentes desejam, muitas vezes, criar um juízo próprio acerca do pai não-residente antes de entrarem na vida adulta.

também certa coesão entre os cônjuges, mas necessita ser redimensionada. Em sessões com apenas o casal, foi trabalhada a interpretação dada ao pedido no plano do vínculo conjugal. A tônica recaiu sobre a necessidade de o casal discutir mais suas dificuldades, suas lacunas, e reexaminar seu contrato emocional ante as mudanças de seu percurso de vida. Isso implicou a autorização para que os filhos procurassem o pai não-residente. Outros aspectos foram delineando-se no desenrolar da terapia, mas faço aqui um recorte.

## ■ Caso 2

O casal procurou a terapia com muitos descontentamentos, apontando que o diálogo estava muito difícil. Apresentou inúmeras situações que revelavam as dificuldades enfrentadas com a complexa rede relacional, uma vez que cada um dos parceiros tem filhos de uniões anteriores. O casal está junto há aproximadamente nove anos. No início, o encontro dos dois trouxe alento e alegria para ambos e significou a certeza de uma nova etapa da vida. Nessa relação, cada um reside na própria casa com os respectivos filhos. Por um breve espaço de tempo, o casal chegou a cogitar viver junto, mas ambos decidiram manter a situação, pois as dificuldades cotidianas pareciam que se intensificariam com a coabitação. Os filhos de ambos não aderiram à idéia ou foram explicitamente contra. O casal mantém o arranjo denominado pela terminologia inglesa *living apart together* — vivendo juntos separados. Nessa condição, cada elemento do casal busca preservar o próprio núcleo familiar e, ao mesmo tempo, como casal, realiza algumas atividades em conjunto que envolvem todos os filhos, como pequenas viagens.

Maria (46 anos) tem duas filhas adolescentes. Após os primeiros anos de separação, as tensões e ansiedades foram acalmadas no plano do relacionamento familiar. O ex-marido de Maria casou-se de novo, mas assume integralmente sua responsabilidade parental. As filhas de Maria gostam de ir para a casa do pai e, aparentemente, convivem bem com a mulher dele e com o novo irmão nascido desse casamento. O nascimento do irmão aplainou algumas dificuldades, em especial da filha mais velha de Maria com relação à mulher do pai. Maria mantém uma convivência cordial com o ex-marido e com seu novo núcleo familiar — todos, eventualmente, encontram-se nas festas familiares ou em atividades especiais que envolvem as filhas.

João (55 anos) tem três filhos homens — um adolescente e dois jovens adultos. Dois deles ainda moram com ele, enquanto o filho mais novo está com a mãe. Ele já estava divorciado havia vários anos quando conheceu Maria. Dois dos filhos de João se relacionam bem com Maria, enquanto o outro (mais velho, que ainda mora com João) mantém-se mais distante. Este se apresenta, com freqüência, um crítico da relação do pai com Maria. Com relação às filhas de Maria, João tem um relacionamento amigável, mas não está investido do papel socioeducativo perante as meninas. As relações de João com a ex-mulher também são aparentemente amigáveis. Esta não se casou novamente, apenas mantém namorados eventuais. João sente que seria mais tranqüilo para os filhos e para si próprio se a mãe tivesse um companheiro estável. O casal encontra-se inserido em um complexo mapa relacional.

Nessa configuração, o papel socioeducativo central mantém-se com os pais. Há uma valorização dos núcleos parentais. No decorrer do trabalho desvelaram-se as vantagens e os custos emocionais da "opção" pela lógica da perenidade familiar. O recasamento como forma de coabitação e legalização foi pouco cogitado pelos dois.

## Trabalho sociodramático

Maria sente que há diferenças de estilo de vida dos dois núcleos (educação dos filhos, amigos), queixa-se que João, hoje, tem pouca disponibilidade emocional para ela e não lhe oferece o companheirismo desejado. João, por sua vez, sente-se exigido, criticado por Maria, e ao mesmo tempo a critica por ela estar sempre envolvida com a própria rede, dando-lhe pouca atenção. A rede familiar e o trabalho de ambos ocupam uma parte significativa de suas vidas, restringindo o tempo que têm em comum. O casal reconhece que está havendo um distanciamento e todas as tentativas de comunicação resultam em brigas. A conversa entre eles repetidamente volta-se para esses temas, embora as insatisfações sejam, em certo sentido, especulares. No contexto dessas repetições, foi solicitado ao casal que se sentasse frente a frente para continuar conversando sobre as questões abordadas (explico para o casal que o objetivo de minha proposta é facilitar, com a mudança de contexto, a comunicação entre eles). Durante a conversa, faço, eventualmente, um duplo[7] ora de um, ora de outro. Com base na situação do duplo, tanto aquele de quem expresso os sentimentos relacionais como aquele que ouve tendem a sentir que a qualidade do diálogo se transforma. Em dado momento, foi pedido que invertessem os papéis. Essa inversão permitiu que cada um tomasse contato, em parte, com os sentimentos do outro, ou seja, que tivesse a percepção emocional de "não se sentir reconhecido pelo outro". Depois, cada um voltou para o próprio lugar, ou seja, para seu próprio papel. A partir daí foi possível redimensionar as queixas iniciais e repetitivas. Estas ficaram mais enfraquecidas e o casal, por fim, questionou-se sobre quais as necessidades atuais do casal, quais as fronteiras que desejam para a relação conjugal. Comentam: é preciso *construir um projeto nosso.* Nessa afirmação, o casal reconhece-se diluído, frágil ante tantas instâncias familiares, e aponta a necessidade de encontrar saídas para novos momentos do percurso de vida familiar, uma vez que os filhos já estão crescidos. A lógica da perenidade que facilitou o trato com os filhos, e preservou o espaço parental, acabou por sustentar o esgarçamento do vínculo conjugal. Nesse contexto, a coabitação não emergiu até aqui como um critério decisivo para a vida do casal. É evidente que outras dimensões emocionais e complementares do casal estão presentes, mas sem dúvida essas foram recobertas ou legitimadas por uma lógica aceita por ambos.

## ■ Alguns comentários

Aliar reflexões sobre a família contemporânea com aspectos do trabalho terapêutico não é tarefa fácil. No entanto, essas dimensões, como já disse, apresentam-se imbricadas. O esforço é chamar a atenção tanto para as várias configurações que as famílias apresentam nas

7. Nesse caso, o terapeuta na função de ego auxiliar expressa verbalmente sentimentos que os parceiros conjugais não conseguem formular naquela situação, por motivos conscientes e inconscientes. Ao utilizar a técnica do duplo, no atendimento do casal, parto do reconhecimento da idéia de que há estados co-conscientes e co-inconscientes interligados. Para Moreno, "os estados co-conscientes e co-inconscientes são, por definição, aqueles que os participantes experimentaram e produziram conjuntamente e que, por conseguinte, só podem ser reproduzidos ou representados em conjunto" (Moreno, 1975, p. 30).

situações pós-separação, como para uma forma de trabalho — mediante recursos psicodramáticos — que busque facilitar a criatividade dessas famílias para que encontrem respostas aos desafios postos em seu cotidiano.

As lógicas examinadas parecem estar no bojo das inquietações apresentadas pelas famílias nos recasamentos. As lógicas "escolhidas" compõem a intersubjetividade do casal, subsidiam seu contrato emocional e organizam as relações familiares. Estas integram, de alguma forma, os estados co-conscientes e co-inconscientes do casal. Assim, do ponto de vista terapêutico, a preocupação é desvendar com a família: a serviço do que estão essas (ou outras) lógicas na vida do casal? Que quadro de significados familiares é subsidiado por essas lógicas?

Nas novas uniões, o desafio ou o paradoxo entre a conjugalidade e a individualidade ou a fusão idealizada do casamento e o desejo de autonomia de cada um dos cônjuges se intensificam na medida em que cada parceiro tende a ter uma história anterior de casamento. Nessa direção:

> A individualidade e a autonomia são a regra e o compasso na estruturação da vida familiar dos recasados. Se a afirmação da individualidade sintetiza o sentido das mudanças atuais e provocam profundas alterações na família, hoje, (...), a vida dos recasados é provavelmente o lugar que essa tendência pode ser percebida com maior concretude (Guimarães, 1998, p. 162).

Nesse sentido, as lógicas já apontadas vêm auxiliar na coesão desses novos casamentos. É bom pensar, entretanto, que os parceiros conjugais podem estar vinculados a lógicas diversas.

*Novos* laços conjugais envolvem *novas* relações familiares. Nessas configurações, os filhos dos casamentos anteriores ocupam um lugar central na vida do novo casal, e o relacionamento com eles constitui, por vezes, um termômetro sensível das possibilidades futuras do casal. Os vínculos com esses filhos construídos nas histórias familiares dos casamentos anteriores direcionam os rumos do casal na atualidade. Esse tema é discutido por Guimarães (1998), com base em sua pesquisa já citada. A autora aponta que o projeto de ter filhos não emerge como fundamental para o casal atual, quando este já tem filhos de uniões anteriores. Por essas razões, trabalhar com o casal, incluir em algumas sessões os filhos, pode alargar e tornar o campo terapêutico mais fecundo. Os filhos constituem-se em egos auxiliares em face dos pais e, portanto, para o novo casal. Buscar que os membros da família possam ser em algumas situações egos auxiliares uns dos outros é tarefa do terapeuta sociodramatista.

Com o divórcio e os recasamentos, os irmãos também se tornam um subsistema importante. É só entre os irmãos — no mundo dos iguais — que algumas situações provenientes da exigência de mudanças e da participação nos lares bifocais são vividas. Nas famílias reconstituídas, as culturas familiares dialogam, amiúde, no espaço dos irmãos (Vitale, 1999). Dar lugar à fratria pode ser interessante para abordar essas famílias. Desloco nesse momento o foco de discussão para a dimensão familiar, pois muitas vezes o trabalho com casal se redireciona para o trabalho com a família e vice-versa. Nos casos apresentados, essas são dimensões interligadas.

Numa sociedade em que a família do modelo nuclear intacto constitui[8] o padrão, em que não há reconhecimento jurídico de todos os novos laços construídos, as famílias reconstituídas ou recompostas necessitam de uma boa dose de espontaneidade para criar papéis, regras, fronteiras, sistemas de autoridade, rituais etc. Não há, como já foi dito, um modelo de família recomposta ou de novos laços conjugais.

Alguns trabalhos apontam passos e normas do processo terapêutico com as famílias reconstituídas. Corre-se aí o risco de uma aproximação dessas famílias com um saber normativo e desconhecedor da heterogeneidade presente nessas configurações. Discutir as lógicas — apresentadas ou outras identificadas — auxilia no sentido de enfatizar que não há lógica "melhor ou pior", certa ou errada, mas que essas respondem às exigências e necessidades construídas ao longo da história desses casais, respondem às trocas emocionais — implícitas ou explícitas — pactuadas entre os membros do casal. Volto a dizer que o que interessa do ponto de vista terapêutico é o reconhecimento dessas lógicas (construídas socialmente), é o "para que" dessas na vida familiar. Desvendar essas lógicas é abrir espaço para a criatividade, para a tolerância e para o exercício da negociação, elementos tão necessários ao cotidiano dessas famílias (esses são, também, requisitos para os terapeutas). A negociação é uma questão central para essas famílias e, ao se trabalhar tanto com o pedido familiar como com a inversão de

---

8. Segundo dados do IBGE (PNAP, 1999), 55% de nossa sociedade constitui-se de famílias nucleares, ou seja, casal e filhos.

papéis, oferecem-se condições para o desenvolvimento da prática da negociação.

Negociar a convivência familiar é uma forma de contribuir para a aprendizagem de adultos, jovens e crianças, no sentido da vida em comum em suas várias dimensões. O reconhecimento da importância da negociação para as famílias atuais não faz que essa seja, no entanto, uma tarefa fácil no âmbito terapêutico. Em minha experiência profissional, esse é um processo custoso de ser construído, mesmo quando no plano racional todos os membros da família ou do casal se rendem à evidência desse caminho. O exercício da negociação, da tolerância, supõe a possibilidade do exercício da inversão de papéis oferecida no processo terapêutico pelo sociodrama familiar. Quanto maiores são as dificuldades para a inversão de papéis, maiores são as dificuldades para as negociações. Na inversão, cada um pode-se colocar no lugar do outro na rede familiar, o masculino pode experienciar o feminino[9] e vice-versa. Para Fonseca[10]:

> A inversão de papéis significa incluir-se do outro lado (...). À medida que o ser humano ganha capacidade para se colocar no lugar do Tu, e permite que este se coloque em seu lugar, ganha um melhor conhecimento da realidade de outros mundos pessoais e, conseqüentemente, também do seu (1980, p. 96).

Por intermédio do sociodrama familiar, o terapeuta procura com a família criar possibilidades para a inversão de papéis, para emergir o novo e desmobilizar jogos relacionais solidificados, fonte de sofrimentos. O terapeuta mediador é um facilitador da ação dramática, mas também um coordenador da conversação conflitante do casal para que este encontre pistas de novos itinerários para sua vida. Por essas razões, compreender, trazer à tona as lógicas subjacentes pode contribuir para que o casal desconstrua esquemas relacionais enrijecidos e suas conservas culturais familiares. Reconhecer essas lógicas, é bom lembrar, não é desconhecer que as relações familiares, a despeito de nossos aportes teóricos, têm a capacidade de nos surpreender em sua imprevisibilidade (Vitale, 1999).

---

9. Ver Fonseca (2000) quando trata da inversão de papéis sexuais.

10. Fonseca (1980) trata da inversão de papéis de acordo com as correlações que estabelece entre Buber e Moreno.

Gostaria de enfatizar que trabalhar com o pedido dessas famílias é, primeiro, ultrapassar as queixas depositadas no parceiro conjugal, mas é também revelar para a família ou para o casal sua competência, sua espontaneidade e criatividade. Quando o pedido é bem construído, parte do trabalho terapêutico já está realizada. Os recursos psicodramáticos são facilitadores dessa elaboração. Construir com a família ou com o casal seu pedido relacional é ter um norte (ou um sul, leste ou oeste) para a relação terapêutica para que esses exerçam seu protagonismo.

## ■ Referências bibliográficas

CARTER, B.; MCGOLDRICK, M. *As mudanças no ciclo de vida familiar.* Porto Alegre: Artes Médicas, 1995.

DOLTO, F. *Quando os pais se separam.* Rio de Janeiro: Jorge Zahar, 1992.

ELKAIM, M. *Si me amas, no me ames.* Buenos Aires: Gedisa, 1989.

FONSECA, J. S. F. *Psicodrama da loucura: correlações entre Buber e Moreno.* São Paulo: Ágora, 1980.

GUIMARÃES, R. *Os recasados nas famílias reconstituídas.* Tese (Doutorado) — Pontifícia Universidade Católica de São Paulo, 1998.

LE GALL, D.; MARTIN, C. L'instabilitté conjugale et la recomposition familiale. In: SINGLY, F. (org.) *La famille l'etat des savoirs.* Paris: Éditions la Découverte, 1997.

MORENO, J. L. *Psicoterapia de grupo e psicodrama.* São Paulo: Mestre Jou, 1974.

________. *Psicodrama.* São Paulo: Cultrix, 1975.

ROUDINESCO, E. *A família em desordem.* Rio de Janeiro: Zahar, 2003.

SINGLY, F. *La famille l'état des savoirs.* Paris: Éditions la Découverte, 1997.

________. *Libres ensembles: l´individualisme dans la vie commune.* Paris: Nathan, 2000.

VITALE, M. A. F. Separação e ciclo vital familiar. In: ALMEIDA, W.C. *Grupos: a proposta do psicodrama.* São Paulo: Ágora, 1999. p. 165-178.

________. Famílias monoparentais: indagações. *Revista Serviço Social e Sociedade,* 71. São Paulo: Cortez, 2002, p. 45-62.

# Terapia com casais do mesmo sexo

MARIA REGINA CASTANHO FRANÇA

*Qualquer maneira de amor vale a pena;*
*Qualquer maneira de amor vale amar!*
(MILTON NASCIMENTO)

As sementes deste capítulo foram lançadas em 1983, quando atendi o primeiro casal homossexual que procurou minha ajuda como terapeuta. Esse atendimento trouxe-me muitos questionamentos, mas o que chamou minha atenção, na época, foi o fato de o relacionamento entre aquelas duas mulheres ser tão semelhante ao de qualquer outro casal que eu já havia atendido: duas pessoas que se amavam, mas que sofriam com conflitos e desentendimentos que não conseguiam resolver, buscando ajuda para melhorar o relacionamento, pois não desejavam se separar.

Com o passar do tempo, e com minha experiência como terapeuta de casais se ampliando, fui transformando essa percepção. Na verdade, não existe um casal que seja igual a outro, mas essa afirmação é mais evidente quando o par é constituído por dois homens ou duas mulheres. Casais formados por pessoas do mesmo sexo têm muito das necessidades e dos conflitos de casais heterossexuais, embora se defrontem com uma gama enorme de problemas gerados pelo preconceito e pelas dificuldades vivenciadas por todos aqueles que fazem parte de uma minoria social.

Este capítulo procura sintetizar algumas reflexões desenvolvidas ao longo dos últimos vinte anos, bem como alguns estudos publicados nos Estados Unidos ainda não traduzidos para o português. Seu objetivo não é discutir a homossexualidade, suas origens ou causas, mas lançar um olhar sobre casais do mesmo sexo, suas especificidades e conflitos, para que possamos ajudá-los em seu processo terapêutico de forma mais consistente.

Parto do princípio, assim como Fonseca (2000), de que o vínculo humano em sua totalidade precede à sexualidade e de que o ser humano, seja hetero, seja homossexual, é primariamente movido pelo instinto de relação. Bowlby é outro teórico que enfatiza a propensão humana de estabelecer laços afetivos, função primordial e adaptativa dentro de uma perspectiva evolucionista (Mohr, 1999).

O relacionamento amoroso entre dois homens ou duas mulheres sempre existiu, em diferentes sociedades e em culturas diversas, sendo visto como negativo ou como positivo, ao longo da história. Já no século VI a.C., a poetisa grega Safo, habitante da ilha de Lesbos, era conhecida por fazer versos para suas amantes. Somente no século XVIII foi definido o termo *homossexualidade*, em oposição à heterossexualidade. Antes dessa época, a sexualidade humana não era descrita como bipolar, masculina e feminina (Costa, 1995). Na Grécia antiga, além do relacionamento entre homens e mulheres, diversas manifestações de sexualidade eram mesmo vistas como normais e aceitáveis, como homens com homens, mulheres com mulheres, homens ou mulheres com animais, deuses com humanos.

No século XX, os anos 20 foram chamados de "os anos loucos", pois Paris e Berlim colocaram em voga a androginia e a bissexualidade por meio das figuras de artistas, como Marlene Dietrich. Na década de 1940, a grande pesquisa estatística realizada por Alfred Kinsey, que deu origem ao famoso *Relatório Kinsey*, revela que a quantidade de indivíduos com desejo por pessoas do mesmo sexo é muito maior que o imaginado, ultrapassando os 2% da população dos Estados Unidos.

Alguns autores preocuparam-se em estudar a sexualidade humana, detendo-se na análise da homossexualidade. Freud foi um dos primeiros, e desenvolveu suas idéias baseado em parcas noções sobre sexualidade existentes no século XIX. Em seu artigo "Três ensaios para uma teoria sexual" (Freud, 1973), considera o homossexualismo uma perversão sexual, embora o situe numa categoria superior ao autoerotismo, por requerer um parceiro.

Entre os terapeutas psicodramatistas atuais, Fonseca (2000) discute o tema da identidade sexual pela óptica das fases de Matriz de Identidade e do desenvolvimento sexual. Nesse eixo de discussão, focaliza a questão da homossexualidade. Costa (1994a) também tratou longamente esse tema, oferecendo contribuições para a discussão da identidade sexual.[1]

Minha expectativa com este capítulo é iniciar uma discussão sobre as áreas de conflito especificamente enfrentadas por casais homossexuais. A maioria dos problemas vividos por um casal do mesmo sexo é quase idêntica aos vividos por casais heterossexuais. Questões ligadas ao ciclo de vida dos parceiros, referentes à raça ou à etnia, e tópicos como infidelidade, disputas de poder, conflitos de comunicação, problemas sexuais etc. estão com freqüência presentes em qualquer terapia vincular e não serão abordados aqui, uma vez que os modelos de intervenção descritos com assiduidade na literatura, tanto para terapia de casal quanto para terapia sexual, podem ser utilizados essencialmente na íntegra.

Nunca é demais ressaltar que a homossexualidade envolve aspectos infinitamente mais amplos que o relacionamento sexual em si, ou a questão da identidade sexual ou orientação sexual. Casais do mesmo sexo também desenvolvem relacionamentos satisfatórios de longa duração, que preenchem as necessidades afetivas e sexuais dos parceiros, apesar da enorme pressão social e dos desafios que enfrentam.

A homossexualidade não é oposta à heterossexualidade, no sentido de que, independentemente da orientação sexual, casais em conflito apresentam problemas de ordem muito semelhantes. *Gays* e lésbicas, no entanto, defrontam-se com desafios muito específicos, que precisam ser bem compreendidos por terapeutas que desejam ajudá-los. Entre esses desafios, temos que entender:

1. a questão da homofobia na sociedade em geral;
2. o impacto das questões de gênero no relacionamento;
3. as ambigüidades no vínculo;
4. as dificuldades com a família de origem;
5. a necessidade de se desenvolver uma rede social de apoio, ou um grupo de pertinência.[2]

---

1. Ver seção "Questões de gênero", deste mesmo capítulo.

2. Algumas dessas categorias por mim utilizadas foram desenvolvidas por Green & Mitchell (2002); considero muito importante sua abordagem na terapia com casais homossexuais, por constatar, na prática clínica, a contínua presença desses aspectos.

## O impacto da homofobia

Vivemos numa sociedade patriarcal e heterocêntrica, que define as regras de conduta e os valores morais e éticos. O heterocentrismo, às vezes chamado de heterossexismo, consiste num princípio, assumido como verdadeiro pela sociedade, de que os seres humanos são naturalmente heterossexuais e que o estilo de vida heterossexual é o padrão normal. Esse princípio determina uma atitude inconsciente, não intencional, de marginalização e exclusão de qualquer pessoa que fuja às normas, o que torna *gays* e lésbicas desiguais ou inferiores em relação a oportunidades, benefícios ou direitos civis. Também relevante nessa questão é a influência religiosa na cultura ocidental, e um de seus pressupostos é de que a relação sexual deveria servir somente à finalidade de procriação e de manutenção da família.

Nossa sociedade favorece uma cultura homofóbica, com constante manifestação de sentimentos negativos em relação aos homossexuais, explícitos ou não, muitas vezes expressos de forma brincalhona, mas agressiva, como em piadas, por exemplo, bem ao gosto do brasileiro. A homofobia pode ser definida como um medo irracional, ódio ou sentimentos de não-aceitação dirigidos contra *gays* e lésbicas, como algo que no fundo representa uma ameaça à segurança, que a obediência à norma traz.

A opressão constantemente sofrida por homossexuais traz uma série de danos, tanto psicológicos quanto concretos. No ambiente profissional, por exemplo, homens *gays* e mulheres lésbicas evitam explicitar sua orientação sexual por medo da demissão ou de ter seu desenvolvimento na carreira barrado, independentemente de seu desempenho. Além disso, com freqüência a opção homossexual está associada à promiscuidade, à idéia de relações amorosas fugazes, menos sólidas, que podem comprometer o respeito ou a imagem profissional.

Com tudo isso, a opressão social leva muitos homossexuais a optarem por não assumir publicamente sua condição, o que faz que muitos casais do mesmo sexo, com relações duradouras e bem-sucedidas, sejam invisíveis para a sociedade. Jovens adolescentes que se descobrem *gays* ou lésbicas se desenvolvem sem um modelo de relacionamento que possa ser visto como normal e feliz, em quem possam-se espelhar.

Nossa sociedade é toda baseada em paradigmas heterossexuais; toda criança é fruto de um homem e uma mulher, e esse vínculo heterossexual é perseguido como o ideal. Os pais têm muita dificuldade em aceitar um filho cuja orientação sexual não siga o tão esperado "casar-se e ter filhos" (e, preferencialmente, não se esquecendo de "serem felizes para sempre!")

O fato de a união homossexual não ser reconhecida legalmente acarreta uma série de danos para os casais, como não conseguir designar seu companheiro como herdeiro ou beneficiário legal, nem ter direito a ser considerado dependente para utilização de seguro-saúde e outros benefícios concedidos pelas empresas. *Gays* e lésbicas muitas vezes sofrem impedimentos legais em relação aos próprios filhos, fruto de casamentos heterossexuais anteriores. Essa discriminação costuma ser ainda maior em relação ao parceiro homossexual do pai ou à parceira da mãe da criança, ainda que esta pessoa tenha funcionado como uma figura parental ou de apego, partilhando da educação e dos cuidados durante muito tempo.

A esse respeito, um caso recente ocorrido no Brasil repercutiu intensamente na sociedade, levantando um amplo debate sobre o assunto: a cantora Cássia Eller vivia há muitos anos com seu filho Chicão (fruto de um relacionamento heterossexual anterior) e sua companheira Maria Eugênia, reconhecida como uma eficiente e efetiva figura materna para a criança. Por ocasião da morte da cantora, em 2001, seu pai pleiteou o direito de cuidar do neto, assim como de seus bens e direitos autorais, pertencentes ao espólio, fato que provocou quase uma comoção nacional, com as pessoas discutindo o assunto, torcendo pelo futuro do menino e desejando que a justiça fosse feita, dando-se à Maria Eugênia o direito de guarda, de continuar cuidando do menino, que, aparentemente, ela considerava seu filho. Esse episódio gerou um debate no qual, talvez pela primeira vez, muitas pessoas, confrontadas pela realidade, puderam posicionar-se, deixando de lado o preconceito.

Na verdade, parceiros do mesmo sexo não são legalmente considerados uma "família", o que os impede de participar de decisões essenciais na vida um do outro, como decisões médicas ligadas à saúde, direitos aos bens do casal, enfim, de muitos e muitos aspectos. Um dos episódios do filme *Desejo proibido*,[3] com a atriz Vanessa Redgrave,

3. *Desejo proibido* (filme-vídeo) (2000). Direção de Jane Anderson, Martha Coolidge e Anne Heche. Distribuição: Top Tape. 96 min, color. son., VHS, v. o. americana.

trata bem dessa invisibilidade: após o acidente ocorrido com sua parceira de mais de trinta anos, e com quem construiu toda uma vida, a protagonista é excluída de receber quaisquer informações médicas ou mesmo de visitas na UTI, por não ser da família. Quando esta falece, além de sentir-se impedida de expressar abertamente sua dor, ela é obrigada a aceitar a invasão de sua casa e de sua intimidade pela família de um sobrinho da falecida; é então confrontada com o fato de ter que deixar todos os seus bens para aquele que é considerado pela sociedade o herdeiro legal da falecida. Outro episódio do mesmo filme explicita as dificuldades que um casal homossexual enfrenta, a despeito da estabilidade da relação e de condições econômicas favoráveis, quando se propõe a adotar uma criança.

Dados de uma pesquisa realizada por uma organização norte-americana para os direitos de *gays* e lésbicas revelam que mais da metade da população homossexual já sofreu algum tipo de violência, seja verbal, seja física, devido exclusivamente à sua orientação sexual (Green & Mitchell, 2002).

A violência pode vir dos lugares mais inusitados ou inesperados. Em pleno século XXI, não bastasse seu empenho contra o uso de preservativos (comprovadamente a melhor maneira de evitar a disseminação da Aids), a Igreja Católica acaba de lançar o "Manifesto sobre o comportamento sexual dos católicos", no qual afirma que o comportamento homossexual não é normal e que deve ser combatido ou tratado. Imediatamente, o Movimento Gay Italiano se mobilizou, declarando que a Igreja está decretando uma nova cruzada contra os homossexuais.

O jornalista Roldão Arruda publicou, em 2001, o livro *Dias de ira*, em que relata os assassinatos sistemáticos de homossexuais ocorridos na cidade de São Paulo entre 1986 e 1989, fato que foi tratado com relativo descaso pelas autoridades competentes. Mostra, ao mesmo tempo, como o impacto da Aids provocou um recrudescimento dos preconceitos contra o homossexual, pela associação do mundo *gay* com o "pecado" e, portanto, com um merecido castigo.

O preconceito e a pressão invisível é tão constante que o próprio indivíduo, impregnado por nossa cultura heterocêntrica, acaba por internalizar a homofobia, dirigindo essa atitude negativa contra si mesmo. Isso faz que ele negue ou reprima os próprios desejos e experiências afetivas, o que causa um imenso dano ao seu psiquismo. Pesquisas demonstram que esse viés auto-imposto pode trazer inúmeros sintomas, como diminuição na auto-estima, negação da própria orientação sexual, depressão em resposta ao preconceito, maior risco de suicídio, aumento nos comportamentos de risco em relação ao HIV, além de problemas relacionados ao abuso de álcool e drogas (Malyon, 1982; Meyer & Dean, 1998; Shido, 1994, citados por Green & Mitchell, 2002).

A homofobia internalizada faz muitos *gays* e lésbicas terem uma expectativa inconsciente negativa a respeito de seus próprios relacionamentos e uma visão distorcida sobre seu potencial para ter um vínculo adulto satisfatório. Um dos mitos presentes em nossa cultura é o da impossibilidade da existência de um vínculo duradouro entre homossexuais; essa crença internalizada pode causar um boicote inconsciente, fazer que um desista mais facilmente do outro, sem lutarem pelo relacionamento, trabalhando as inevitáveis dificuldades que aparecem em qualquer relação de longo prazo.

Esse mito é reforçado pela sociedade, que em geral estimula o esforço para a manutenção do casamento ou da união heterossexual, seja em razão dos filhos, seja da família mais ampla, seja dos interesses econômicos (afinal, custa caro separar-se, dividir os bens, dar pensão, sustentar duas casas etc.). No caso das uniões homossexuais, muitas vezes ocorre o contrário, havendo um "interesse" maior pela separação: é bem mais fácil ter um filho ou um irmão solteiro do que ter que explicar para os amigos que ele é *gay*; a "herança" não fica ameaçada, indo para sobrinhos ou outros familiares.[4] Também a falta de modelos de casais homossexuais conhecidos, felizes e com vínculos de longo prazo, pode causar uma expectativa inconsciente sobre o término da relação, o que fatalmente contribuirá para a ocorrência de uma separação, como uma profecia autocumprida.

Muitos casais do mesmo sexo procuram terapia já conscientes dessas dificuldades, buscando explicitamente lidar com outros conflitos, por exemplo, a não-aceitação de uma ou de ambas as famílias. Outros mostram sintomas psiquiátricos, como a depressão de um dos parceiros, sem perceberem a ligação desses sintomas com a homofobia existente em suas famílias, no ambiente de trabalho, ou mesmo com a falta de uma rede social de apoio. Ao atender um casal homos-

---

4. Muito tem sido escrito sobre o potencial econômico dos homossexuais, que acumulam bens em maior quantidade que os indivíduos casados, por não terem filhos com quem gastar, entre outros motivos.

sexual, é essencial que o terapeuta tenha em mente os desafios específicos enfrentados por *gays* e lésbicas para avaliar de que forma e em que grau eles estão presentes naquela dupla.

Podemos supor que todo homossexual assumido teve de enfrentar de alguma forma sua própria homofobia internalizada, uma vez que, para formar um vínculo amoroso com um parceiro do mesmo sexo, é imprescindível adquirir algum nível de auto-aceitação. Em contrapartida, não é incomum que um dos parceiros, sob a capa da auto-aceitação, esteja na verdade negando o contato com um conflito que lhe parece difícil demais de enfrentar. Em qualquer das situações, essa poderosa pressão invisível continua afetando as pessoas, causando freqüentemente uma desvalorização da própria relação.

A homofobia e o heterossexismo internalizados levam muitos casais do mesmo sexo a terem problemas aparentemente "misteriosos", ou que eles próprios não entendem e consideram exagerados. É essencial que o terapeuta tenha clareza sobre essas pressões invisíveis, pois muitas vezes elas estão subjacentes ao conflito. Devemos ajudar o casal a perceber o quanto as dificuldades pelas quais eles estão passando são causadas ou estão de algum modo relacionadas à noção de que sua relação é efêmera, superficial, ilegítima ou não tão boa quanto um relacionamento heterossexual.

É óbvio, mas nunca é demais ressaltar, que essa opressão internalizada inconsciente será muito agravada no casal por uma homofobia do terapeuta, em particular se esta também for inconsciente. Pesquisas realizadas nos Estados Unidos mostram que terapeutas heterossexuais, mesmo bem intencionados e com uma boa experiência clínica, têm algumas crenças e atitudes preconceituosas em relação às minorias sexuais que podem manifestar-se por alguns sinais durante o processo terapêutico (Comittee on Lesbian and Gay Concerns, 1991, apud Brown, 1995):

1. falha em valorizar o compromisso de um parceiro com o outro; atitude de encorajar o casal a ver o problema como insuperável;
2. dificuldade em reconhecer e denunciar casos de violência em casais do mesmo sexo, assumindo que, por serem do mesmo gênero, as brigas são "entre dois iguais";
3. apego excessivo à questão da longevidade *versus* a qualidade da relação, como um contrapreconceito, em situações nas quais

o terapeuta agiria diferente se o casal fosse heterossexual, ajudando-o na separação;
4. falha em perceber e cuidar do abuso de substâncias tóxicas, considerado um fator complicador do relacionamento.

Alguns estudos norte-americanos indicam que 1/3 dos homossexuais tem sérios problemas com drogas e álcool, o que é muito favorecido pelo fato de grande parte da vida social de *gays* e lésbicas girar em torno de bares, muitas vezes a única opção encontrada como rede social de apoio (Swallow, 1983; Ziebold & Mongeon, 1985, apud Brown, 1995). Essa percepção faz que muitos terapeutas tendam a minimizar os problemas decorrentes desse ambiente.

Brown (1995) sugere que terapeutas que se iniciam no trabalho com casais homossexuais, e igualmente com indivíduos pertencentes a qualquer minoria sexual, devem buscar uma supervisão regular com um terapeuta que já tenha essa experiência e que possa apontar mesmo manifestações sutis de preconceito, que quase inevitavelmente aparecerão.

## ■ Questões de gênero

A complementaridade dos gêneros, vivida em um relacionamento entre um homem e uma mulher, não existe em um vínculo homossexual, mesmo em casais em que exista uma aparente "masculinidade e feminilidade". De forma geral, os indivíduos que compõem o casal do mesmo sexo são pessoas bem socializadas e com uma identificação positiva com seu próprio gênero.

Costa, em seu livro *Os onze sexos* (1994a), afirma que o ser humano tem três dimensões básicas e inseparáveis: a biológica, a psicológica e a social. O corpo contém os aspectos psicológicos, que se expressam pelo físico, que por sua vez está sempre em relação com o Outro. O aspecto biológico determina o sexo da criança (em geral associado à genitália externa) e dá a ela uma *identidade genital* (menino ou menina). A maneira como a criança é vista e tratada enquanto ser sexuado forma, por volta dos dois anos e meio, sua *identidade de gênero*, ou a sensação interna de pertencer ao gênero masculino ou feminino.

Na nossa cultura, as meninas recebem em geral mais contato físico e cuidados afetivos, sendo mais estimuladas quanto à vaidade e aos comportamentos de dependência; meninos, por sua vez, recebem um tratamento mais duro, que os direciona para comportamentos de força, esperteza e competitividade. Dessa forma, desenvolvem a capacidade de se vincular socialmente enquanto homem ou mulher, ou seu *papel de gênero*: "O homem não deve chorar, não deve exteriorizar muito seus sentimentos, porque isso seria uma característica feminina. A mulher, por sua vez, não pode demonstrar força nem determinação, pois isso é próprio do comportamento masculino" (ibidem, p. 31).

Ao longo de toda a infância e adolescência, e dependendo do desenvolvimento afetivo da criança (que se dá basicamente por meio do relacionamento com suas figuras de apego),[5] vai-se definindo uma sensação interna sobre a capacidade de se relacionar amorosa e sexualmente com outra pessoa. O reconhecimento da atração sexual pelo outro envolve sentimentos como a paixão, o desejo, o prazer, assim como seus opostos, como o ódio, a repulsa, a indiferença. A escolha de nosso objeto de desejo é chamada de *orientação sexual*, podendo ser dirigida a alguém do sexo oposto, a alguém do mesmo sexo ou às duas possibilidades. Costa coloca muito apropriadamente que esse relacionamento não é apenas de natureza sexual, podendo envolver também amor e afeto; prefere, portanto, usar o termo *orientação afetivo-sexual*, enfatizando que "uma pessoa, qualquer que seja sua orientação afetivo-sexual, só será feliz se estiver em sintonia e em paz consigo mesma" (ibidem, p. 41).

Algumas pessoas tendem a pensar em um casal formado por pessoas do mesmo sexo como uma caricatura ou uma réplica malfeita de um homem e uma mulher, imaginando que estes cumprem as funções de gênero tradicionais, de forma complementar e estereotipada: existiria, na imaginação popular, um macho e uma fêmea, um ativo e um passivo. O estereótipo cultural de que um parceiro desempenha o papel tradicional de "marido", enquanto o outro desempenha o papel tradicional de "esposa", ocorre apenas entre uma minoria (creio que isso não ocorre, atualmente, nem mesmo com a maioria das relações entre homens e mulheres!!!). Já no início dos anos de 1970, estudos comprovaram que apenas 7% dos casais do mesmo gênero organizavam seus relacionamentos dessa forma (Weinberg, 1970, apud Green

---

5. A esse respeito, ver capítulo de Gilda Montoro, "Amor conjugal e padrões de relacionamento".

& Mitchell, 2002). Podemos supor que esses casos, embora ainda existam, sejam mais raros.

Considero que o relacionamento desejável para a maioria dos casais, seja ele formado por um homem e uma mulher, seja por duas pessoas do mesmo sexo, contemple um equilíbrio razoável de poder entre os dois parceiros, assim como uma divisão das tarefas tanto funcionais quanto emocionais, normalmente associadas ao gênero feminino ou ao masculino; é também importante que cada membro do casal sinta-se respeitado em seus desejos e em suas características de personalidade.

Casais formados por duas mulheres ou por dois homens geram problemas relacionados às questões de gênero diferentes, uma vez que temos a junção de duas pessoas com identidade de gênero iguais, feminina ou masculina.

## Mulheres

Em alguns casais de lésbicas, muitos dos problemas encontrados têm ligação com a tradicional desvalorização da mulher. Algumas vezes, a expectativa em relação à companheira é exagerada, como se fosse esperado que a outra compensasse sua "deficiência" por não ser homem, preenchendo requisitos perfeccionistas e inatingíveis.

Mesmo lésbicas com aparência muito masculina tiveram um processo de desenvolvimento e socialização feminino, o que determina que respondam à maior parte das questões ligadas à identidade de gênero como mulheres. Desse modo, duas lésbicas que vivem juntas reagirão de forma muito semelhante em alguns tópicos, por exemplo, na manifestação de raiva e hostilidade ou na forma de lidar com o poder.

A terapia com um casal de lésbicas deve ter sempre uma preocupação quanto aos papéis de gênero, pois as expectativas ligadas ao gênero feminino marcam todos os aspectos da interação entre as duas, e não apenas o sexual. Espera-se que uma mulher (neste caso, as duas) seja especialista em empatia, em entender e aceitar os problemas e as necessidades da outra, que esteja sempre disponível e interessada; ao mesmo tempo, deve funcionar individualmente de forma independente e auto-suficiente.

Essa expectativa idealizada é ainda mais complicada pelo fato de que cada uma espera que a outra cumpra a função emocional de cuidadora da relação. Pelo mesmo motivo, uma mulher costuma ter dificuldades para expressar a raiva (o que é considerado muito masculino), e, quando o faz, essa manifestação vem de forma indireta, com freqüência ligada a sentimentos de culpa e vergonha. E não é esperado que demonstre muito interesse em sexo. Em suma, "cada mulher espera que sua parceira seja uma boa 'esposa', e que não tenha nenhum dos defeitos associados ao estereótipo do 'marido'" (Brown, 1995, p. 282).

Casais de lésbicas têm pouquíssimos modelos para ajudá-las a enfrentar as dificuldades do relacionamento; como não é fácil se identificarem com os casais heterossexuais com quem convivem, ficam inseguras sobre o que constitui um casal de lésbicas "normal", sobre qual seria um funcionamento adequado e satisfatório.

Uma outra questão no vínculo entre duas mulheres é o problema com as "fronteiras" da relação, cujo sintoma é, freqüentemente, uma intolerância com respeito às diferenças e discordâncias, e ao grau de distanciamento entre as parceiras. As teóricas feministas descrevem esse fenômeno como uma tendência feminina à repetição do vínculo primário entre mãe e filha (com suas características simbióticas), em que os limites do ego são mais permeáveis e existe uma grande capacidade para manter e aprofundar uma relação de intimidade (Chodorow, 1979; Jordan et al., 1991; Burch,1987, apud Brown, 1995).

A percepção de que as necessidades e os desejos das duas parceiras são muito similares leva a uma relação inicial fortemente idealizada e de muita entrega; essa percepção inicial das semelhanças, uma entendendo perfeitamente a outra sem que precisem sequer falar, pode trazer uma grande decepção e muitas brigas, à medida que o tempo passa e as diferenças e discordâncias emergem. Também as tentativas de autonomia ou independência, como ter algum tipo de lazer individual ou manter amizades independentes do vínculo conjugal, podem ser vistas como uma ameaça, uma vez que o desejo de distanciamento pode significar um rompimento. O conflito pode-se agravar quando as necessidades individuais de uma exacerbam os comportamentos de controle e dependência da outra.

Um casal formado por duas mulheres produz com freqüência um relacionamento que tende ao emaranhamento e à fusão (o que algumas vezes é até percebido pelas duas como desejável). Brown sugere que essas situações devem ser explicitadas para a dupla, como um problema normal e comum a casais de lésbicas, que ele chama de "estratégias de normalização". Ao compreender as dificuldades para construir uma relação lésbica em uma sociedade heterossexual, as duas companheiras podem ficar mais seguras sobre o que sentem.

*Após seis anos de convivência, Ana e Tereza me procuraram por um motivo muito similar a esse. Ana queixava-se de que Tereza queria fazer tudo sozinha ou com outros amigos; isso a fazia deduzir que sua companheira já não gostava mais dela, o que lhe provocava uma dor insuportável. Tereza, por seu lado, afirmava que se sentia sufocada, asfixiada, e que não conseguia fazer nada individualmente sem que fosse muito cobrada e até mesmo agredida; isso a deixava com muita raiva, mas também com muita culpa, por fazer sua companheira infeliz. Tereza deixava claro que, quanto mais Ana tentava controlar sua vida, mais vontade tinha de sair sozinha e esconder a verdade, o que, por sua vez, obviamente alimentava o ciúme, a desconfiança e, naturalmente, as necessidades de controle da Ana.*

*Após algumas sessões, pedi que fizessem uma "escultura"[6], ou imagem simbólica da relação no momento atual. Ana faz uma imagem em que Tereza fica de costas para ela, olhando com interesse o "vasto mundo", enquanto ela tenta segurar a companheira, abraçando-a pelas costas. No seu próprio papel, Ana faz um solilóquio,[7] dizendo que se sente desesperada, pois está perdendo o seu amor e que não sabe o que fazer, a não ser agarrá-la pedindo para não ir (cobrando, fazendo chantagem, ficando doente etc.). Peço que Ana faça*

---

6. *Escultura* é uma das técnicas derivadas do psicodrama, muito utilizada por terapeutas de casal e família de diversas abordagens. Ao montar ou "esculpir" uma imagem simbólica de uma relação, o cliente entra em contato com emoções profundas que, extrapolando o verbal e a razão, permitem uma expressão muito mais rica da sua realidade interna. Quando realizada numa sessão de casal, e dirigida por um terapeuta com um bom domínio da técnica psicodrámatica e atento ao aspecto do aquecimento dos protagonistas, a escultura possibilita que aflorem significados profundos sobre o vínculo conjugal, de forma espontânea e criativa.

7. *Solilóquio* é uma das técnicas verbais do psicodrama; pede-se ao cliente, em determinado momento da dramatização, que "pense em voz alta", com o objetivo de ajudá-lo a expressar níveis mais profundos de sentimentos e pensamentos. "(...) é usada pelo paciente para duplicar sentimentos e pensamentos ocultos que ele teve, realmente, numa situação com um parceiro em sua vida, ou que tem aqui e agora, no momento do desempenho. O seu valor reside em sua veracidade. Seu propósito é a catarse" (Moreno, 1975, p. 245).

*uma inversão de papel*[8] *com sua parceira: Ana, no lugar de Tereza, diz que o mundo é mesmo muito interessante e que neste momento da sua vida ela, Tereza, quer explorá-lo; sente-se muito presa na relação, com a outra agarrando-a daquele jeito.*

*Voltando à imagem inicial de Ana, com Tereza desempenhando seu próprio papel, esta afirma que o mundo é, sim, muito interessante e que se sente mesmo muito presa (confirmando a percepção de Ana), mas diz que gosta muito da companheira e que não quer se separar nem perder a relação; gostaria apenas que Ana confiasse mais nela e que entendesse sua necessidade de liberdade.*

*Tereza, por sua vez, faz uma imagem na qual está sentada, encolhida (quase em posição fetal), com Ana abraçando-a por inteiro, prendendo seus braços e pernas; diz, em solilóquio, que se sente um passarinho preso numa gaiola de ouro, toda macia, acolchoada, com "tudo do bom e do melhor", mas, mesmo assim, presa! Afirma que precisa voar, bater as asas, ter liberdade, senão morre, mas que não quer fugir da gaiola para sempre, pois gosta de lá. Ao fazer a inversão de papel, entrando no lugar de Ana, como a gaiola que a abraça, Tereza fica muito emocionada: diz que aquilo é uma injustiça; que ela, Ana, cuida de Tereza com todo o amor e carinho, que faz tudo que a outra precisa e que não a está prendendo, mas simplesmente cuidando, amando. Voltando à imagem inicial de Tereza, Ana, no seu próprio papel, confirma exatamente as colocações feitas pela outra, acrescentando que tem muito medo de que a companheira queira voar para longe, e para sempre.*

*Proponho, então, que as duas façam juntas uma terceira imagem, de como gostariam que fosse a relação entre elas; minha proposta implica construírem algo juntas, mas considerando as necessidades de cada uma. Tereza inicia sugerindo que fiquem lado a lado, de mãos dadas; assim podem-se movimentar, olhar uma para a outra,*

---

8. *Inversão de papel* é uma das técnicas clássicas mais utilizadas no psicodrama; consiste no protagonista tomar o papel do outro e representá-lo, com sua percepção interna sobre os sentimentos e os pensamentos dele. É uma técnica essencial, especialmente na terapia de casal, pois, estando os dois presentes na cena, cada um tem a possibilidade não só de perceber melhor o outro, mas também a si mesmo, vendo-se pelo olhar do parceiro. No caso citado, as inversões de papel da dupla demonstram um bom desenvolvimento emocional e uma boa capacidade télica de cada uma, pois, apesar das queixas e das mágoas mútuas, as duas conseguem, ao entrar no papel uma da outra, perceber com razoável clareza como a companheira se sente.

*mas também contar com certa liberdade, podendo apreciar outras coisas. Ana, no seu papel, diz que se sente bem ali, mas que tem um certo medo de que Tereza queira distanciar-se, abandonando-a, ao que sua parceira responde dizendo que gosta de estar ali, ligada à Ana; repete que não deseja se separar e ficar longe, mas que não agüenta mais ficar sufocada como antes.*

*As duas terminam a sessão emocionadas, abraçando-se e rindo, com Ana brincando que não pode dar um abraço muito apertado para não correr o risco de a outra querer fugir.*[9]

O terapeuta deve estar preparado para ajudar o casal formado por duas mulheres a lidar com seus conflitos da forma mais direta e aberta possível. A falta de modelos bem-sucedidos explícitos torna difícil não só para o casal compreender o conflito pelo qual estão passando, mas também aos terapeutas, que sofrem dessa mesma desinformação. Precisamos nos familiarizar com a dinâmica específica que existe entre duas mulheres ou entre dois homens; duas pessoas do mesmo gênero compartilhando suas vidas passam por questões como "ter ou não filhos", "como cuidar dos filhos existentes", "assumir ou não a relação perante as famílias de origem ou os colegas de trabalho", "mudar de emprego e de cidade". Quanto mais contato e mais conhecimentos sobre casais do mesmo sexo tiver o terapeuta, mais informações ele poderá dividir com seus clientes sobre as dificuldades que estes vivem.

## ■ Homens

A junção de dois homens em um relacionamento amoroso é também freqüentemente fonte de problemas, ligados à identidade de gênero, da mesma forma que ocorre no casal de lésbicas. Homens *gays* também crescem e se desenvolvem numa sociedade heterossexual e heterocêntrica, mas aprendem o seu papel de gênero que os leva a se

---

9. Em outros momentos deste processo terapêutico, trabalhamos as necessidades de fusão e controle por parte de Ana, ligadas a sentimentos de abandono, vivenciadas por ela em suas relações primárias com a mãe e o pai. Foram igualmente abordados a dificuldade de entrega e o medo de ser devorada ou de perder a identidade de Tereza, também relacionadas às suas vivências mais primitivas.

comportarem como "homens" numa relação afetiva, ou seja, a serem os "maridos".

De modo geral, os homens são menos preparados, em nossa sociedade, para conviver em intimidade com alguém e para investir na manutenção do vínculo. Embora essa afirmação possa parecer estereotipada, pesquisas norte-americanas comprovam que os homens aprendem melhor a manter o controle emocional, a expressar a raiva, a tomar a iniciativa sexualmente, mas não são igualmente socializados para mostrar suas emoções, demonstrando mesmo dificuldades em reconhecer sentimentos de ternura, necessidades de colo e aconchego (David & Brannon,1976; Orbach & Eichenbaum,1983; Pleck & Sawyer, 1989, apud Brown, 1995).

Um casal formado por dois homens reflete em dobro as características e os problemas ligados às peculiaridades do sexo masculino; na formação de sua identidade de gênero, os homens têm um déficit na busca e na manutenção de relações de intimidade. De forma geral, o mundo masculino os impulsiona em direção à competitividade e à diferenciação.

Outro aspecto relevante é o processo de socialização que o gênero masculino sofre na cultura ocidental, que os leva a responder de uma forma sexualizada na procura de um relacionamento. Muitos casais *gays* se formaram, e ainda hoje se formam, tendo um início puramente sexual. O advento da Aids, no entanto, mudou muito dos costumes sexuais, com a comunidade *gay* sendo, sem dúvida nenhuma, a mais afetada nos últimos anos. O número significativo de mortes causadas pela doença tornou imperativa a prática de sexo seguro, evitando-se relações promíscuas, o que trouxe a necessidade de se cultivar o relacionamento, com a construção e a manutenção de uma parceria duradoura e monogâmica. Muitos homens *gays* dizem ter dificuldade em manter o interesse sexual por um parceiro antigo, numa relação de longo prazo.

Não é fácil manter um casamento *gay* quando o aprendizado e a experiência a respeito das habilidades emocionais necessárias à manutenção de uma relação íntima duradoura são limitados. A maior proximidade e o aprofundamento do vínculo trazem uma intensidade emocional que muitos parceiros não conseguem compartilhar nem expressar.

A terapia com casais formados por dois homens deve focar, inicialmente, a explicitação das crenças de cada um acerca do que seria um comportamento masculino adequado. Abordar a opressão internalizada, ainda que inconsciente, causada por uma socialização em que a homofobia é uma constante (mais ainda no caso dos *gays*) é essencial para ajudar o casal a rever seus próprios estereótipos sobre como se comporta um homem em um vínculo homossexual.

É importante que o processo terapêutico passe por uma avaliação do significado de ser homem, com uma compreensão e uma ressignificação do papel masculino. O estereótipo homofóbico sobre o homem *gay* contrasta violentamente com a imagem heterossexista a respeito da masculinidade, deixando poucas saídas para um casal homossexual. O padrão "macho" é um tipo forte, que não expressa grandes emoções de ternura. Alguns *gays*, pressionados pelo estereótipo de serem "bichinhas delicadas", adotam uma postura exageradamente "de macho", como uma defesa contra o preconceito. O cultivo do corpo forte, malhado, que tem adquirido valor crescente na atualidade, vem reforçando a adoção dessa postura.

Os parceiros precisam sentir-se mais livres para experimentar trocas afetivas e expor suas necessidades emocionais, entendendo que este pode ser um caminho para a melhoria da relação e o aprofundamento do vínculo, com suas necessidades de confiança e entrega, e não como um desprezível sinal de "viadagem" ou de fraqueza.

A crença do terapeuta no sucesso de uniões homossexuais é essencial. Os mitos homofóbicos insistem na instabilidade da relação entre *gays*, e o terapeuta deve ter claro o que pensa a esse respeito, assim como ter consciência de seus medos em relação à Aids.

Um tema freqüente entre parceiros *gays* é a questão da monogamia e da fidelidade. De forma geral, os homens tendem mais que as mulheres a trair seus parceiros; uma relação entre dois homens, portanto, tem o dobro de chance de pelo menos um dos parceiros se envolver em uma relação extraconjugal. No passado recente, era bastante comum que os relacionamentos entre dois homens funcionassem de forma aberta, com uma concordância a respeito da não-monogamia sexual entre os parceiros, embora estes tentassem garantir a fidelidade emocional.

O advento da Aids trouxe a necessidade da adoção de práticas de sexo seguro, e hoje em dia muitos casais *gays* se debatem com esse problema. Alguns optam por continuar com uma relação aberta, aceitando a possibilidade de que os dois tenham sexo com terceiros por pura diversão, embora permaneça o medo sobre o quanto podem confiar que o parceiro esteja realmente se cuidando e praticando sexo seguro fora de casa.

Apesar de todas as possíveis interpretações psicológicas a respeito desta característica das relações entre *gays*, é interessante notar que diversos estudos têm mostrado que relações abertas de longo termo entre dois homens, quando os acordos sobre sexo extraconjugal são bem claros e explícitos (com quem, quando, onde, com que freqüência etc.), geralmente funcionam tão bem quanto os vínculos monogâmicos, com relação à estabilidade e à satisfação geral com o relacionamento (Blasband & Peplau, 1985; Blumstein & Schwartz, 1983; Kurdek, 1988, citados por Green & Mitchel, 2002).

As normas correntes para o relacionamento sexual masculino estão sofrendo mudanças cruciais, mas ainda não se definiu um padrão que possa servir de modelo. Pesquisas anteriores à descoberta do HIV situavam os dados sobre monogamia entre parceiros homossexuais abaixo de 18%; estudos mais recentes, entretanto, revelam que hoje 70% vivem relações monogâmicas e passaram a considerar as "escapadas" uma traição e uma ameaça à manutenção da intimidade (Blumstein & Schwart, 1983; Campbell, 2000, citados por Green & Mitchel, 2002).

Na pouca literatura existente sobre casais homossexuais, somos constantemente advertidos para a necessidade de o terapeuta entender as peculiaridades desse tipo de relacionamento dentro do seu contexto social e cultural; é essencial que o terapeuta, sobretudo se ele for heterossexual, entenda essa característica desta população e não confunda a ausência de fidelidade sexual com um fracasso no compromisso emocional entre os parceiros. Da mesma forma, é necessário que o terapeuta tenha conhecimento sobre Aids e suas formas mais freqüentes de transmissão, assim como sobre a prática de sexo seguro, pois é fundamental sentir-se confortável ao tratar desses temas, que necessariamente aparecerão.

Deve-se ter abertura suficiente para explorar com o casal seus acordos a respeito das "escapadas" sexuais, o significado disso para cada parceiro, e considerar também se existe ou não a necessidade de se redefinir, no momento presente, esses acordos passados.

Casais formados por dois homens tratam em geral a questão da monogamia ou dos relacionamentos extraconjugais de maneira muito aberta, conversando francamente sobre o tema e sobre as várias possibilidades existentes. No caso de os parceiros optarem por uma relação de fidelidade, no entanto, sua decisão será posta à prova muitas vezes, pois a comunidade *gay*, de modo geral, não favorece nem protege a monogamia. A permissividade existente a esse respeito pode aumentar a instabilidade e a ambigüidade da relação, o que já é uma das características dos casais do mesmo gênero.

## ■ As ambigüidades no vínculo

Um relacionamento entre um homem e uma mulher, por mais que possa funcionar de maneiras diversas, pressupõe que cada um deles foi socializado e se desenvolveu de acordo com as expectativas sociais e culturais sobre seu próprio gênero. Apesar da grande transformação existente no significado de ser homem e de ser mulher, atualmente, iniciadas com o movimento feminista, bem como das incontáveis possibilidades de tipos de vínculo, grande parte dos casais heterossexuais contemporâneos, a despeito de suas aspirações igualitárias, desempenha papéis de gênero muito próximos aos tradicionais (no que se refere a cuidados com a casa, a alimentação, as responsabilidades com as crianças, os consertos domésticos, os cuidados com o carro etc.).

Um casal formado por duas mulheres ou por dois homens não consegue, obviamente, reproduzir de maneira natural a divisão tradicional dos papéis feminino e masculino. Ao mesmo tempo que existe um grande potencial para a divisão de tarefas, assim como para a igualdade no relacionamento, muito maior que nos casais heterossexuais, a inexistência de modelos causa um longo período de adaptação, enquanto os casais do mesmo sexo definem "quem é responsável pelo quê". Tarefas como ganhar dinheiro, cuidar da casa, preparar a alimentação, cuidar do vínculo do casal, tomar a iniciativa em sexo, conversar sobre sentimentos e problemas, manter a vida social, entre outras, não são facilmente estabelecidas, tornando-se um espaço para ambigüidades. E quando os parceiros se mantêm mais fixados ao papel de gênero tradicional para o qual foram treinados, os problemas tendem a aumentar.

De forma geral, os homens são preparados para se comportarem de forma mais independente, competitiva e dominadora, e as mulheres para serem mais afetivas, gregárias e cooperativas (Green,1998; Miller, 1976, citados por Green & Mitchell, 2002). Não é difícil imaginar alguns exemplos de conflitos vividos por casais formados por pessoas do mesmo gênero quando os indivíduos têm dificuldade para flexibilizar-se ante os desafios propostos pela semelhança dos papéis de gênero. No caso feminino, por exemplo, as mulheres podem cuidar muito bem uma da outra, mas ambas terem dificuldade em comunicar suas próprias necessidades à companheira; ou cada uma pode-se sentir incomodada a respeito de procurar a outra sexualmente; ou, ainda, a mulher que ganha mais dinheiro que sua companheira pode-se sentir culpada e tentar equilibrar o relacionamento diminuindo-se em outras áreas. No caso masculino, por sua vez, o homem que tem o trabalho com menor *status* e/ou ganhos financeiros pode tentar compensar sua "inferioridade" disputando o poder em outras áreas do relacionamento; ou os dois parceiros podem competir pela iniciativa no relacionamento sexual; ou pode ocorrer, ainda, de nenhum dos dois homens querer abrir mão de seu trabalho quando um dos parceiros é transferido para outra cidade.

As ambigüidades relacionais fazem parte dos vínculos homossexuais, e não existem soluções fáceis para resolvê-las. No entanto, explicitá-las é essencial para o casal adquirir maior consciência sobre o vínculo amoroso. Quanto mais claros e explicítos se tornam as regras e os acordos, e mais se definem as fronteiras do relacionamento, torna-se mais fácil evitar determinadas armadilhas nas quais é muito fácil tropeçar.

O início de uma relação homossexual muitas vezes determina a ambigüidade subjacente ao vínculo. Em geral, parceiros do mesmo sexo decidem ficar juntos sem ter passado por uma longa fase de namoro e conhecimento mútuo, sem comemorar ou celebrar a decisão (uma cerimônia de casamento, por exemplo), portanto, não contam com uma aprovação legal ou das respectivas famílias. Um dos aspectos centrais afetados pela ambigüidade é a percepção do casal a respeito do próprio compromisso. A partir de que momento dois parceiros do mesmo sexo se sentem compromissados ou "casados": quando passam a morar juntos ou após determinado tempo de coabitação? Quando passam a sentir ou acreditar que têm um vínculo seguro e duradouro, que serão "felizes para sempre", "até que a morte os separe"?

É verdade que essa mesma indefinição pode existir entre um homem e uma mulher que optam por apenas viverem juntos, em vez de se casarem; no entanto, estes têm a opção de legalizarem a união a qualquer momento (fato que freqüentemente acontece), o que é ainda vedado aos homossexuais.

O término de uma relação homossexual, por sua vez, também deixa um sentimento de perda ambíguo, uma vez que a separação ocorre de modo informal, algumas vezes sem um ponto final claro — o que acontece nos divórcios legais, com todos os seus rituais de separação. É bastante freqüente que os ex-companheiros se tornem amigos, mantendo-se um na rede social próxima do outro, como fonte de apoio e afeto. Isso ocorre especialmente com casais formados por lésbicas, devido à sua tendência mais afetiva, gregária, e à necessidade de aprofundamento das relações, característica mais presente no sexo feminino.

A manutenção de um vínculo próximo entre ex-parceiros, pessoas que foram centrais uma na vida da outra, se, por um lado, pode ser vista como positiva, por outro, muitas vezes interfere nos novos relacionamentos, sendo este um tema freqüentemente abordado na terapia de casais do mesmo sexo. O terapeuta precisa explorar com o novo casal quão importante é a ligação com o ex-companheiro e o quanto ela interfere no relacionamento atual.

Outras indefinições envolvem as já mencionadas questões sobre monogamia, aspectos financeiros, responsabilidades e cuidados de um pelo outro, questões de herança etc. Diferentemente do que ocorre com casais heterossexuais, é raro que dois *gays* ou duas lésbicas tenham sua relação solidificada pela presença de filhos. A esse respeito, alguns países têm começado a rever suas leis, tratando do reconhecimento da união civil entre homossexuais, considerando mesmo a adoção de crianças por esses casais.

Todos esses aspectos são relevantes e precisam ser abordados numa terapia com casais do mesmo sexo, pois essa realidade muitas vezes causa uma indefinição no grau de compromisso entre os parceiros, assim como uma predisposição inconsciente que favorece a precipitação de separações.

## A família de origem

Alguns homossexuais afirmam que só consideram capaz de entender os meandros psicológicos pelos quais passa um casal do mesmo sexo uma pessoa que tenha crescido como *gay* ou lésbica no nosso mundo heterossexual. Argumentam que, em outros grupos pertencentes às minorias (raciais ou religiosos, por exemplo), as crianças podem-se identificar com seus pais, observá-los e aprender com eles a lidar com atos discriminatórios presentes no dia-a-dia. Pais e filhos constroem uma forte identificação como grupo minoritário e estão do mesmo lado contra a discriminação. Isso não acontece com homossexuais, que não pertencem ao mesmo grupo que seus pais, não podem aprender com eles como lidar com a homofobia e, com freqüência, são discriminados, rejeitados e oprimidos pela própria família.

A revelação da homossexualidade de um filho é enfrentada da mesma forma como a família habitualmente lida com problemas; é provável que as mais distantes e evitadoras de conflito continuem a fazer o mesmo com esse assunto; pais mais invasivos e críticos, com certeza não se tornarão subitamente respeitosos ante a opção do filho. Uma pesquisa norte-americana mostra que 50% de *gays* e lésbicas não conseguiram assumir a homossexualidade perante seus pais, enquanto 25% deles não se assumiram perante suas mães. Entre aqueles que ousaram expor sua orientação sexual, no entanto, apenas uma porcentagem de 10 a 15% se sentiu totalmente confortável e aceito pela família; do restante, de 70 a 75% deles obtiveram algum grau de aceitação e, os demais, de 10 a 15%, sentiram-se não aceitos ou rejeitados, mesmo em longo prazo (Savin-Williams, 2001, apud Green & Mitchell, 2002).

De forma geral, a terapia familiar considera importante que *gays* e lésbicas se assumam perante suas famílias, incentivando seus clientes a fazerem isso. O modelo boweniano, particularmente, que enfatiza a necessidade de diferenciação do *self*, pressupõe essencial não esconder um "segredo" desse porte da família de origem. Decidir não se expor, no entanto, pode significar um desejo de evitar conflitos ou tensões, que se sabem inevitáveis, com a família, ou mesmo um cuidado com a própria sobrevivência física ou econômica perante a família ou a comunidade em geral.

Um dos problemas mais doloridos relacionados à homofobia refere-se à não-aceitação pela própria família, com a possibilidade de rejeição ou de marginalização, e não por algo que se tenha feito, mas por algo existencial. A busca por aceitação é particularmente importante aos indivíduos, ou aos casais, que tenham um maior envolvimento com suas famílias, com poucas fontes de apoio externas; esses casos são psicologicamente mais sensíveis à desaprovação. Em geral, quando o homossexual assume sua orientação e é aceito pela família, o parceiro pode passar a freqüentar a casa ou participar de momentos festivos, sendo até bem tratado. No entanto, dificilmente ele/ela é tratado abertamente como um genro, ou uma nora, um verdadeiro membro da família.

O relacionamento com a família de origem pode gerar conseqüências no vínculo do casal do mesmo sexo, como:

— conflitos relacionados à aceitação e à inclusão por apenas uma das famílias;
— dificuldades ligadas à exclusão de um parceiro pela família do outro, em momentos festivos e em outras datas importantes.

Ter de freqüentar só, como um indivíduo solteiro, eventos familiares (ou mesmo profissionais), com certeza interfere e machuca qualquer casal, por melhor que seja o relacionamento.

A busca por compreensão e apoio familiar é sempre importante para o casal; no entanto, alguns deles precisam fazer o movimento contrário, pondo limites ou se afastando de suas famílias, como uma forma de proteger o vínculo conjugal. O *gay* ou a lésbica devem-se afirmar perante a família em seu direito a ter um compromisso legítimo com parceiro do mesmo sexo. Em alguns casos, o(a) filho(a) homossexual precisa colocar fronteiras muito claras, insistindo com a família para que seu(sua) companheiro(a) seja tratado(a) com respeito; em outros, a insistência na reconciliação, no papel de mediador, na explicitação do desejo que o(a) companheiro(a) seja aceito(a) e bem tratado(a), funciona melhor do que ameaças. O terapeuta deve avaliar com o casal qual a dinâmica de funcionamento de cada família e que atitudes funcionariam melhor para cada caso.

Nem sempre isso é possível. O sentimento de culpa muitas vezes leva o homossexual a comprometer a própria relação amorosa, em prol da família de origem, como forma de "recompensá-la pelo desgosto ou pela decepção" que provocou. No outro extremo do mesmo mecanismo, algumas pessoas optam por afastar-se da família, por não agüentarem uma reprovação — muitas vezes mais internalizada que factual —, abrindo mão do respaldo afetivo que pais e irmãos representam.

O filme *Servindo em silêncio*,[10] com a atriz Glenn Close, aborda de forma muito delicada, mas profunda, muitas das dificuldades vividas

10. *Servindo em silêncio* (filme para TV) (1995). Co-produção: Glenn Close e Barbra Streisand. Color., son.

pelos homossexuais. Passa-se nos Estados Unidos, por volta dos anos de 1970, mas o contexto psicológico ainda é semelhante ao atual: a protagonista, uma coronel do exército americano, servindo como enfermeira há 24 anos, é reconhecidamente capaz e eficiente, tendo sido até mesmo condecorada com uma medalha de bronze por sua atuação no Vietnã. Ao admitir sua condição de lésbica, numa entrevista supostamente confidencial com um membro do serviço militar, ela vê posto em risco não apenas seus anos de carreira militar, mas seu relacionamento com a própria família. A personagem de Glenn Close prefere lutar por seu senso de integridade, enfrentando a exposição pública de sua privacidade e, com isso, assumindo os riscos de sofrer uma rejeição por parte de seus filhos, seu pai e seus amigos.

No mesmo filme, a personagem da atriz Judy Davis afirma repetidas vezes que o importante é ter admitido para si mesma sua opção homossexual e assumido seu relacionamento amoroso, mas que não vê necessidade de expor sua condição para a família, por não desejar ofendê-los ou agredi-los. Na verdade, teme perder seu amor e respeito.

A melhor maneira de se ajudar *gays* e lésbicas a conseguirem um melhor relacionamento com suas famílias é trabalhar inicialmente sua própria homofobia internalizada; quando a aceitação da própria orientação sexual é ampliada, é mais provável que se consiga a compreensão e o suporte da família. A auto-aceitação favorece muito a adaptação e a aceitação por parte da família, uma vez que o indivíduo terá menos reações emocionais e mais assertividade quando tiver de lidar com a homofobia familiar.

Green & Mitchell (2002) sugerem que as intervenções com a família de origem podem incluir: 1) tarefas semelhantes às sugeridas por Bowen, nas quais o cliente dá alguns passos em direção à diferenciação do ego em sua família de origem, sem a presença do terapeuta; 2) sessões familiares conjuntas, com todos os membros da família de origem presentes; 3) as duas opções.

## ■ A rede social de apoio — a família escolhida

Com raras exceções, é muito difícil a identificação de um homossexual com seus pais, no que diz respeito à orientação sexual. Muitos adolescentes se desenvolvem com um profundo sentimento de solidão, não se sentindo apoiados nem preparados para lidar com a homofobia existente no grupo social. Para poderem sentir-se compreendidos e se identificarem com alguém, *gays* e lésbicas quase que invariavelmente têm de contar uns com os outros, muito mais que com membros heterossexuais da própria família.

Weston fez um interessante estudo sobre homossexuais e suas experiências de vida, no qual explicitou sua maior abertura psicológica, comparados aos heterossexuais, para considerar outros vínculos não biológicos como família; criou então o termo "família de escolha", muito utilizado por terapeutas de diversas tendências (Weston, 1991, apud Green & Mitchell, 2002). A compreensão, o apoio emocional e mesmo a ajuda concreta podem ser encontrados mais facilmente em amigos do que na família. Podemos afirmar que o bem-estar psicológico de um *gay* ou de uma lésbica depende muito desse suporte. Casais homossexuais bem resolvidos têm uma ampla rede social de amigos, que em geral se relacionam entre si; quando essa interconexão de vínculos de amizade existe há longo tempo, começa a ter características de família, por isso se fala em "família escolhida".

Alguns estudos sugerem que o apoio da rede social, que pode incluir membros da família biológica, chega a ser bem mais relevante para o bom funcionamento desses casais que o suporte de suas famílias (Campbell, 2000; Kurdek, 1988; Ropper, 1997; Smith & Brown, 1997, citados por Green & Mitchell, 2002). Podemos supor que os amigos são ainda mais importantes para indivíduos que mantêm pouco contato com seus pais e irmãos — por esse motivo, é tão importante que nós, terapeutas, levemos em conta e prestemos atenção nas famílias escolhidas, tanto quanto nas de origem.

Uma forma de se avaliar essa rede é pela realização do Átomo Social[11] dos dois companheiros. Verificar qual a posição sociométrica[12] que cada pessoa importante ocupa nesse átomo social (que inclui o Átomo Familiar[13]) e fazer a interconexão das redes dos dois parceiros

---

11. *Átomo Social* é um método de auto-apresentação que explicita "o núcleo de todos os indivíduos com quem uma pessoa está relacionada emocionalmente" (Moreno, 1975, p. 239), assim como sua posição em relação ao grupo social.

12. *Teste Sociométrico* é um instrumento criado por Moreno (1972) que possibilita investigar a natureza dos vínculos em um grupo. A posição sociométrica refere-se ao relacionamento do indivíduo com cada componente do grupo e, no caso, à rede de relacionamentos formada pelos átomos sociais dos dois parceiros.

13. *Átomo Familiar* é uma variante do Átomo Social, em que a pessoa apresenta todos os membros da sua família e seu relacionamento com cada um deles.

podem-se revelar uma excelente estratégia de intervenção, por ser ao mesmo tempo diagnóstica e terapêutica.

O terapeuta deve estimular o casal a procurar e aprofundar vínculos de amizade, deixando claro a importância dessa rede social na vida de cada indivíduo e também do casal *gay* ou de lésbicas.

## Terapeutas e terapia

Ao longo dos anos, em contato com colegas, supervisionandos e alunos dos cursos de formação em Terapia de Casal e Família, tenho deparado com terapeutas, alguns formados há muitos anos e com longa experiência clínica, treinados para entender e aceitar as diferenças da alma humana, que claramente não superaram seus preconceitos em relação aos homossexuais. O homossexualismo foi retirado da lista de doenças (DSM), pela Associação Americana de Psiquiatria, há mais de trinta anos, mas ainda hoje é freqüente vermos manifestações claras de homofobia, que sinalizam que a escolha por um parceiro do mesmo sexo continua a ser vista por muitos como uma aberração, uma forma de perversão sexual ou, para os mais condescendentes, uma patologia.

Uma questão inicial no atendimento a casais do mesmo sexo é a forma como nos referimos ou nomeamos esses clientes, e o terapeuta heterossexual pode ter algumas dificuldades a esse respeito. Aliás, ao lidarmos com qualquer minoria da qual não fazemos parte, essas dificuldades podem aparecer. Em caso de dúvida, é indicado tomar o cuidado de perguntar às pessoas que estamos tratando quais palavras e expressões preferem que usemos. Certa vez atendi a dois homens que, ironizando os estereótipos sobre os *gays*, com freqüência se chamavam de "viados", mencionavam a cor rosa e brincavam um com o outro: "*deixa de viadagem*"! Certamente, não seria tão bem aceito se eu utilizasse os mesmos termos.

Uma das principais funções desempenhadas por nós durante o processo terapêutico refere-se à explicitação do compromisso emocional entre os dois parceiros, especialmente se o casal se encontra em um estágio inicial do vínculo. Algumas vezes, esse esclarecimento envolve questões de lealdades familiares ou de alianças com amigos ou ex-parceiros; outras vezes, refere-se à necessidade de um parceiro dar garantias, por exemplo, de fidelidade, cuidados mútuos etc., para diminuir a insegurança do outro, potencializando assim a satisfação e a durabilidade do vínculo.

Alguns autores sugerem que o casal seja encorajado a fazer algum tipo de cerimônia de compromisso; Green & Mitchell (2002) chegam a recomendar o livro *The essential guide to lesbian and gay weddings* (Ayers & Brown, 1999); da mesma forma, sugerem que casais que conseguem visualizar sua relação como um compromisso para toda a vida devem procurar criar documentos legais que tragam maior estabilidade ao vínculo (referentes, por exemplo, a questões de saúde, pensão, seguros ou herança).

Questões de gênero devem ser abordadas, analisando-se com os clientes as formas como eles foram socializados dentro de seu papel de gênero; freqüentemente, o terapeuta precisa desafiar as crenças de cada parceiro sobre o significado de ser homem ou de ser mulher, da mesma forma que faz com casais heterossexuais. Quando existem controvérsias ou mesmo ambigüidade sobre as tarefas do dia-a-dia (quem faz o quê, concretamente), ou sobre os cuidados afetivos (quem cuida do quê, emocionalmente), o trabalho terapêutico consiste na explicitação do conflito, ajudando o casal a redefinir suas posições. O mesmo se passa quando a ambigüidade é relativa à monogamia, sendo sempre necessário explorar o significado emocional, para cada um, das diferenças de posicionamento.

As intervenções terapêuticas devem ajudar os parceiros a esclarecer as expectativas, assim como os acordos já negociados, tanto em áreas nas quais o casal manifeste problemas quanto naquelas que nunca foram abordadas, mas que podem conter ambigüidades. Essa ampla explicitação favorece uma maior segurança no relacionamento, o que aumenta a crença na durabilidade e o investimento feito no vínculo.

Não podemos perder de vista que cada casal é um casal, e que não se pode desejar nem esperar que, ao final de uma terapia bem-sucedida, eles se pareçam uns com os outros, tampouco que casais homossexuais venham a se parecer com casais heterossexuais. No entanto, concordo plenamente com Green & Mitchell (2002), que afirmam que um casal tem maior probabilidade de funcionar bem quando os acordos e o grau de compromisso entre os parceiros estão explicitados com clareza, e quando a relação entre eles recebe prioridade sobre outros relacionamentos no que se refere a envolvimento emocional, cuidados um com o outro, tempo conjunto, honestidade e influência sobre decisões importantes. Esses autores sugerem que muitos casais homossexuais podem ser ajudados por determinadas perguntas, cujo objetivo é eliciar respostas claras, independentemente da queixa trazida. São elas:

1. "Como vocês definem o que é um casal (ou o que significa para vocês o fato de serem um casal)?"
2. "Como é sua história como casal?"
3. "Como o fato de vocês terem se tornado um casal afetou sua relação com outros membros da família, amigos, a comunidade *gay* e a comunidade heterossexual?"
4. "Quais são as regras do relacionamento a respeito de monogamia ou de sexo extraconjugal? Quais são as regras sobre a prática de sexo seguro com o parceiro e/ou com outros (pedindo que sejam bem explícitos a respeito das práticas sexuais que evitem a transmissão da Aids)?"
5. "Quais são os acordos entre vocês sobre: finanças; gastos mensais; dívidas presentes ou futuras; compartilhamento ou separação dos recursos financeiros; posse conjunta de propriedades; outras questões de planejamento financeiro?"
6. "Quem é responsável por quais funções no relacionamento; tarefas na casa? Como é o processo de decisão sobre a divisão ou o compartilhamento de funções e tarefas? Vocês estão satisfeitos com a forma como isso vem sendo feito no momento?"
7. "O que vocês vêem como obrigações de um para com o outro em relação aos cuidados em doenças ou acidentes?"
8. "Vocês vêem esse relacionamento como um compromisso para toda a vida? Se a resposta for afirmativa, vocês pensaram em ter documentos legais que garantam seus direitos, tanto em relação aos cuidados como à herança, para proteger os interesses um do outro em caso de doença séria ou morte?"

Ao atender casais homossexuais, o terapeuta deve ter muito claro, dentro de si, que a orientação sexual por parceiro do mesmo sexo pertence a uma minoria sexual, mas que não se trata de uma questão patológica. É essencial ao processo terapêutico a crença na viabilidade da relação e o desejo genuíno de ajudar aquele casal. Da mesma forma, a consciência das próprias respostas e/ou sentimentos negativos quanto à homossexualidade é essencial para o terapeuta poder se aliar ao casal de forma eficaz.

Sanders (2002) sugere que a terapia com casais do mesmo sexo deve iniciar-se com uma reflexão aberta sobre os preconceitos, um método interventivo que denomina "reflexão efetiva". Questiona o casal sobre o tipo de preconceito que eles têm sofrido; como isso tem afetado a vida deles; como evitam os efeitos da discriminação. Refletir também sobre a possibilidade de o próprio terapeuta, baseando-se em pressupostos heterossexuais, eventualmente agir de forma preconceituosa durante o processo terapêutico, isso abre canal para um vínculo de confiança, propiciando uma aliança terapêutica positiva. Esse mesmo autor sugere, ainda, como essencial no trabalho com casais *gays*, estimular os dois homens a valorizarem a existência de sentimentos muito fortes e positivos entre si, ampliando a percepção de que a relação se baseia no amor de um pelo outro.

## Conclusões

Escrever sobre casais formados por pessoas do mesmo sexo é uma tentativa de tornar mais visível, para a comunidade terapêutica, algumas experiências e um pouco da cultura de um grupo sexual minoritário — o de pessoas que são atraídas e mantêm um relacionamento íntimo com parceiros do mesmo gênero. Suas características são em grande parte desconhecidas por nós, terapeutas heterossexuais. A falta de informações e o viés preconceituoso com certeza atrapalham muito o processo terapêutico — aliás, o viés preconceituoso pode ser conseqüência da própria falta de informações.

Como foi dito no início deste capítulo, casais do mesmo sexo são essencialmente parecidos com os casais formados por um homem e uma mulher no que se refere ao funcionamento. Os modelos teóricos e as estratégias de atendimento para ambos os casos são muito semelhantes.

Uma diferença essencial, no entanto, refere-se às expectativas que cada um tem a respeito do casamento. Os casais heterossexuais, em geral, iniciam o relacionamento com uma série de pressupostos: um vínculo monogâmico, finanças conjuntas, cuidados mútuos em caso de problemas de saúde ("na saúde e na doença"), mudanças de cidade, dependendo do desenvolvimento da carreira de um dos dois (em geral, do marido), cuidados financeiros e afetivos na velhice das respectivas famílias de origem, herança, direitos legais de um sobre o outro no que se refere ao seguro-saúde, à aposentadoria ou à ocorrência de incapacidade física ou mental de um dos parceiros. Nada disso ocorre de forma automática com casais do mesmo sexo. Em geral, as expectativas em relação a essas questões não são sequer mencionadas antes de o casal passar a viver junto. Muitas vezes, visões discordantes entre os parceiros só aparecem quando a expectativa de um ou de outro já foram frustradas, o que pode ocorrer de forma muito dolorosa.

Esse tipo de dificuldade permeia todo o vínculo. Esses são temas delicados a serem trabalhados, e a tendência dos indivíduos é adiar o conflito até que ele estoure. Por exemplo:

— O casal de *gays* ou de lésbicas vai compartilhar seus recursos financeiros, tanto no que se refere aos gastos mensais quanto aos eventuais ganhos ou acúmulo de bens?
— Um autorizará legalmente que o outro assuma os direitos de cuidar da sua saúde, em caso de doenças sérias ou de decisões médicas de emergência?
— Um nomeará o outro como seu beneficiário legal, com direito à herança, aposentadoria ou pensão?

Ou será que todos esses direitos e deveres devem ficar com a família de origem do indivíduo "solteiro"?

A intenção deste capítulo é levantar alguns aspectos importantes e servir de alerta a quem pretende trabalhar com essa população; o objetivo é que ele possa funcionar como uma introdução a um assunto muito pouco explorado. A literatura sobre *terapia de casal* pressupõe que os casais que procuram ajuda são heterossexuais. De fato, embora as últimas estatísticas apontem a existência de mais de 10% de homossexuais na população, pesquisas americanas mostram que nos últimos vinte anos apenas 0,006% dos artigos nas mais importantes publicações sobre terapia familiar abordam questões homossexuais (Clark & Serovich, 1997; Laird, 1993, 1996, citados por Green & Mitchell, 2002). Em português, a literatura é ainda mais escassa, o que contribui para que muitos terapeutas, entre nós, sintam-se inseguros quanto à forma de intervenção com casais do mesmo sexo.

Acredito que muitos profissionais com motivação e abertura suficientes, independentemente de sua orientação sexual, podem estar preparados para atender casais do mesmo sexo. O primeiro passo é reconhecermos os valores heterocêntricos em que estamos imersos e assumirmos que nenhum terapeuta, nem mesmo os homossexuais ou bissexuais, estão imune a reações homofóbicas.

O mais importante pré-requisito para ajudarmos casais do mesmo sexo é a sensação de conforto pessoal em relação ao vínculo amoroso e sexual entre dois homens ou duas mulheres. Temos que poder falar e fazer perguntas de forma explícita e direta, sobre qualquer tema homossexual, mesmo sobre problemas sexuais. O terapeuta que tiver qualquer dúvida, ou mesmo certa ambivalência a este respeito, terá uma postura mais ética, evitando esse tipo de atendimento.

## ■ Referências bibliográficas

ARRUDA, R. *Dias de ira.* São Paulo: Globo, 2001.

AYERS, T.; BROWN, P. *The essential guide to lesbian and gay weddings.* San Francisco: Harper, 1999.

BROWN, L. S. Therapy with same-sex couples: an introduction. In: GURMAN, A. S.; JACOBSON, N. S. *Clinical handbook of couple therapy.* 2. ed. New York: The Guilford Press, 1995.

COSTA, J. F. *A face e o verso.* São Paulo: Escrita, 1995.

COSTA, R. P. *Os onze sexos.* São Paulo: Gente, 1994a.

________. O amor homossexual. In: COSTA, M. (coord.). *Amor e sexualidade: a resolução dos preconceitos.* São Paulo: Gente, 1994b.

________. (coord.) *Um homem à frente do seu tempo: o psicodrama de Moreno no século XXI.* São Paulo: Ágora, 2001.

GREEN, R. J.; MITCHELL, V. Gay and lesbian couples in therapy: homophobia, relational ambiguity and social support. In: GURMAN, A. S.; JACOBSON, N. S. *Clinical handbook of couple therapy.* 3. ed. Nova York: The Guilford Press, 2002.

FONSECA, J. S. *Psicoterapia da relação: elementos de psicodrama contemporânea.* São Paulo: Ágora, 2000.

FREUD, S. Tres ensayos para una teoría sexual. In: *Obras completas.* Madri: Ed. Biblioteca Nueva. 1973, t. II.

MARVIN, C.; MILLER, D. Os casais de lésbicas na entrada do século XXI. In: PAPP, P. *Casais em perigo: novas diretrizes para terapeutas.* Porto Alegre: Artes Médicas, 2002.

MOHR, J. J. Same sex romantic attachment. In: CASSIDY, J.; SHAVER, S. S. *Handbook of attachment.* Nova York: Guilford Press, 1999.

MORENO, J. L. *Fundamentos de la sociometria.* 2. ed. Buenos Aires: Paidós, 1972.

________. *Psicodrama.* São Paulo: Cultrix, 1975.

SANDERS, G. L. Homens juntos: o trabalho com casais *gays* na atualidade. In: PAPP, P. *Casais em perigo: novas diretrizes para terapeutas.* Porto Alegre: Artes Médicas, 2002.

# Envelhecendo com amor: desafios e oportunidades

MARIA CECÍLIA V. D. BAPTISTA

*(...) a verdade essencial da vida: ela é um sistema instável no qual se perde e se reconquista o equilíbrio a cada instante; a inércia é que é sinônimo de morte. A lei da vida é mudar.*

(SIMONE DE BEAUVOIR)

O foco deste texto é o "envelhecer junto". Isso porque, atualmente, com a expectativa de vida ampliada, há cada vez mais casais de idosos que precisam, na grande maioria das vezes, resgatar o prazer de viver a dois, aprendendo a tirar proveito do momento presente, mesmo com todas as limitações inerentes a essa fase do ciclo vital.

Neste novo milênio, estamos constatando que o mundo está ficando cada vez mais grisalho, isto é, a proporção de idosos vem aumentando sensivelmente e a previsão é de que em 2050 tenha mais idosos que jovens no mundo. No Brasil há, hoje, perto de 13,5 milhões de idosos.

Atualmente, vive-se mais e em melhores condições de saúde física e psíquica, graças aos avanços da medicina preventiva e curativa e da tecnologia. A expectativa de vida que no início do século XIX era de 33,7 anos, hoje está em torno de 68,3 anos.

Será que estamos preparados para enfrentar e absorver as mudanças nas relações amorosas que ocorrem com esses fatos?

Vemos casais idosos, de um único casamento ou de recasamentos, que continuam vivendo a vida em toda a sua plenitude, usufruindo daquilo que ela ainda lhes pode oferecer, e que se mantêm apaixonados pela vida na velhice. Porém, nem sempre o idoso consegue adaptar-se a essa fase do ciclo vital, cheia de contrastes e contratempos, repleta de mudanças, nem sempre aceitas e desejadas, acabando por denegrir ou depreciar todas as relações que o rodeiam, incluindo a relação conjugal.

Vejamos algumas considerações acerca das relações conjugais e da velhice, o cruzamento desses dois aspectos e como os terapeutas de casal, ao receberem casais de idosos em crise, podem participar na construção de um novo significado para a vida amorosa dos parceiros de longa data.

## Quanto às relações conjugais

O casamento é restritivo e limitador das pessoas. Genericamente, essa colocação é contrária à idéia do ser humano livre e autônomo. Porém, é nas relações de casal, com as crises da díade, que se cria a oportunidade de desenvolvimento e crescimento pessoal.

Quando duas pessoas optam por uma vida conjunta, muita coisa muda. Os dois se comprometem numa história comum, em que cada um é afetado pelo comportamento do outro e precisa modificar-se internamente e se reorganizar para buscar os objetivos traçados em conjunto.

Uma união conjugal amplia-se além dos vínculos interpessoais para um ecossistema no qual estarão envolvidos. Trata-se de uma rede de interdependências complexas, que ajuda a desenvolver e aprofundar vínculos e reduzir a mobilidade e independência.

Considero, como Jürg Willi (1995), que a relação conjugal é uma substância viva, um sistema evolutivo e criativo. O desenvolvimento pessoal de cada parceiro e as crises características do ciclo vital individual e familiar exigem redefinições constantes. Para que a relação de casal continue sendo funcional, é importante que seus membros sejam flexíveis, espontâneos e criativos, não permitindo que comportamentos enrijecidos se tornem freqüentes.

Quanto maior o tempo em que uma relação de casal se encontra constituída, maior é a transformação da imagem de realidade dos parceiros. Eles criam obras comuns que dão vida a um quadro estável: geram filhos, educam-nos, montam casa, apegam-se a lugares e valores, buscam uma segurança existencial, fincam raízes nessa vida conjunta.

Para que essa construção ocorresse, as pessoas tiveram de empenhar tempo e energia, tiveram de fazer ajustes relativos a papéis, funções, poder, bem como à maneira de viverem juntas. Negociaram as estruturas internas, os valores e a readaptação das regras anteriormente estabelecidas ante cada nova situação. A cada díade conjugal que se constitui, torna-se necessária essa construção a dois.

Quanto mais idade cronológica tiverem as pessoas que irão se unir em uma relação conjugal, maior serão as tensões, os medos de não se adaptarem um ao outro, de estarem sendo ridicularizadas pelo social.

## Quanto à velhice

Nossa cultura criou uma visão estereotipada, sendo essa uma barreira que pressiona a pessoa idosa a submeter-se ao ideal convencional que lhe é proposto. Segundo Simone de Beauvoir (1976, p. 245), "pretende-se obrigar os velhos a se conformarem com a imagem deles formada pela sociedade. São-lhes impostas restrições em questões de vestuário, decência de maneiras, respeito pelas aparências".

O velho costuma suscitar um desprezo mesclado de pena e repugnância. Vivemos o paradoxo do pavor de envelhecer e do pavor de morrer cedo e não chegarmos à velhice e vermos nossas realizações.

A sociedade é que delimita o espaço, o lugar, o papel e o valor do velho, diante de sua impotência e das experiências quanto ao destino biológico inevitável da finitude.

A velhice é a etapa final de um processo de transformação constante de envelhecimento do neonato.

A compreensão e o estudo da velhice implica uma visão abrangente de fatos biológicos, culturais e uma síntese subjetiva de como lidamos com essas experiências.

Há muita variação na qualidade de vida dos idosos. Eles formam um grupo bastante heterogêneo, sendo difícil, portanto, estabelecer padrões para o envelhecimento. Dessa forma, o melhor parâmetro não é a idade cronológica, mas a idade funcional, isto é, a capacidade de o idoso ter autonomia de vida, realizando sozinho suas tarefas do dia-a-dia.

Atualmente, com a rapidez com que o mundo se modifica, com a aceleração das mudanças tecnológicas e sociais, tem ficado cada vez mais difícil a integração do idoso, uma vez que seu ritmo biológico é mais lento e sua capacidade produtiva decai, visto que a maioria faz parte do contingente de aposentados, com uma renda empobrecida, sentindo-se um fardo para os familiares e para a sociedade. O empobrecimento das condições socioeconômicas e a exclusão do idoso do mercado de trabalho podem ser fatores críticos para o bem-estar psíquico na velhice da classe média.

É possível ser feliz na velhice? Qual é o segredo da felicidade para o idoso? Será que as buscas para o "sentir-se bem" é muito diferente das outras fases do ciclo de vida?

Parece-me que todas as pessoas, independentemente da faixa etária, querem o mesmo:

- saúde, bem-estar físico;
- ter amigos, ser aceito;
- ter uma família sem dificuldades;
- ter boas condições de vida;
- sentir-se capaz e produtivo.

De acordo com Maria Helena Novaes,

> os depoimentos de pessoas idosas comprovam que a velhice é uma experiência subjetiva e social intensa e variada, podendo ser, às vezes, uma longa derrota, como também uma permanente vitória (1997, p. 30).

O idoso já está inseguro quanto à aceitação de si mesmo e das mudanças que progressivamente lhe afetam; além disso, ele é freqüentemente estigmatizado pelo social, que considera ridículo sua busca por felicidade, amor e sexo nessa etapa da vida.

Os idosos não deveriam aceitar essa posição. Cabe a eles redefinir seu lugar na sociedade atual, elaborando e/ou inserindo-se em projetos de buscas pessoais ou sociais, sempre tentando ultrapassar os limites possíveis.

## Quanto às crises nas relações conjugais entre idosos

A crise conjugal em casais idosos vem apresentando-se com mais freqüência no trabalho do terapeuta familiar, fazendo que abríssemos um espaço para reflexão, isso porque temos modelos e estratégias de trabalhos muito mais voltados para estágios anteriores do ciclo de vida conjugal.

Há estereótipos, como a crença de que os idosos não buscam terapia porque são rígidos, cristalizados e não querem e não conseguem fazer mudanças. Eu acredito, porém, que em qualquer época e idade o ser humano aprende e se transforma. Com o crescente número de famílias reconstituídas/ampliadas e cada vez mais complexas, a dificuldade das relações conjugais e familiares do idoso tornar-se-á um foco freqüente, e os terapeutas precisarão atentar para as especificidades da crise conjugal nessa etapa da vida.

O que embasou essas considerações foram os atendimentos clínicos de três casais, na faixa etária superior a 65 anos, que se encontravam na terceira idade.

O primeiro par, quando procurou a terapia, estava casado havia 49 anos: marido com 82 anos, advogado na ativa, e esposa com 72 anos, dona de casa, com instrução de segundo grau; tiveram sete filhos, dos quais dois haviam morrido na primeira infância por câncer; tinham muitos netos.

O segundo par estava casado havia 16 anos. O marido, com 68 anos, militar reformado, estava em seu segundo casamento, visto que do primeiro estava separado havia 25 anos, tendo um filho adulto. A mulher, de 65 anos, advogada, funcionária pública aposentada, estava no terceiro casamento, tendo duas filhas adultas do segundo casamento.

O último casal, que é referência para essas reflexões, era formado por um empresário de 67 anos, casado havia 45 anos com uma mulher de 65 anos, empresária, com quatro filhos, e netos.

Todos procuraram a terapia de casal pelo fato de:

- a vida conjunta estar insuportável;
- conversarem pouco;
- dormirem separados;
- terem nenhuma ou muito pouca atividade sexual;
- estarem machucados e magoados com os desentendimentos;
- desejarem a separação.

Esses casais encontravam-se num estágio do ciclo vital da família pelo qual raramente o terapeuta já passou. Esse fato obrigou o terapeuta a ter maior atenção para um entendimento e participação que tivessem significado compatível ao drama do casal.

Esses atendimentos deram condições para a análise e reflexão de alguns aspectos importantes e específicos no atendimento de casais de idosos:

- O contrato conjugal está regido por leis, regras e normas de um contexto social bastante diferente dos atuais — mudanças muito rápidas.
- O ecossistema é extenso, com redes sociométricas ampliadas e complexas.
- O tempo de convivência do casal é extenso, com muitas construções e muitas crises.
- Na terceira idade se está enfrentando o envelhecimento e a deterioração biopsicossocial. Há maior convivência com a morte, pela perda de parentes e amigos da mesma geração dos cônjuges.
- Aumento do sentimento de solidão e desvalorização de si mesmo.
- Redução estrutural da família, de uma família de duas gerações para o casal, sem maiores perspectivas para o futuro.
- Mudança de foco de investimento, dos filhos para o casal.
- Perda de inúmeros papéis psicossociais; o maior deles é a perda do papel materno para as mulheres e o profissional para os homens.
- Redução do interesse na atividade sexual, muitas vezes acarretada por doenças, medicamentos, distúrbios hormonais femininos e masculinos.
- Os padrões que foram funcionais em estágios anteriores talvez não sejam adequados nessa nova etapa, havendo menor disposição para explorar novas opções.

## Quanto à ação sociodramática na terapia de casais idosos

Na metodologia sociodramática de J. L. Moreno (1975), os problemas gerados e vividos em família só podem ser tratados em família, que é a matriz e depositária dos estados comuns aos elementos do grupo e que constituem um sistema relacional único e inseparável.

A proposta do projeto socionômico, num olhar microssocial, ocorre dentro da célula social: a família. Com todos os elementos da família em conjunto, trazendo uma nova compreensão da realidade familiar, é possível estudar as relações interpessoais e a estrutura do grupo. Avaliar as relações entre os membros e proceder a uma terapia interacional, que deslocará o enfoque dos sintomas expressos por um dos membros da família para as interações inadequadas entre os indivíduos, esclarecendo a trama relacional.

No sociodrama de casal, as alterações são feitas com a presença da díade conjugal, com cada membro desse par sendo o protagonista. O terapeuta sociodramatista de casal busca o surgimento do subjacente aos padrões relacionais que ele observa. Propõe objetivá-lo e torná-lo visível e observável pelo casal e pelo terapeuta mediante técnicas da ação dramática.

Os casais de idosos citados foram atendidos por meio da metodologia sociodramática. Foram encorajados a refazer o cotidiano de acordo com suas imagens e a montar as cenas psicodramáticas — *in situ et in actu* —, recriando e resignificando no contexto dramático, pelo jogo de papéis entre o casal, novas saídas para suas situações conflitivas.

A cena dramática permitiu que o casal alterasse o que parecia imutável. Os papéis puderam ser revistos; as regras de interação, modificadas; os medos e os desejos, concretizados. Enfim, o casal e o terapeuta sentiram-se livres para a co-criação de novas possibilidades.

Quando os casais iniciaram seus tratamentos, identificou-se a riqueza da técnica da Imagem/Escultura como favorecedora da percepção da trama relacional, trazendo para fora o co-inconsciente das díades conjugais. Essa técnica está bem desenvolvida e sistematizada pelo psicodramatista Población (1994).

Williams (1994) apresentou diversos tópicos sobre as vantagens do método de ação dramática e podemos citar alguns que foram eficazes na psicoterapia dos casais de idosos:

- eles puderam recriar o passado e transpô-lo vivamente para o aqui e agora, tornando-o presentificado, trazendo para o contexto grupal a reedição de mitos familiares, lealdades invisíveis com parentes distantes, ausentes etc.;
- os papéis que o casal assumiu ao longo de sua união puderam ser claramente especificados, elucidados e expressos;

- dramatizaram os papéis e as percepções que tinham desses papéis;
- modificaram a forma como costumavam se expressar;
- permitiu o esclarecimento das aceitações e rejeições de cada cônjuge;
- dramatizaram os rituais que marcaram as diferenças;
- vivenciaram as fantasias e/ou cenas futuras que geravam medos e causavam interações disfuncionais.

Os casais procuraram a terapia para sair de um impasse e solucionar conflitos. Apresentaram uma série de relatos, na maioria contaminados pela rigidez e pela cristalização de seus papéis, amplificados pela idade. Ao retratarem o drama conjugal com imagens, ações ou cenas, os membros dos casais de idosos foram encorajados a perceber novos dados, e passaram a ver os velhos problemas com novas lentes. Reviram seus papéis que estavam mal desenvolvidos pelo forte envolvimento emocional que existia, permitindo dessa forma a liberação da criatividade e da espontaneidade necessárias para enfrentarem essa etapa do ciclo vital das pessoas — a velhice — com mais confiança.

## Considerações finais

Com base nessas experiências clínicas com casais idosos foi possível perceber que é importante que o terapeuta de casal esteja atento à necessidade de:

- despertar-lhes a percepção da importância da revisão da vida familiar, ajudando-os a explorar períodos ou fases de suas vidas de especial significado emocional e a evocar lembranças e entendimentos cruciais;
- revisar algumas fases da vida conjugal e reatualizar os relacionamentos;
- apoiar ao máximo o funcionamento e a competência deles enquanto idosos;
- desenvolver-lhes o sentimento de orgulho pela idade, pela própria história, pela experiência de vida e pela capacidade de lidar com a mudança no transcorrer da vida;

- reorganização de sua vida afetivo-sexual, com aceitação dos seus limites e os do(a) parceiro(a) — problemas, dificuldades sexuais por medicação, doenças, distúrbios hormonais femininos e masculinos;
- cada um reencontrar o(a) parceiro(a) num processo de redefinição de seus papéis na relação;
- buscar a auto-estima e estima do cônjuge com maior compreensão de si e do(a) parceiro(a).

Finalmente, o que considero com base nesses dados é que o terapeuta precisa considerar na terapia de casal com a terceira idade uma maior variedade de opções possíveis para a reorganização do casal e para a transformação desse relacionamento, a fim de atender às novas necessidades e exigências. Isso deve ser feito não apenas levando em consideração a relação entre os parceiros, mas, sobretudo, valorizando as dimensões da construção histórica e do tempo de convivência, avaliando com o casal as perspectivas de futuro, para torná-lo mais flexível para a liberação da espontaneidade e da criatividade, a fim de que possa encontrar novas saídas mais harmônicas e equilibradas para uma convivência satisfatória nessa etapa da vida.

A terapia de casal na terceira idade pôde auxiliar a díade a superar o passado e a aceitar o presente, encarando que o futuro é o presente. Isto é, a aceitação e a aprendizagem de como lidar com os limites temporais. Além disso, pôde incentivar, numa tentativa constante, ousada e criativa, a necessidade de adaptar-se às possibilidades dessa etapa da vida, buscando novas formas de se relacionar, novos papéis, novas experiências significativas e mais satisfatórias.

## Referências bibliográficas

BEAUVOIR, S. *A velhice.* 2. ed. São Paulo: Difusão, 1976. v. 1 e 2.

COSTA, E. M. S. *Gerontodrama.* São Paulo: Ágora, 1998.

FOLHA DE S. PAULO. Caderno Especial, "Mais velhos", 26 set. 1999.

MORENO, J. L. *Psicodrama.* São Paulo: Cultrix, 1975.

NOVAES, M. H. *Psicologia da terceira idade.* 2. ed. Rio de Janeiro: Nau, 1997.

POBLACIÓN, P. La pareja tridimensional. *Revista Brasileira de Psicodrama*, São Paulo, v. 2, n. 2, 1994.

WILLI, J. A construção diádica da realidade. In: ANDOLFI, M. (org.). *O casal em crise*. São Paulo: Summus, 1995.

WILLIAMS, A. *Psicodrama estratégico: a técnica apaixonada*. São Paulo: Ágora, 1994.

# Violência conjugal: um paradoxo a ser investigado

VANDA LUCIA DI YORIO BENEDITO

**Americano que marcou mulher pode ser expulso**

*Jerry foi preso em flagrante, em Natal, após machucar sua mulher com ferro em brasa*

O norte-americano Byron Jerry Porter, de 37 anos, preso em flagrante na semana passada em Natal (RN), sob a acusação de haver marcado com ferro em brasa as nádegas de sua mulher, a costureira Eliete Inácia de Luz Porter, de 31 anos, poderá ser extraditado do País. Além da agressão, Porter é acusado de ter estuprado e mantido por dois dias Eliete em cárcere privado.

A costureira, que se casou há cerca de um ano com Porter, denunciou o marido depois de sofrer diversos atos de violência cometidos por ele contra ela. Foi estuprada com cabos de vassoura, acorrentada, obrigada a desfilar nua pela rua, teve seus cabelos raspados e sofreu queimaduras ao ter suas nádegas marcadas com grade de fogão, em brasa. O norte-americano, alegando ciúmes, inscreveu no corpo de sua mulher as siglas PUT. Segundo Eliete, ele não prosseguiu porque ela desmaiou, ao acabar a terceira letra.

Os atos de tortura foram cometidos depois de uma briga do casal, ocorrida no carnaval. Segundo Eliete, naquele feriado seu marido expulsou-a de casa, depois de acusá-la de ter saído com outro homem. A costureira tentou voltar, mas apenas na semana passada Porter admitiu o retorno. Depois de entrar em casa, acusa Eliete, seu marido trancou as portas e iniciou as agressões" (*O Estado de S. Paulo*, março de 1995).

Casos como esse são freqüentemente lidos em jornais, aparecem nas delegacias, ou em instituições que se habilitam a receber e encaminhar jurídica e psicologicamente as pessoas envolvidas nessas situações.

Vamos nos ater apenas a alguns dados mais relevantes desse caso, para que possamos ampliar nossa compreensão sobre a prática da violência conjugal em diferentes graus e em alguns contextos.

O casal estava casado havia apenas um ano, e o relato nos leva a crer que os maus-tratos já vinham ocorrendo desde o início do relacionamento conjugal. Mesmo que essa suposição seja incorreta para o caso, é comum encontrarmos episódios repetidos de agressões em casais, cuja problemática mais evidente é a violência conjugal. Outra dedução possível é a de que a esposa, ao longo desse tempo, sofreu violentas agressões sem recorrer a nenhuma alternativa pessoal ou institucional que efetivamente a protegesse dessas torturas físicas. Ao contrário, pondo em prática seu sadismo, foi o marido quem, depois de humilhá-la com suas agressões, expulsou-a de casa. Assim mesmo, no auge de seu masoquismo, ela ainda quis voltar, retorno esse que foi recusado inicialmente.

Certamente essa recusa inicial deveu-se não a uma lucidez do agressor quanto à necessidade de romper um relacionamento tão patológico, mas muito mais a um exercício requintado de sua crueldade para com sua parceira. Essa demora em aceitá-la de volta só tornou vulnerável o campo complementar agressivo presente em ambas as personalidades, dispondo-os sempre em papéis opostos: agressor-agredido, violentador-violentado.

Esses ciclos de abuso no casal — agressões, perdão, reconciliação —, que se alternam, mostram que os laços amorosos podem ser mais poderosos que a violência, segundo Wendy Greenspun (2002).

Não é objetivo deste capítulo discorrer mais detalhadamente sobre esse caso em busca de explicações psicopatológicas para tal situação, mas sim tomá-lo como ponto de partida para reflexões clínicas que transitarão entre o campo da psicologia analítica de Jung, alguns postulados do psicodrama e da psicanálise, alinhavados com algumas descobertas recentes da neurobiologia. Tantos aportes se justificam diante da impotência e das dificuldades que experimentamos para compreender e lidar com essas situações.

Esse caso é interessante porque nos coloca diretamente em contato com a problemática da violência nessa área do relacionamento humano, em que não podemos atribuir a fatores de ordem econômica, como a miséria, os indutores da agressividade humana.

Corroborando essa postura, Martin Teicher, em seu trabalho *Feridas que não cicatrizam: a neurobiologia do abuso infantil*, escreve:

> Como o abuso infantil ocorre durante o período formativo crítico em que o cérebro está sendo fisicamente esculpido pela experiência, o impacto do extremo estresse pode deixar uma marca indelével em sua estrutura e função. Tais abusos, parece, induzem a uma cascata de efeitos moleculares e neurobiológicos, que alteram de modo irreversível o desenvolvimento neuronal (2002a, p. 1).

Com outros pesquisadores, o autor comprova por meio de várias pesquisas descritas em vários artigos, a relação entre abuso precoce e disfunção do sistema límbico (é uma série de núcleos cerebrais interconectados, que desempenham papel central na regulagem da emoção e da memória).

Alguns dos resultados obtidos numa pesquisa no Mclean Hospital em Belmont, Massachussetts, e na Harvard Medical School, com 253 adultos (1993), em que mais da metade relatou ter sido vítima de abusos físicos ou sexuais ou ambos, quando crianças foram:

- diminuição do tamanho do hipocampo esquerdo e da amígdala, ambas regiões límbicas muito importantes: a primeira, na formação e recuperação da memória tanto verbal quanto emocional; e a segunda, ligada à criação do conteúdo emocional da memória;
- menor desenvolvimento do hemisfério esquerdo (especializado na percepção e expressão da linguagem);
- as partes centrais do corpo caloso (principal caminho para a troca de informações entre os dois hemisférios), significativamente menores: sendo nos meninos a causa principal o abandono e o abuso; e nas meninas, o abuso sexual.

Esses danos podem advir de traumas físicos, emocionais ou sexuais, que geralmente são impingidos no ambiente doméstico, ou por guerras, catástrofes etc. O estresse decorrente "pode desencadear uma onda de mudanças hormonais que liga permanentemente o cérebro de uma criança para lidar com um mundo cruel. Por meio dessa cadeia de eventos, a violência e o abuso passam de geração em geração" (Teicher, 2002a, p. 8).

Assim, agressividade, impulsividade, delinqüência, hiperatividade ou abuso de substâncias podem ser uma forma externa, no adulto, de manifestação dos efeitos negativos duradouros no desenvolvimento e nas funções do cérebro.

Voltando para a reportagem descrita no início do capítulo, trata-se de um caso em que um homem violentamente agressivo submete sua mulher, mais frágil, a maus-tratos de ordem física e sexual. Podemos diagnosticar corretamente uma complementaridade patológica sadomasoquista.

A dor da alma, os medos, o rio de emoções, os símbolos indiscriminados que sombriamente solapam a organização psíquica estão muito além de qualquer classificação da psicopatologia, mas estes também dão referências importantes que nos orientam no trabalho clínico, como passaremos a discutir.

Assim, diante de um casal cuja problemática se apresenta por meio da violência, independentemente de quem seja o agressor, o homem ou a mulher, tendemos a tomar aquele que agride como o grande vilão do casamento, e invariavelmente nos perguntamos por que alguém tão maltratado permanece nesse casamento.

Que estados afetivos presentes, consciente ou inconscientemente, determinam a organização psíquica de casais que se apresentam com essa forma de complementaridade?

Em um estudo sobre a psicopatologia do ódio, Kernberg nos apresenta os diferentes graus de manifestação dos estados afetivos relativos à agressividade:

> Irritação crônica (irritabilidade), raiva, agressividade, como afetos mais intensos que a irritação e usualmente mais diferenciados em seu conteúdo cognitivo e na natureza da relação objetal que é ativada, ódio como um afeto mais agressivo e dominante (1995a, p. 25).

O ódio não-patológico,

> resposta a um perigo real objetivo, de destruição física ou psicológica, ou ameaça de si próprio ou dos que lhe são caros, (...) é uma elaboração normal da agressividade que visa eliminar aquele perigo. O ódio como a psicopatologia da agressão é 'um afeto agressivo complexo' (Kernberg, 1995, p. 26).

Kernberg (1995a) diferencia as manifestações de raiva e a agressividade do ódio. "Em contraste com a agudicidade das reações agressivas e os aspectos cognitivos facilmente mutáveis de raiva/anger e da agressividade/range, o aspecto cognitivo do ódio crônico é estável".

> O objetivo primeiro do indivíduo consumido pelo ódio é destruir o objeto, objeto esse específico da fantasia inconsciente e dos derivativos conscientes desse objeto; o objeto é, basicamente, não só necessário como desejado, sendo destruição igualmente necessária e desejada (Kernberg, 1995a, p. 26).

Assassinato, suicídio, atos de sadismo e sadomasoquismo com danos físicos ou morais, ataques de inveja e destrutividade simbólica de si próprio e do outro são manifestações de ódio em suas diferentes intensidades.

Esse ódio vivenciado num casamento, na maior parte das vezes, não se instalou com essa relação. Esta apenas atualiza e potencializa esse tipo de afeto primário, cujas raízes se ligam aos primórdios do desenvolvimento de uma personalidade.

> O relacionamento primário não pode ser compreendido a partir de um ou outro participante, e sim em função do campo psicológico simbólico arquetípico constelado dentro dessa unidade familiar. As forças psicológicas que atuam nesse campo, aliadas ao estado de indiscriminação egóica do bebê, favorecem não só a vivência de identidade total dele com sua mãe, com quem desfruta grande intimidade, mas também com esse campo arquetípico-simbólico-familiar, respirando toda a atmosfera emocional que o cerca, e também das forças inconscientes que estão subjacentes ao relacionamento dos pais de que o bebê retira o alimento psíquico para sua construção da sua consciência. Pois a criança apreende o todo da personalidade dos pais, que vai além das palavras, e de atitudes bem intencionadas (Benedito, 1993, p. 82).

Assim, nos primórdios do desenvolvimento do indivíduo, há uma identidade total, uma fusão deste com o meio físico e emocional que o cerca: ele e o casal parental. A energia psíquica presente nesse campo gradualmente vai sendo diferenciada pelo bebê, no início nas formas ambivalentes de prazer e dor, amor e ódio, dando início à separação e estruturação da consciência, por meio dos papéis psicossomáticos, na vivência arquetípica do materno.

> Um bebê 'não sabe', por exemplo, se sua dor é de cólica, se chora porque está molhado, ou se tem dor de ouvido. É a mãe ou o primeiro cuidador quem vai, por meio do cuidado e da decodificação da dor, apresentar o Eu ao Eu, ou seja, depois de uma série de repetições o bebê aprenderá onde dói e o que é preciso fazer para eliminar a dor. Suponhamos que uma mãe, especialmente confusa, raramente compreenda o que incomoda seu bebê; ela pinga gotas no seu ouvido quando ele tem fome, ou lhe dá comida quando ele chora de dor de ouvido. Esta criança terá grandes chances de crescer confusa e irritada, não discriminando suas diferentes necessidades e, de antemão, imaginando que o outro irá frustrá-la (Cukier, 1998, p. 65).

Essas experiências serão elaboradas e integradas pelo psiquismo da criança, formatando diferentes configurações vinculares, que traduzem as representações simbólicas do casal parental nas diferentes dimensões: matriarcal e patriarcal, principalmente.

Assim, quando o encontro da criança com seu meio é intermediado por pais ou situações cronicamente agressivas e caóticas, a dor física ou mental que lhe é imposta pode ser diretamente transformada em agressão. Pois os danos causados por essas situações provocam lesões tanto cerebrais, comprovadas pelas pesquisas de Martin Teicher, como no nível básico de formação do psiquismo, ou seja, a totalidade psíquica é afetada na raiz de seu desenvolvimento.

Grossman apud Kernberg (1986, 1991) que, baseando-se nas observações de Fraiberg (1982), Galenson (1983, 1988), Herzog (1983), Stoller (1975) e outros,

> propôs que a dor excessiva é transformada em agressão, que a agressão excessiva distorce o desenvolvimento de todas as estruturas psíquicas, e que, além disso, ela interfere com a capacidade de elaboração da agressão na fantasia, em contraste com sua expressão direta no comportamento (Kernberg, 1995b, p. 124).

Ainda nas pesquisas de Martin Teicher, ele escreve:

> O efeito do abuso infantil pode se manifestar de várias formas, em qualquer idade. Internamente, pode aparecer como depressão, ansiedade, pensamentos suicidas ou estresse pós-traumático; pode também se expressar externamente como agressão, impulsividade, delinqüência, hiperatividade, ou abuso de substâncias. Uma condição psiquiátrica fortemente associada a

maus-tratos na infância é o chamado distúrbio de personalidade limítrofe (borderline personality disorder) (Teicher, 2002a, p. 1).

Depois de citar várias pesquisas em que encontra fortes comprovações de que maus-tratos na infância podem ter efeitos negativos duradouros no desenvolvimento e em algumas funções do cérebro, já citadas anteriormente, Teicher escreve:

> (...) essas descobertas sugerem um intrigante modelo que explica a forma na qual o distúrbio de personalidade limítrofe pode aparecer. A integração reduzida entre os hemisférios e um corpo caloso menor pode predispor os pacientes a deslocar-se abruptamente de estados dominados pelo hemisfério esquerdo para estados dominados pelo hemisfério direito, com percepções e memórias emocionais muito diferentes. Esse domínio hemisférico polarizado pode fazer com que a pessoa veja os amigos, a família e os colegas de trabalho de forma excessivamente positiva em um estado e de maneira retumbantemente negativa em outro — o que é a marca registrada do distúrbio (Teicher, 2002a, p. 7).

Em outro artigo publicado pela revista *Psychiatric Clinics of North América*, v. 25, junho de 2002, com outros colaboradores, M. Teicher escreve que a menor integração dos hemisférios direito-esquerdo e o corpo caloso diminuído de tamanho sugerem um modelo para a emergência do transtorno de personalidade *borderline*. Assim, esses pacientes mudam rapidamente de um estado em que usa fortemente a lógica, para um estado emocional negativo e crítico. Esse funcionamento parece consistente com a teoria de que problemas precoces na interação mãe–bebê interrompem a integração da função do hemisfério direito e esquerdo. Então, em vez de alcançar uma visão integrada, a criança formaria duas visões diametralmente opostas. Essas imagens mentais e suas visões de mundo positivas e negativas podem permanecer não integradas, e os hemisférios podem permanecer autônomos à medida que a criança cresce, o que a levaria a ver o mundo que a cerca ora extremamente positivo, ora extremamente negativo (Teicher, 2002b).

Portanto, uma vida psíquica marcada, simbolicamente, por um ferro em brasa, usando como metáfora o instrumento de tortura utilizado pelo marido na reportagem, terá dificuldade para diferenciar e conciliar, já nos primeiros vínculos, as diferentes polaridades que representam seus afetos básicos: bom–mau, prazer–desprazer, amor–ódio, dor–alívio, sendo a formação de conteúdos sombrios e sua cronificação na psique inevitáveis. O fluxo da libido é estancado; a relação do Eu com a totalidade psíquica fica ameaçada, gerando modelos fusionados ou cindidos na elaboração das primeiras configurações vinculares, paralisando, assim, o desenvolvimento emocional do indivíduo.

> A repressão da libido aumenta a impulsividade e ativa assim as possibilidades e tendências a excessos e aberrações de toda sorte. Entre eles os distúrbios sexuais são bastante freqüentes, como era de se esperar e como a experiência confirma (Jung, 1986, p. 155).

> O desejo inconsciente de reparar os relacionamentos patogênicos dominantes do passado, e a tentação de repeti-los em termos de necessidades agressivas e vingativas insatisfeitas, resulta em sua reencarnação com o parceiro amado (...) Se os antigos conflitos em torno da agressão foram graves, surge a possibilidade de reencenar imagens de mãe-pai primitivas, fantasticamente combinadas, que apresentam pouca semelhança com as características reais dos objetos parentais (Kernberg, 1995b, p. 80).

O mundo interno desses parceiros é solapado por ansiedades persecutórias, que os obrigam a construir defesas em relação a seu meio e, principalmente, em relacionamentos cujo grau de intimidade possa oferecer qualquer tipo de ameaça que abale essa construção defensiva supostamente invulnerável.

Essas ansiedades persecutórias constroem defesas basicamente de dois tipos: aquelas em que as pessoas se tornam agressivas e atacam seus relacionamentos, pelo medo de serem destruídas e abandonadas, e aquelas em que as pessoas, pelo mesmo tipo de medo de serem destruídas e abandonadas, submetem-se a diferentes tipos de agressão.

Essa dinâmica complementar, observada do ponto de vista da complementaridade conjugal, tem como denominador comum uma organização psíquica dominada pelo ódio.

Esse ódio, na figura do agressor, assegura a posse e o controle do outro; seu objeto de amor é desejado, assim como é necessária sua destruição. A destruição pode ser identificada por maus-tratos físicos, chegando, às vezes, à morte do parceiro, ou em diferentes níveis de sadismo psicológico que garantem a constante fragilização, humilhação e dependência do outro “fraco”.

O ódio, na figura do agredido, assegura também a posse e o controle do outro, mediante a idealização de um tirano cruel. Parasita desse controle, retira do outro gratificações necessárias, o que de alguma forma lhe permite uma adaptação à vida, embora disfarçada e anônima — não pode revelar-se nem para si próprio. "Essa estrutura psicológica permite a negação de agressão e sua transformação em espoliação cruel" (Kernberg, 1995b, p. 89).

Lia Zanotta Machado e Maria Tereza Bossi de Magalhães (1999) abordam esse funcionamento conjugal no texto "Violência Conjugal: Os Espelhos e as Marcas". As autoras discutem seis aspectos sobre os investimentos subjetivos de "vítimas" e "agressores" nas relações de violência doméstica, dos quais trataremos apenas os quatro primeiros, que são os que mais nos interessam neste trabalho.

O primeiro ponto traz uma crítica à posição maniqueísta de fixar o papel de quem é o algoz e de quem é a vítima, mas que ambos são sujeitos e objetos, ao mesmo tempo, dessas relações afetivas, preservando, assim, a história e a subjetividade de cada um na formação de seus destinos.

O segundo ponto trata da postura oposta, que é a necessidade de diferenciar as posições de quem é sujeito e de quem é objeto de atos específicos de violência. Nessa relação, observa-se uma ambigüidade: se, por um lado, o agredido atribui claramente a responsabilidade e a vontade de agredir ao outro, por outro, de forma menos clara, há um discurso secundário, no qual ele mostra uma desconfiança de que possa estar contribuindo para a situação de violência: "(...) Nesse mesmo discurso, ele se considera claramente sujeito de sua história ao descrever como estabelece o acordo contratual de vínculo conjugal" (Machado & Magalhães, 1999, p. 34).

O terceiro ponto trata a violência como a busca de uma ordem que de alguma forma foi rompida. Quando essa ordem engloba expectativas compartilhadas pelo casal, mesmo que de forma ambígua, os contratos conjugais encobertos reforçam as identidades e idealizações de gênero e de papéis sexuais nos moldes dos padrões culturais internalizados por ambos. Quando existe discordância dos envolvidos quanto à legitimidade da ordem, pode haver um questionamento do poder disciplinador ligado a essa questão de gênero, podendo ou não ser restaurada a ordem.

No quarto ponto, as autoras dão o nome de "assaltos identitários" aos conflitos conjugais violentos. A imagem autônoma de A deve ser destruída para que volte a ser o espelho de que **B** necessita e busca controlar com seus ataques. **A** tenta de todas as formas fazer que **B** lhe devolva o que lhe roubou: sua imagem positiva, e só ele pode fazer isso, porque é o único que pode devolvê-la modificada positivamente, o que torna difícil o rompimento dessa relação.

Pelo contrário, **A** investe na destruição da imagem de **B** e, mesmo não sendo o sujeito da agressão, fica permanentemente atado às relações de violência, talvez no desejo de ganhar a batalha identitária travada nesse vínculo.

> Pensar os conflitos conjugais violentos como 'assaltos identitários' pode ser a chave para o deciframento do fascínio com que homens e mulheres persistem nas relações de violência, ao mesmo tempo em que se expande a concepção social de que a irrupção da violência em casa não pode ser mais naturalizada e legitimada como mecanismo de reconfirmação do princípio hierárquico entre gêneros. O entender as relações violentas como 'assaltos identitários' pode ser também a chave para entender os processos possíveis de ruptura, onde se desmontam simbioses identitárias e onde a violência aos poucos corrói a possibilidade de conjugar amor com dor e torna-se, para as envolvidas, a sua anti-rima (Machado & Magalhães, 1999, p. 42).

Pelo histórico do agressor, e pela forma como ele se apresenta na vida e principalmente em seus relacionamentos amorosos, podemos observar um tipo de organização narcisista de personalidade. Do seu cônjuge, utilizando os mesmos critérios anteriores, podemos diagnosticar um tipo de organização *borderline* de personalidade. Desse casamento espera-se quase sempre um tipo de relação sadomasoquista, em que uma personalidade narcisista supre e é suprida, simbolicamente, por uma personalidade *borderline*, e vice-versa.

> Concomitantemente, o indivíduo borderline vivencia o mundo em termos de relações de poder extremadas. Este enquadramento das relações interpessoais, que parte do pressuposto de que o poder está sempre de um dos lados, enquanto que o outro está totalmente subjugado — fruto de sua experiência de vida —, gera uma visão assimétrica do relacionar-se, onde a busca inconsciente por relações de caráter sadomasoquista está presente o tempo todo (Faria, 2002, p. 29).

O substrato psíquico comum a ambas as formas de organização psicológica se localiza no distúrbio de desenvolvimento da relação do Eu com a totalidade psíquica, cujo resultado é o abalo na construção da identidade e da auto-estima (Schwartz-Salant, 1982).

Assim, o manejo das defesas inconscientes para cada um dos casos determina alguns caminhos diferentes e patologicamente complementares no relacionamento conjugal, sobretudo no que tange aos aspectos agressivo-destrutivos do casal.

Enquanto a personalidade narcisista vivencia o seu Eu numa atitude exibicionista e grandiosa, tentando impedir qualquer arranhão à sua frágil identidade, a personalidade *borderline* vivencia a negação e a cisão dos estados afetivos interiores, tentando proteger-se dos ataques destrutivos próprios e dos outros. É uma busca desesperada de sobrevivência egóica.

> Por essa razão, como adulto, o borderline busca, a qualquer custo, manter perto de si um cuidador. Sua atitude é passiva em relação àquilo que deve realizar, mas é ativa ao extremo, na busca de alguém que o faça por ele. Isso é conseguido de muitos modos, por exemplo, ficando cronicamente doente, psicológica (depressão, anorexia nervosa, alcoolismo) ou fisicamente (gripes que não saram, queixas hipocondríacas generalizadas); apresentando-se como uma pessoa muito ingênua e sem maldade, para depois configurar o vínculo manipulador; criando muita confusão nos vínculos, sendo a eterna vítima injustiçada que luta pelos seus direitos etc. (Cukier, 1998, p. 82).

Assim, a personalidade narcisista, com sua estrutura defensiva mais articulada, exige ser admirada e consegue retirar das pessoas aquilo de que necessita, pela simples convicção de que o que ela deseja é o melhor e o mais correto — logo, só terá valor aquele que compartilha de seus ideais. Já a personalidade *borderline*, com sua estrutura defensiva mais arcaica e fragmentada, "espera passar despercebida com um mínimo de dor, agindo de acordo com os outros, e com as exigências do meio ambiente" (Schwartz-Salant, 1989, p. 72). A falta de empatia aliada à extrema ambição leva o cônjuge com personalidade narcisista a reter o valor do outro, mantendo sua auto-afirmação à custa do desvalor e da invalidação do outro.

Quando se trata de uma estrutura psíquica dominante, o caráter narcisista mostra-se impenetrável, colocando o outro a seu serviço, mas mantendo uma distância que certamente lhe garantirá o poder e o controle sádico do outro, impedindo que a realidade e as necessidades deste possam atingi-lo. A união com si mesmo e com o outro é o seu grande temor. Por isso tem dificuldade para estabelecer relações íntimas e profundas, promovendo no seu parceiro *borderline* uma insatisfação crônica, que busca justamente o contrário: um cuidador perfeito, para compensar suas necessidades básicas de dependência, que foram precocemente negligenciadas (Kernberg, 1995b). Algumas personalidades transformam essa dor em ódio destrutivo, explodindo caoticamente; outras invalidam a própria percepção da situação em que se encontra. Nesses casos, aumentam seus esforços para não perder seu objeto de idealização e falsa proteção, reproduzindo com o cônjuge as características invalidadoras de seu meio.

Se olharmos para o funcionamento da estruturação *borderline* de personalidade, esta

> vive um drama no qual deve fazer tentativas incessantes, embora inúteis, para estabelecer contato com outras pessoas. (...) condições desumanas de não-união podem ser um território terrível, mas seguro; deixá-lo é correr o risco de experimentar o sofrimento do desmembramento psíquico e do completo aniquilamento. (...) O desespero está associado aqui à perda ou à ausência da coniunctio. O desespero vem da necessidade que o paciente sente de ter a experiência da união, assim como das lembranças de uniões anteriores perdidas (Schwartz-Salant, 1989, p. 67).

Então, do casamento de uma personalidade narcisista com outra de estrutura *borderline*, podemos esperar um campo favorável a uma relação sadomasoquista, senhor–escravo, perseguidor–perseguido. Cada cônjuge vai retirar do outro o pior que o outro guarda dentro de si, porque o cerne da questão é que ambos são igualmente responsáveis por esse tipo de conjugalidade. O exercício da defesa de um é exatamente o complementar patológico da defesa do outro.

Um pouco de Jung:

> Um tal fascínio nunca parte exclusivamente de uma pessoa para a outra, mas é um fenômeno de relação para o qual são necessárias duas pessoas, já que a pessoa fascinada precisa ter em si uma disposição correspondente. Mas a disposição tem que ser inconsciente porque, se assim não for, não se produz o efeito fascinador. O fascínio é um fenômeno compulsivo, desprovido de motivação consciente, isto é, um processo volitivo, mas um fenômeno que surge do inconsciente e se impõe à consciência, compulsivamente (Jung, 1981, p. 79).

Como uma personalidade narcisista vai exercer sua grandiosidade e onipotência sadicamente controladora, senão com alguém que tudo fará, inclusive esconder-se de si mesmo, para não ser abandonado?

> O paciente borderline suprimiu a capacidade de ver a verdade emocional muito mais do que a maioria das pessoas, pois, nos anos iniciais de sua formação, esse tipo de visão era percebido por ele como extremamente perigoso. O mais comum é que o paciente tenha conspirado, de modo inconsciente, com um dos pais, para não ver o ódio e as características psicóticas dessa pessoa. O acordo 'tácito' de agir como se tudo fosse normal criou uma 'quinta coluna' interior, uma sombra escura de ódio e raiva fundida à necessidade de ser cego tanto às suas próprias características destrutivas como às dos outros (Schwartz-Salant, 1989, p. 31).

A complementaridade agressivo-destrutiva desse casal "pede um crime", contra si próprio e contra o outro, em termos simbólicos, mas paradoxalmente é uma busca inconsciente desesperada de salvação.

O estado de fusão inconsciente em que eles se encontram leva a personalidade narcisista a vivenciar, por meio da identificação projetiva com o cônjuge, o massacre sofrido pela impossibilidade de desenvolver e viver seu padrão pessoal em conexão com a totalidade de seu ser.

Agredir violentamente o outro, física ou psicologicamente, é a repetição desse massacre na pessoa do cônjuge, que busca nele o objeto ideal, o lado positivo da Grande Mãe. Assim, a personalidade narcisista fica conscientemente identificada com o que tem valor, e inconscientemente identificada com o desvalor do outro, e que por isso merece ser atacado e destruído. Essa é uma das razões pelas quais ela não pode-se afastar de sua vítima. Ela preserva seu poder exibicionista e grandioso, e mantém dissociada sua raiva em relação a seus sentimentos de inferioridade. Ao mesmo tempo, teme ser controlada, roubada e explorada pelas necessidades idealizadas do outro. Sua única saída é se tornar um tirano, inibindo o potencial criativo do parceiro, reafirmando-lhe o perigo que este último corre caso tente conectar-se com os aspectos positivos e criativos do todo de sua personalidade, os quais já repudiou há tempos.

Humilhado, mas com fantasias de ser salvo de sua existência sem valor, o *borderline* vai ao encontro do parceiro narcisista cumprir o destino para o qual foi esculpido:

> invalida suas próprias experiências emocionais e busca nos outros interpretações sobre a realidade. É incapaz de resolver problemas rotineiros e tem dificuldades generalizadas de 'como viver' (...) A reação de 'vergonha', característica desses indivíduos, é o produto natural de um ambiente que envergonha aqueles que demonstra vulnerabilidade emocional (Cukier, 1998, p. 83).

Dadas essas características, é fácil compreender o apego dessa personalidade a outra que se apresenta sempre como auto-suficiente, com extrema ênfase no fazer.

Enquanto a personalidade narcisista teve de refletir os ideais grandiosos dos pais, sendo superestimulada para o poder, a personalidade *borderline* não teve seus aspectos exibicionistas suficientemente observados e cuidados pelos pais, para desenvolver uma crença no próprio potencial.

> Essa dinâmica de abuso por parte dos pais costuma mostrar-se desastrosa, pois o indivíduo a sente como uma violação do Self e, tendo em vista a sobrevivência, não conta com outro recurso a não ser o de cindir os anseios exibicionistas ou então a manifestá-los de um modo que assegure sua rejeição.
>
> (...)
>
> Na qualidade de um sistema cindido, esses impulsos exibicionistas assumem então uma identidade autônoma, em grande parte moldada pelo ódio internalizado contra o Self e as figuras parentais. Com o passar do tempo, ativado por experiências traumáticas, esse 'sistema' torna-se um inimigo interno" (Schwartz-Salant, 1989, p. 87/88).

Esse inimigo, seu personagem interno e inconsciente, encontra na figura do parceiro narcisista o ator ideal para encená-lo na cena conjugal.

Esse fenômeno sistêmico no campo da conjugalidade é descrito por Moreno como co-inconsciente:

> aqueles que os participantes experimentaram e produziram conjuntamente e que, por conseguinte, só podem ser reproduzidos ou representados em conjunto. Um estado co-consciente ou co-inconsciente não pode ser propriedade de um único indivíduo (Moreno, 1978, p. 30).

Assim, o cônjuge *borderline* coloca o parceiro narcisista sempre na posição de carrasco, e ele na de torturado. O que ocorre, porém, nessa complementaridade inconsciente patológica, é que ambos são igualmente maltratados. O que domina o mundo interno de ambas as personalidades é o ódio, a inveja, a fome de empatia, a carência do contato autêntico com o todo psíquico, vivências essas que são organizadas defensivamente, tomando diferentes formas nas estruturações narcísica e *borderline*.

Constata-se que:

> A escolha do parceiro geralmente envolve um complexo 'arsenal' de motivações, ligadas a vivências emocionais muito íntimas e profundas. (...) Misturam-se desejos de várias ordens, e quanto mais inconsciente o indivíduo estiver em relação a esses desejos, maior a possibilidade de tais conteúdos serem 'fisgados' nessa relação. Isto ocorre porque certas características observadas em alguém podem levar um outro indivíduo a estabelecer com aquele uma relação inconsciente, que o leva a crer, de maneira errônea, que aquele alguém é idêntico àquilo que nele é visto. Pode acontecer que a pessoa, ao fazer a escolha do seu parceiro, tome o outro, ao menos parcialmente, como uma parte de sua própria personalidade, dissociada de sua consciência, e que passe, então, desta forma, a fazer parte daquele outro, tornando-o verdadeiro hospedeiro de conteúdos psíquicos que não lhe pertencem. (...) O indivíduo que não consegue tomar para si aquilo que constitui parte de seu mundo interno, fica perdido de si mesmo, buscando se achar no outro (Di Yorio, 1996, p. 21).

Essa busca faz parte dos propósitos inconscientes para restaurar a integridade psíquica, e precisa ser identificada durante a terapia de casal, criando uma possibilidade de contato com algum aspecto positivo e criativo da personalidade de cada parceiro.

Um exemplo clínico pode-nos permitir identificar essa dinâmica complementar narcisista-*borderline*, de uma forma mais branda que o exemplo inicialmente proposto pela reportagem:

Um casal trouxe um conflito que surgiu em um final de semana no qual eles viajariam. Pedro queria que Maria se encontrasse com ele às quatro e meia da tarde no seu escritório, de onde partiriam ainda à luz do dia. Para isso, Maria deveria, com o auxílio dos empregados, arrumar o porta-malas do carro, trabalho que sempre foi executado pelo marido. Maria recusou-se a ficar com essa tarefa, dizendo que não seria capaz de cumpri-la. Essa colocação de Maria fez Pedro se enfurecer, gritar com ela, humilhando-a na frente da empregada. No entanto, não houve agressão física, episódio freqüente no passado. Como ele queria que a viagem saísse conforme o planejado, na noite anterior, ele próprio arrumou o porta-malas, deixando para ela a tarefa única de colocar a geladeira de isopor, no dia seguinte.

Quando eles trouxeram essa situação para a terapia de casal, Maria apresentou-a ressaltando o nível de agressividade de Pedro, completamente desproporcional à situação. Pedro, que atualmente já consegue admitir que não precisa ser tão agressivo, disse que não conseguiu controlar-se diante de uma resposta tão "imbecil".

No decorrer da sessão, a situação foi-se esclarecendo do seguinte modo: Maria está cansada de viajar todo fim de semana e, além disso, diz que Pedro faz dessa situação um "inferno", com suas exigências de horário. Nesse dia ela não queria sair tão cedo, e dizer que não saberia colocar a bagagem no porta-malas era uma forma de fazer o marido voltar para casa do trabalho, então conseguindo viajar mais tarde.

Essa situação é uma vivência corriqueira entre o casal, e aparentemente simples, mas guarda uma complexidade psicológica bastante grave.

Maria sente tanto medo dos ataques explosivos de Pedro que, invariavelmente, encontra um caminho torto para expressar de forma sombria seus desejos. A história desse casal confirma que esse "medo" é justificado, pois Pedro tem uma baixíssima tolerância a qualquer frustração, e tem dificuldade de conter seus impulsos agressivos quando contrariado.

Se ela expressasse claramente o seu desejo de sair mais tarde, ele a agrediria porque o desejo dela não coincidiria com o dele, por mais razões que ele tivesse para viajar mais cedo. Ela, então, buscando proteger-se, mas ao mesmo tempo querendo satisfazer às suas necessidades, apresenta um argumento autodesvalorizante, o que desperta os aspectos agressivos sádicos em Pedro, que precisa massacrar na esposa seus objetos internos inferiorizados projetivamente identificados em Maria.

Maria, como adulta, deveria ser capaz de expressar seus desejos, sem recorrer a subterfúgios infantis e mentirosos. Mas sua organização de personalidade *borderline* tem como característica central uma comunicação ambivalente, porque seus sentimentos em relação a si própria e em relação ao marido são ambivalentes. Ela não sabe o que pode ser ou querer, ela não consegue conectar-se com quem ela é ou com o que ela quer, de forma autêntica.

> O paciente limítrofe é tanto assediado pelo numinoso negativo como fica apavorado em assumir sua forma positiva. (...) Dada a extrema vulnerabilidade do limítrofe diante da inundação emocional, as energias exibicionistas são consideradas perigosas: até mesmo pequenas parcelas desse fluxo induzem sensações de culpa, medo e vergonha (Schwartz-Salant, 1989, p. 85)

Essa dinâmica é claramente identificada em Maria, que não suporta o risco de se revelar e, então, ser atacada ou abandonada. Esse risco é grande e muito provável de ocorrer nessa relação. Mas sua única saída é desafiá-lo, e com isso não se submeter ao controle sádico agressivo do marido. Por meio dessa atitude, pode desconfirmar a eficácia desse poder sombrio.

A escolha do parceiro narcisista pela personalidade *borderline* repete a dinâmica parental, em que seu potencial foi mal utilizado e pouco considerado. A escolha do parceiro com personalidade *borderline* confirma à personalidade narcisista a impossibilidade de refletir suas necessidades idealizadas, provocando-lhe constantemente frustração e raiva, o que para ele justifica sua agressividade.

Uma saída possível é reconhecer o tamanho de sua agressividade. Na relação com o cônjuge, desenvolver uma preocupação e responsabilidade em relação ao que esta pode provocar no outro, questionando e duvidando dos ganhos reais para sua personalidade quanto a essa forma de controle para garantir sua vulnerabilidade.

> O medo da perda da identidade e individualidade que surge no relacionamento com o outro, que é característico dos quadros de distúrbios narcísicos da personalidade, deve ser superado para que a pessoa em processo de individuação possa se relacionar de forma criativa e afetiva com o outro externa e internamente (Cavalcanti, 1992, p. 223).

De qualquer forma, a busca de solução para essa dinâmica conjugal é trabalhosa, demanda muito tempo de análise individual de ambos os parceiros simultaneamente à terapia de casal, ou outras formas de abordagem terapêutica, combinando terapia de grupo de homens e de mulheres, com grupo de terapia com vários casais.

A terapia de casal, nesses casos, precisa atender a certos requisitos para garantir sua eficácia, como sugere Wendy Greenspun (2002). Por exemplo, se o agressor se auto-responsabiliza pela violência, se consegue ouvir como o outro se sente quando é agredido e se há disponibilidade para empenhar-se na mudança.

Com esses critérios atendidos, e tomando como embasamento o conceito de co-consciente e co-inconsciente do Moreno (1983, p. 65), justifica-se a terapia de casal:

> (...) quando duas ou mais pessoas estão interligadas e sua coexistência tornou-se indispensável ao bem-estar delas mesmas e, muitas vezes, à sua existência propriamente dita, é freqüentemente indicado que elas sejam tratadas em conjunto. Pessoas que vivem numa íntima simbiose, como mãe e filho, ou como o famoso par do folclore grego, Philemon e Baucius, desenvolvem ao longo do tempo um conteúdo comum, ou o que poderia ser chamado de co-inconsciente.

Para finalizar, quero ressaltar que, apesar de, nos dois exemplos citados, o papel do "agressor sádico" ter sido desempenhado pelo homem, e o de vítima masoquista, pela mulher, esses papéis não são fixos à condição dos gêneros, mas intercambiáveis, segundo a estruturação psíquica de cada cônjuge. No entanto, a cultura patriarcal reforça certos padrões de conduta, por exemplo, formas de apego com características masoquistas nas mulheres, e comportamento sádico-agressivo nos homens.

Lia Machado escreve:

> A 'hesitação feminina histérica' e o olhar-se pelo olhar e pelo desejo do outro, com certeza são construções sociais do lugar historicamente construído do feminino na história da modernidade ocidental. O olhar psicanalítico se construiu sobre o solo da construção social e cultural do feminino e de sua inscrição 'forçada' na alienação do seu desejo no desejo dos outros (Machado & Magalhães, 1999, p. 32).

Complementando a ressalva já feita, lembramos que as múltiplas tentativas de compreender e encontrar diferentes explicações para a violência conjugal não implica que devamos ter tolerância para com sua prática, e neutralidade em relação ao assunto. Urge buscar todos os meios para cessá-la imediatamente.

## Referências bibliográficas

BENEDITO, V. D. Y. Vínculos familiares. *Rev. Junguiana* n. 11. São Paulo, p. 82, 1993.

CAVALCANTI, R. *O mito de Narciso.* São Paulo: Cultrix, 1992.

CUKIER, R. *Sobrevivência emocional: as dores da infância revividas no drama adulto.* São Paulo: Ágora, 1998.

DI YORIO, V. *Amor conjugal e terapia de casal: uma abordagem arquetípica.* São Paulo: Summus, 1996.

FARIA, A. A. *Transtorno de personalidade borderline: uma perspectiva simbólica.* Monografia de conclusão de formação de analista da Sociedade Brasileira de Psicologia Analítica. São Paulo, 2002.

GREENSPUN, W. Abraçando a controvérsia: uma abordagem metassistêmica ao tratamento da violência doméstica. In: PAPP (org.). *Casais em perigo: novas diretrizes para terapeutas.* Porto Alegre: Artmed, 2002.

JUNG, C. G. *Estudos sobre psicologia analítica,* CW 7. Petrópolis: Vozes, 1981. p. 79.

________. *Símbolos de transformação,* CW 5. Petrópolis: Vozes, 1986. p. 155.

KERNBERG, O. *Agressão nos transtornos de personalidade e nas perversões.* Porto Alegre: Artes Médicas, 1995a.

________. *A psicopatologia das relações amorosas.* Porto Alegre: Artes Médicas, 1995b. p. 124.

MACHADO, L. Z.; MAGALHÃES, M. T. B. Violência conjugal: os espelhos e as marcas. In: SUAREZ, M.; BANDEIRA, L. *Gênero, violência e crime no Distrito Federal.* Brasília: Paralelo 15/Ed. UnB, 1999.

MORENO, J. L. *Psicodrama.* São Paulo: Cultrix, 1978.

________. *Fundamentos do psicodrama.* São Paulo: Summus, 1983.

SCHWARTZ-SALANT, N. *Narcisismo e transformação do caráter: a psicologia das desordens do caráter narcisista.* São Paulo: Cultrix, 1982.

________. *A personalidade limítrofe: visão e cura.* São Paulo: Cultrix, 1989.

TEICHER, M. Feridas que não cicatrizam: a neurobiologia do abuso infantil. Disponível em: <http://www2.uol.com.br/sciam/>. Acesso em: junho/2002a.

________. Developmental neurobiology of childhood stress and trauma. *Rev. Psychiatric Clinics of North America,* v. 25, jun. 2002b.

# Violência e poder na vida cotidiana do casal*

ELISA LÓPEZ BARBERÁ

## Introdução

Este capítulo pretende compartilhar com o leitor a experiência baseada na observação de numerosos casais dentro e fora do consultório — e às vezes do próprio registro vivencial. Nesta oportunidade, o foco de atenção é a vida cotidiana. O alvo para o qual convergem as ações dos protagonistas está constituído por condutas, atitudes e movimentos que os levam a enfrentar uma luta que desgasta e corrói pelo mero fato de prejudicar ou fazer mal. Para impor-se ao cônjuge, o outro é capaz de se privar de bem-estar e até mesmo de se autodestruir.

Trata-se de um capítulo orientado para a descrição, em linguagem cotidiana, dos jogos que se instalam no vínculo conjugal quando este se move de modo complementar no circuito de luta pelo poder,[1] seja este exercido na posição ativa e de dominação ou de forma passiva.[2] Essa dinâmica desencadeia uma relação mantida por mágoas, res-

---

* Tradução de Ana Rojas Acosta.

1. Ver Haper (1985) e Gottman (1979).

2. Uma dinâmica denominada por Población (2002) como o círculo luciferino, em alusão metafórica ao estabelecimento da relação entre a posição manifesta de domínio, controle e submissão — o pedestal celestial de estar acima e o lugar comple-

sentimentos e pelo desejo de submeter o outro, constituindo-se numa forma de violência.[3]

Nessas situações, a dimensão de gênero traça uma distinção na conduta, seja na maneira de enfrentar o conflito, seja nas conseqüências para os sujeitos que sofrem essa manifestação de violência.

Possivelmente um dos temas da funesta atualidade em nossa cultura é a violência conjugal. Sabe-se que do amor ao ódio, em muitas ocasiões, não há mais que um passo. É duro constatar que, em tantas histórias de dor e morte protagonizadas por casais, a intenção inicial foi o desejo e a crença de amar.[4]

A progressiva conscientização social, psicológica e psiquiátrica da violência conjugal vai abrindo pouco a pouco vias paliativas e de prevenção para tentar resolver esse conflito de ordem psicossocial com base em diferentes áreas de intervenção. O alarme social desencadeado diante das situações em que há ou prevalece a violência física e psíquica favorece a construção desses canais de abertura, mas também leva a vários riscos.

## O risco da aproximação à violência com uma visão rigidamente complementar de papéis

A violência conjugal é sempre a expressão de uma situação relacional disfuncional em que se articulam a causalidade linear e a circularidade. Caso não se contemple conjuntamente esse parâmetro, corre-se o risco de se manter uma visão na qual se atribui de maneira

---

mentar de submissão: "o abismo infernal", o lugar de "estar abaixo". "Enquanto o sujeito se mantém neste círculo, está se relacionando de modo interpsíquico e relacional com os outros a partir da área de poder" (Población, 2002, p. 8).

3. Do ponto de vista etimológico, a palavra "violência" faz alusão ao uso da força e imposição irresistível para submeter o outro contra sua vontade. Corsi (1987) aponta que o conceito de violência remete ao conceito de poder real ou outorgado culturalmente. A violência supõe a utilização ou o exercício do poder mediante o emprego de força, implicando a busca de eliminação de obstáculos que se opõem ao próprio exercício do poder. O poder com o uso da força para impor, submeter o outro contra sua vontade, supõe sempre um ato violento, que produz um desequilíbrio na relação transitória, prolongada e permanente.

4. Ver sobre este tema Campo & Linhares (2002).

exclusiva um significado demoníaco para o agressor e de vitimizado para o agredido.

Do ponto de vista linear, a violência implica caráter destrutivo ou lesivo com um objetivo perfeitamente assinalado. De acordo com Zillman (1994), a violência pode ser impulsionada por frustração de expectativas e necessidades não atendidas, mas o principal objetivo é maltratar para causar dor. Pode, ainda, ser motivada por um incentivo, isto é, para conseguir um ou vários objetivos de acordo com um matiz marcadamente instrumental na relação. Em sua expressão da violência, a agressão física é uma conduta que deve ser combatida pelo exercício do controle, na tentativa de proporcionar meios de reabilitação para o agressor e de proteção à vítima.

Mediante uma visão relacional, é possível focar essas situações considerando que o vínculo é afetado pela co-participação no jogo relacional. Esse passo é o que nos permite pontuar e intervir com a diferença na responsabilidade e na qualidade dos atos de violência. Essa postura transcende o risco da visão maniqueísta provocadora de posições rígidas — inclusive, em muitas ocasiões, a dos profissionais de saúde mental —, carregada, de um lado, de rejeição e ódio ao agressor e, de outro, de manutenção do "vitimismo" que corrobora para a perpetuação desses papéis e formas de vínculo. A violência sempre nos passa por esse filtro.

Não me debruçarei na complexidade de enfoques terapêuticos para a abordagem dessa problemática, pois isso foge do âmbito deste capítulo. No entanto, permito-me fazer referência a algumas atitudes do terapeuta em sua proximidade com o vínculo da violência e com seus protagonistas, inclusive nas situações nas quais um tratamento de terapia de casal não seja possível, como é tão freqüente.

Os casais que vivenciam a violência constituem um espelho que nos devolvem por meio de suas imagens a capacidade do ser humano para adentrar nos labirintos da destruição, do indefensível e do sofrimento.

O profissional que não se atreve a encontrar um reflexo não tão alheio e distante de si mesmo nesse espelho humano, ainda que seja ruim e perverso, não pode colocar-se numa posição compreensiva que lhe permita afrontar e compartilhar a carga destrutiva, para conter e restaurar, na medida do possível, o dano individual e vincular.

É necessário um olhar para nós mesmos como elementos violentos potenciais — e às vezes reais —, passíveis de padecer também das feridas da violência. A aceitação de nossas contradições axiológicas e emocionais nos leva a distinguir aquilo que somos do que supomos e pretendemos ser. Definitivamente, não podemos nos colocar à parte daquilo que é mais desagregador do ser humano (a ameaça e a violação da integridade física e psíquica), como se isso fosse patrimônio exclusivo de habitantes de outro planeta. Esse reconhecimento nos situa numa posição de encontro desprovida de posicionamentos rígidos com esse vínculo e seus componentes. Um encontro que não supõe a falsidade de uma aceitação incondicional que impede a visão da diferença de papéis (agressor-vítima). Isso não implica, entretanto, cegueira para identificar e reconhecer movimentos internos de rejeição que essas situações provocam, ou mesmo movimentos de compaixão pela vítima. Nessa perspectiva, não se renuncia ao compromisso de adotar uma atitude clara e firme de intransigência com qualquer ato e forma de violência.

Um encontro, nessas condições, supõe a responsabilidade pessoal de olhar para os dois lados do território da violência (agressor e vítima) como profundamente humanos em sua complexidade e em suas contradições. Um olhar não disjuntivo, mas que diferencia as pessoas envolvidas em suas intenções, atos, responsabilidades e conseqüências e que não necessariamente torne crônicas as diferenças dos atributos de papéis e de gêneros. Isso exige uma atitude reflexiva e de autocrítica que não deposite a patologia da violência fora de nós mesmos e de nossas relações mantidas com o entorno, ainda que nos incomode e nos desestabilize.

A meu ver, é dessas premissas que podemos começar a qualificar e intervir em situações permeadas pela violência, por meio de um tratamento individual, familiar, grupal ou de casal quando for viável.

## O risco de banalizar a violência cotidiana

Uma vez assinalado o marco da violência física e psíquica e suas implicações na atitude terapêutica, passamos para um território mais sutil em sua forma de se apresentar. Refiro-me a essas situações que nem mesmo chegam a ser motivo de alarme social e nas quais os sujeitos agressores não são designados nem como patológicos, nem claramente como violentos. Esse é o risco que leva ao solapamento de outra forma de violência menos visível, na medida em que não se revela na espetaculosidade da agressão física.

Essa forma de violência, como assinala Bustos (1997), tende a incorporar-se aos modelos habituais de comportamento na convivência cotidiana, ficando inclusive legitimada e deixando de ser reconhecida como violência. Nela predomina de maneira exclusiva a violência psíquica. Nesse caso, não há presença de violência física; ela se constrói no dia-a-dia da convivência, às vezes sem que se tenha uma clara consciência dos estragos que ocasiona para a relação do casal. São situações que não se circunscrevem apenas no âmbito clínico, mas podem estar presentes na esfera da vida cotidiana. Trata-se de uma vinculação marcada por um jogo relacional que obedece a uma necessidade de poder e competência. Nessa situação, com base em cada um dos pólos do eixo domínio-submissão, desenvolvem-se atitudes e pautas de conduta instrumentalizadoras, que oprimem e provocam uma dependência de culpa corrosiva. Como assinala Población (1999, p. 216), "(...) costumam ser relações muito fortes (...) vinculações estreitas, duradouras, onde se maneja a dominância e a dependência como instrumento de poder (...) é o combate dos exércitos, para ver quem vence ao outro (...)".

A incorporação dessa forma de violência psíquica nos modelos habituais de comportamento do casal, apesar de poder estar encoberta, torna-se, entretanto, perceptível em seus efeitos, criando um clima progressivo de tensão, rancor e rejeição que gera um terreno fértil para que o ódio se instaure. E como assinalam Marina & López (1999, p. 182), "Tanto como no amor, o ódio implica em desejos. Um deles é causar dano".

Dessa intencionalidade, quase sempre negada, às vezes nem sequer reconhecida, a espiral de violência psicológica entra em funcionamento com as ações e interações de humilhação, ameaças, violência, controle e vigilância, alterações freqüentes de humor, desaprovação, rejeição ou desqualificação constantes (Echeburúa, 1994). Essas ações ficam justificadas porque sempre os cônjuges encontram um motivo causado pelo outro que os absolve da própria responsabilidade.

As relações permeadas por violência psíquica, assim como nas que apresentam violência física, costumam ser muito rígidas. O espaço do casal se converte no lugar simultâneo de encontro e enfrentamento. Nesse espaço observa-se tanto a necessidade inevitável de interdependência, quanto o temor de reconhecimento dessa necessidade, e não se encontra um substrato de colaboração e carinho que satisfaça às necessidades e aos desejos dos parceiros conjugais (Bustos, 1990).

O encontro se sustenta quando predomina uma posição de conhecimento das diferenças, das necessidades próprias e das do outro, bem como da aceitação das limitações, das perdas parciais e das transformações do vínculo, com base na construção de um sentimento de confiança básico.

O enfrentamento se mantém sempre que prevalece uma vivência de ameaça à integridade, do ataque externo do outro ou mediante a auto-ameaça, que faz que se confronte com a própria vulnerabilidade. O estado de alerta emocional constante, a desconfiança e o ressentimento impregnam a comunicação do casal.

## Algumas formas de expressão da violência cotidiana

Há vários anos em meu trabalho com casais, costumo abordar essa problemática, ainda que, na demanda inicial terapêutica, esse tema não esteja necessariamente presente. A experiência tem-me mostrado como a violência psíquica é uma realidade na vida dos casais, a qual lhes confere uma forma de existência e de relação destrutiva (claro que com diferenças quantitativas e qualitativas) que não se pode ignorar. Por isso mesmo, em todos os casos se questionam as repercussões individuais e familiares da violência mantida no plano do casal conjugal.

Num trabalho anterior, comecei a traçar uma série de categorias que me permitiram estabelecer anotações meramente instrumentais sobre as diversas formas de expressão da violência psíquica cotidiana com os jogos de poder. Nelas incorporei uma descrição sobre as diferenças de gênero no manejo do conflito e nas repercussões individuais desse jogo relacional (López Barberá, 2001).

A classificação tem a intenção exclusiva de agrupar as observações, pois a realidade cotidiana do exercício desse tipo de violência expressa-se de forma contínua, e essas categorias surgem simultânea ou alternativamente, com facetas interligadas à violência cotidiana de acordo com:

- o controle;
- a imposição autoritária;
- a chantagem afetiva;
- situações de coação.

## 1. Exercício da violência cotidiana com o controle

Com relação ao uso do controle como mecanismo de violência, estou-me referindo a sua instrumentalização para conseguir manter um poder habitualmente questionado pela vítima. Esse questionamento produz uma situação de perigo e de violência. O controle emerge sempre que não se satisfaz à necessidade de que o fraco mantenha uma relação de estreita dependência com o poderoso, que obtém, por sua vez, um *status* de superioridade que o reafirma.

Quando o homem exerce o controle ativo, a resposta interativa mais freqüente na mulher (com o risco que implica qualquer generalização) é a passividade. Uma passividade que pode estar carregada de aspectos manipuladores e de adaptação, como o demonstram inúmeras teorias, mas que exige a renúncia de uma identidade adulta e autônoma.

João e Carmem são um casal que tem convivido durante 12 anos com a impressão de não ter sofrido "grandes desequilíbrios na relação", apesar das mudanças incorporadas na vida em comum, como a chegada de dois filhos com uma diferença de dois anos; a morte do pai de Carmem a quem ela era muito ligada; e a persistência de uma situação empregatícia de João conflituosa por dois anos, que o levou a tomar a decisão de mudar de trabalho.

João e Carmem foram encaminhados à terapia de casal pelo psiquiatra que se encarregava do tratamento farmacológico de Carmem. Ela foi diagnosticada como apresentando um estado depressivo sem a presença, ao que parece, de fatores endógenos. Ambos expressam desconcerto tentando encontrar a razão pela qual Carmem tenha-se deprimido, "precisamente agora que já passou um tempo suficiente da morte de seu pai". Apontam também que o trabalho do marido é mais gratificante que o anterior, e as crianças têm um desenvolvimento adequado e, portanto, não há motivo para nenhuma preocupação que não seja natural.

Quando João se queixa da mulher, cada dia mais "distante e fria", ela lhe transmite a mesma resposta: "... eu te amo igual... não tem nada contigo... não se passa nada...".

João sempre se sentira "satisfeito" com seu papel de "provedor e guia do casal", mesmo em momentos pessoais difíceis. Carmem — com nível sociocultural inferior ao de João e com falta de confiança em si mesma — encontrara em João seu complemento "ideal": "Era o que necessitava. Nele encontrei tudo o que me faltava".

Durante alguns anos a relação funcionou, já que ambos se sentiam satisfeitos e com confiança mútua, baseada na satisfação recíproca de suas necessidades e interesses complementares.

Essa dinâmica foi exigindo esforços graduais para ser mantida, pois Carmem começou a manifestar atitudes de oposição vivenciadas por ela como uma necessidade de crescimento pessoal e de individuação, cujo significado para João era como "pequenos atos de rebeldia sem sentido". Ele intensificou ainda mais seu papel, que começou a ser questionado e percebido por Carmem como "pressionador".

À medida que o tempo passava, foi-se acumulando uma tensão progressiva, e a adoção de significados às atitudes de ambos foi adquirindo maior dramatismo. Para João, a atitude de Carmem já não era a de realizar pequenas transgressões, mas sim o desejo de destruir a relação e lhe fazer mal gratuitamente e sem motivo. Para Carmem, a pressão sentida diante da atitude de João foi-se transformando numa vivência persecutória insuportável.

Essa tensão chegou ao limite, de forma que o casal decidiu por si só rever a relação para tentar melhorar, forçando-se a efetivar uma "mudança" baseada numa declaração de intenções dirigida para "voltar ao conhecido, em prol do amor demonstrado durante anos, a fim de não destruir a família".

João passou a sentir-se satisfeito porque "ao final se demonstrou que a paz e a estabilidade conjugal voltavam a ser possíveis". Entretanto, Carmem começou a adotar atitudes de desinteresse e apatia, reforçadas pela superproteção e preocupação permanentes dele.

João acredita que Carmem pode ter sérios problemas de imaturidade afetiva, agregados a seu novo papel de "doente". Essa avaliação o leva a justificar "os desaforos sem sentido" e a revalidar sua atitude de controle para não questionar nem a si, nem a relação. Carmem começa uma escalada de passividade que lhe permite invalidar os permanentes esforços e as ações de João para ajudá-la a "se recuperar". Mas a passividade crescente acaba por incapacitá-la também.

Se o homem é a vítima do controle, tende a reagir com acatamento que esconde um ressentimento permanente construído com a crença de que a mulher maneja atributos que não lhe correspondem — o domínio da relação pelo controle exercido — e que, portanto, usa e abusa indevidamente dele. A conseqüência para o homem nessas situações é a renúncia ao uso de seu direito de agir a de acordo com uma posição assimétrica com atitudes de firmeza e auto-afirmação.

Ramón e Marga mantêm um vínculo rigidamente complementar desde que se constituíram como casal. A ameaça dela de se separar tem sido recorrente e resolvida por ambos com a gravidez em três ocasiões, quando a situação chegava ao limite. Na terceira gravidez, chegaram até a iniciar os trâmites da separação por iniciativa dela, que ficaram interrompidos com o nascimento do filho.

Marga teve sempre caráter "muito forte" e tem sido definida desde a infância em seu entorno familiar e social mais próximo como uma pessoa "dominante e de gênio difícil". Ramón, ao contrário, é conhecido como um garoto "simpático, agradável e popular por sua bondade e por nunca criar problemas". Eles próprios se perguntam como puderam se casar sendo tão diferentes e produzindo tanto desgaste emocional para a união. A única razão que encontram é a forte atração sexual recíproca.

Marga manifesta episódios de autêntica fúria, quando sente ciúme pela dedicação carinhosa e atenção de Ramón para com seus companheiros de trabalho, seus amigos e sua família. Ela cobra e exige mais atenção e dedicação dele, chegando a impor-lhe a organização de sua vida, levando-o a um estrito controle de seus horários, de suas relações, chegando até mesmo a determinar quais amigos ele pode freqüentar, o que pode ou não fazer...

Diante da postura de Marga, Ramón nunca demonstra agressividade, nem a enfrenta abertamente. Mantém sempre um eterno sorriso e não se queixa dos maus-tratos exercidos por sua mulher. Sua passividade bondosa é utilizada como ferramenta de poder, reforçada pela busca de alianças com outras pessoas, que são aquelas destinadas a reprovar as atitudes dominantes de Marga.

Em ambas as situações, a figura que ostenta o controle sente medo de perder o território alheio. Todavia, o membro do casal que sofre o controle sente temor por ganhar território próprio.

## 2. Exercício da violência cotidiana com a imposição autoritária

A violência impositiva e autoritária busca uma retribuição pessoal em detrimento da satisfação do outro. A relação converte-se num campo de batalha aberto ou de guerra fria, no momento em que aparece em cena o "inimigo" — quer dizer, aquele que tem a ousadia de sair do roteiro para ele criado.

Não se precisa de argumentos truculentos para legitimar essa atitude. Basta conceber um roteiro de vida para o outro que satisfaça ao "diretor". As atitudes paternalistas, por exemplo, são uma forma de mascarar o autoritarismo com base na impossibilidade de aceitar a existência de outros interesses e projetos que não se ajustem às expectativas que o dominante deposita sobre a vida do outro. Quando isso acontece, o agressor pode explodir como uma bomba-relógio, com condutas de repúdio, humilhação, desqualificação contínua, posições dogmáticas e de isolamento ativo ou intencional sobre o objeto de sua agressão. Uma resposta habitual da mulher vítima dessa situação é se submeter a alguém em quem não acredita, mas com quem também não se confronta. Resulta daí a criação de uma espiral de violência com o não dito.

A repercussão para a mulher, entre outras, são o isolamento e a amargura produzidos ou pela incapacidade de sair da mira do opressor, ou pela falta de reconhecimento para dar significado ao comportamento violento do qual é objeto, ficando confusa e paralisada. No caso de a mulher se rebelar e seguir o próprio caminho, desencadeia-se a angústia diante de alguém que, apesar do atual jogo de violência, já ofereceu apoio e segurança em outra etapa da relação.

Antônio e Emília mantinham uma relação de aceitação e valorização mútua até que o conflito explodiu em determinada ocasião. Ambos eram profissionais com bom prestígio. A relação profissional funcionava porque existia um acordo tácito e complementar aceito por ambos. Antônio tinha maior experiência acumulada por seus anos de dedicação à profissão. Por essa razão, a disponibilidade, orientação e ajuda dele a Emília eram permanentes. Ela, por sua vez, retribuía com reconhecimento e agradecimento contínuos.

Num congresso em que ambos participavam, a intervenção de Emília foi muito valorizada. Antônio, habitualmente acostumado a ser muito elogiado em suas contribuições, sentiu-se "maltratado" ao não receber do auditório maior resposta de reconhecimento que a obtida por Emília.

Antônio começou a assumir o papel de injustiçado e desenvolveu a necessidade de criar um personagem a quem responsabilizar por essa situação. A partir desse momento, sua conduta para com Emília sofreu uma transformação radical. Passou a apresentar reações violentas quando estava em casa sozinho com ela. Diante da família e de alguns amigos, esforçava-se para estabelecer uma relação de coalizão, tendo em vista desqualificar Emília e impor suas regras de interação e sua visão. No círculo profissional, procurava diminuí-la mantendo uma atitude de desqualificação.

Emília mostrou-se inicialmente desconcertada, sem saber o que fazer. Não conseguia encontrar sentido para a mudança de atitude de Antônio. Oscilava entre a dor e o questionamento sobre se seria culpada pelo mal ocasionado ao marido. A conduta progressivamente impositiva e mistificadora de Antônio foi reforçando o comportamento regressivo de Emília e desenvolvendo nela um temor crescente que a imobilizava e a impedia de afrontar a relação e pedir explicações. Mas, em sua submissão, começava a germinar a semente da rejeição.

Essa relação se rompeu quando Emília pôde realizar o esforço de recobrar o mínimo de confiança em seus recursos, ficando longe de Antônio.

Quando o homem é quem padece como vítima, pode responder em curto-circuito. Acumula tensão, ódio e frustração, que acaba por disparar num espetacular e sonoro repertório de violência. Uma conseqüência desse tipo de vínculo é a perda de auto-estima como homem e o crescimento de um temor generalizado que o impede de perceber outros tipos de relação com a mulher.

Paloma e Lorenço iniciaram sua relação quando ainda eram estudantes na faculdade. Paloma é muito exigente consigo mesma e com Lorenço. No começo da relação, ela impôs uma série de normas, desaprovando qualquer coisa que pudesse se tornar perturbadora para sua concepção do que deveria ser um casal. Esses atos de imposição e de desaprovação a qualquer interferência eram rotulados como sendo em prol do amor: "Faço pelo teu próprio bem", "Eu sei o que te convém porque te quero".

No projeto de vida futura, impôs que permanecessem em Madri, para não deixar a mãe sozinha, ainda que resultasse mais fácil para os dois se instalarem profissionalmente em uma cidade menor. De fato, Lorenço tinha uma série de contatos profissionais que lhe facilitariam arrumar emprego.

Paloma é filha única. Sua mãe, viúva e relativamente jovem, goza de boa saúde e tem sua vida resolvida e organizada. Lorenço concordava com tudo o que Paloma lhe impunha, apesar de ter clareza dessa submissão. Não se atrevia a questionar nem a estabelecer limites. Sentia-se vítima e incapaz de enfrentá-la "por medo e para não causar conflitos". Isso redundou em uma grande carga acumulativa de tensão e ressentimento, que se desenvolveu em duas fases consecutivas.

A princípio, Lorenço se manteve com essa atitude. Procurou fazer que Paloma sentisse um grande mal-estar emocional, tentou culpá-la por ser a geradora de seu sofrimento e a responsável pela renúncia de sua autonomia. Em outro momento, quando as sensações de tensão e repressão passaram, emergiu uma grande descarga agressiva incontrolável voltada para si mesmo, mas sempre diante dela, ou dirigida para ela, como a ameaça de um ato lesivo para ambos — por exemplo, começar a dirigir de forma temerária, buscando o perigo e tentando atemorizar Paloma.

Posteriormente, Lorenço sentiu-se bastante culpado por ser a causa do mal infligido. Começou o arrependimento, numa posição de culpabilidade que evitava o esforço emocional de recomeçar os abusos recíprocos na relação. Simultaneamente, surgiu a atitude de cobrança para consigo mesmo por sua "impotência para estabelecer uma relação mais simétrica".

Nesse tipo de situação, pode-se apreciar um sentimento compartilhado de raiva profunda e desespero, em relação a quem mantém a posição dominante ativa, e de desvalorização por parte do opressor para com o oprimido com a intenção de manter uma relação de desigualdade.

## ■ 3. Exercício da violência cotidiana com a chantagem afetiva

É sabido que não há nada mais distante, aparentemente, do ódio, da rejeição e do desejo de fazer mal que o afeto amoroso. Em nome do amor se constroem autênticas situações de tortura emocional, que são, entretanto, negadas (Madanes, 1993) em razão do próprio amor.

Assumir a responsabilidade pela vida do outro, por sua segurança, por sua satisfação, ou culpar-se por não cumprir a dívida contraída, organiza uma cadeia envolvente carregada de recriminação e cobranças.

Quando o homem exerce uma chantagem afetiva culpando a mulher, ela pode assumir a culpa por não ter respondido de acordo com sua capacidade ou dever para dar conta das responsabilidades emocionais. (As suas contam muito menos ou simplesmente não contam.)

A manipulação das relações sexuais é uma via muito freqüente de chantagem sobre o casal. Ainda que se costume culturalmente atribuir a maior utilização desta pelas mulheres, não deixamos de encontrar ocasiões em que a manipulação se torna uma ferramenta com a qual o homem violenta sua parceira.

Consideremos Luís, que se expressa desse modo numa sessão de casal, discutindo com Pilar, sua mulher.

> *Pilar:* "Eu não agüento mais. Não temos relações sexuais faz meses." [Trata-se de um casal em quarentena.]
>
> *Luís:* "Teremos relações quando você mudar. Não faz nada do que peço ou do que sabe que gosto; não gosta de sair só comigo para tomar um *drink*, não faz as comidas de que gosto. Se chego em casa cansado, não a encontro receptiva como eu gostaria que estivesse, porque está de mau humor e cansada. (...) ou começa a falar de suas coisas e dos filhos quando sou eu quem mais tensões tem. Não encontro apoio em você (...)"
>
> *Pilar:* "Tenho direito a minha própria vida, não?"
>
> *Luís:* "Direito... Se você se comportasse como deveria... Você é uma esposa ou o quê? Não faz nada certo e, logo à noite, exige que façamos amor. Faremos amor quando eu quiser, que será quando você fizer o que deve e me oferecer o que necessito para sentir que me dedica a atenção que mereço..."
>
> *Pilar* (à terapeuta): "É verdade que sou uma privilegiada [expressa-se com raiva contida]. Sei que não tenho direito de me queixar. Ele me quer... tenho tudo de que necessito... E logo não estou à altura... não respondo... Creio que não tenho direito de 'exigir' ter relações sexuais..."

A chantagem afetiva produz seu efeito. Ele faz que ela se sinta mal ressaltando seu bem-estar e privilégios, responsabilizando-a pela situação. Ela vai acumulando raiva e ressentimentos contra seu provedor.

Quando o homem é quem assume o papel de vítima, ele tende a responder de maneira defensiva, afastando-se emocional, física e sexualmente da mulher, a quem considera grande manipuladora, de maneira que qualquer situação de implicação pessoal é evitada pelo temor de cair em sua "rede", ficando assim justificada sua recusa aos compromissos emocionais.

Prossigamos com os diálogos de outro casal:

> *Juan Carlos:* "Sinto que nossa relação como casal está muito afetada. Te quero, mas cada vez mais prefiro estar só..." [Na primeira entrevista do casal, comentou com a terapeuta que isso vinha acontecendo havia três meses.]
>
> *Rosa:* "Faz duas semanas que pegou o carro e esteve fora por dois dias sem dizer nada... Às vezes ele estava mal, mas agora nada havia acontecido... Pensei que nunca ia ocorrer comigo o mesmo que acontecia com minha mãe... Sempre só..."
>
> *Juan Carlos:* "Não suporto a situação..."

Juan Carlos havia deixado sua cidade e seu trabalho para começar a vida conjugal na casa da família de Rosa — uma família muito unida e protetora. Juan Carlos passou a trabalhar como assalariado na empresa familiar.

> *Rosa:* "Ele deixou tudo e veio comigo para a minha cidade. Eu necessito de muito carinho, mas em troca eu dou tudo... Perdi a minha mãe aos 18 anos..."

Transcorridos dois anos do nascimento do único filho, Juan Carlos começou a expressar seu mal-estar.

> *Rosa:* "A princípio aceitou bem, mas começou a se sentir pressionado. Ainda que eu não o entendesse, decidimos mudar de casa para vivermos a sós com nosso filho. Também se separou da empresa familiar e buscou trabalho em outra oficina." [Ele é mecânico de automóveis]
>
> *Rosa* (em razão de ter comprado um apartamento): "Coloquei em nome dele para que não se sentisse em inferioridade de condi-

> ções..." [Rosa é universitária e tem um cargo fixo na Administração, com uma remuneração maior que a de seu marido.]
>
> *Rosa:* "Pensei que seria diferente. Que ele dedicaria mais tempo... Insisto que preciso dele, que gosto dele, que tenho de ficar com ele..."
>
> *Juan Carlos:* "Ela se ocupa de tudo... me conduz... me aconselha, me libera de responsabilidade... Mas cada vez estou mais frio... Sinto-me melhor sozinho... Perdi a atração física... a quero como a uma amiga... Mas necessito de uma separação. Tenho muito medo de fazer sofrer... Sei que sou injusto... mas estou fazendo mal para mim mesmo se continuar como estamos... Não mereço a minha mulher, é muito boa... e tem me dado muito..."

O círculo mantém-se fechado. Rosa reforça seu papel de provedora e sua posição de superioridade doadora, sujeita a dependência do marido. Espera e procura ser recompensada afetivamente para eliminar seu medo de ficar só. Juan Carlos, receptor de tantos benefícios, a valoriza e demonstra reconhecimento por isso, mas não pode suportar essa diferença que lhe faz ter a sensação de "cidadão de segunda categoria".

> *Juan Carlos:* "Ela tem me dado muito... eu não tenho correspondido... Durante anos tenho me sentido como uma criança... como um 'moleque'".

Uma criança que, com sua postura infantil, consegue uma série de benesses e benefícios:

> *Rosa:* "Tudo era para que ele estivesse contente... Eu lhe dava tudo o que ele queria e sempre estava disponível para ele... Eu gostava assim..."

Rosa se sente maltratada pela separação emocional e sexual dele. Ele se sente uma vítima de Rosa e de sua família: "Porque nunca me deixaram que fosse eu mesmo...".

Os sentimentos compartilhados são de desaprovação e recriminação com que a vítima censura a quem exerce a chantagem, e de sofrimento pela ferida ao orgulho, subjacente na vivência de fracasso e injustiça emocional de quem realiza a chantagem.

## ■ 4. Exercício da violência cotidiana com situações de coação

Há ocasiões nas quais existe necessidade de ocultar segredos a qualquer preço e a descoberta de uma situação vergonhosa, por exemplo, mexe com o sistema de valores e mitos. Então podem ser geradas situações violentas de vexação, ameaças e humilhação por parte do agressor, como procedimentos para obrigar e procurar forçar o outro a manter uma situação insustentável. Estamos diante de uma situação de coação.

Quando a vítima é homem, este tende a responder se rendendo ao esforço de permanecer em alerta contínuo para manter a situação. Pode buscar uma terceira pessoa para compartilhar a tensão e o esforço e para servir de apoio e refúgio para ele, ou para substituir a figura da agressora.

Beatriz nega ser alcoólatra. É consumidora de fins de semana. Seu marido oscila entre se manter numa situação de anestesia para evitar confrontos, ou explodir numa briga recriminatória e acusadora. A resposta de Beatriz está carregada de ameaças no caso de ser definida e percebida como alcoólatra e diante da possibilidade de ser mostrada para os demais como uma pessoa fraca e incapaz de exercer controle sobre si mesma. As ameaças de se abandonar totalmente, de cometer "uma besteira", de desvelar questões de sua intimidade conjugal à família e aos amigos próximos revestem-se de tentativas de coação com uma escalada de imposições proibitivas a seu marido.

Luís procura apoio emocional, encontrando "vários ombros para chorar". Torna-se "especialista" em receber apoio, reconhecimento e até mesmo admiração por permanecer com a mulher, "podendo reorganizar sua vida com outra que esteja a sua altura".

Perdi o contato com este casal. Beatriz não se reconhecia em seu papel nem em sua participação na estrutura vincular mantida. Luís encontrou o que buscava emocionalmente no lugar desejado e relaxado: fora do casamento. Eu não soube como ajudá-los.

Se a vítima é mulher, manifesta-se um bloqueio inicial e, posteriormente, ela realiza grandes esforços para levar adiante movimentos conciliatórios e tranqüilizantes, ainda que internamente esteja dominada pelo temor e pelo desprezo contra o agressor. A mulher tende a reduzir seu universo de interesses e projetos para colaborar no esforço de ocultar ou manter o insustentável.

Consuelo é uma mulher cujo sentido da lealdade está muito desenvolvido e inscrito em um lugar preferencial de sua escala de valores. Seu parceiro tem cometido uma série de calotes se servindo do nome e prestígio do pai dela e da confiança depositada por ele.

Pedro rejeita a oportunidade de retificar esse ato diante do sogro, para "ocultar a situação humilhante e vergonhosa a que submeteu a família". Sente-se humilhado por essa oferta que tem como objetivo prioritário a manutenção do mito da reputação familiar inatacável, que não admite mácula nenhuma.

Começa a mostrar uma série de atitudes hostis contra a família da mulher, exigindo e forçando Consuelo a tomar uma decisão determinante: "Com quem você está e contra quem você quer estar?" (com sua família ou com ele).

Com a coação, Consuelo se isola com o marido e os filhos e renuncia involuntariamente à relação com sua família de origem, condição colocada como imprescindível para manter a relação de casal.

Essa atitude vai tomando vulto progressivamente, até o extremo de organizarem uma mudança de vida, que os leva para outra cidade. Consuelo deixa seu trabalho e suas amizades, e parte para uma vida dedicada exclusivamente aos filhos, ao marido e à casa. Na nova cidade, cultivam a imagem de "família feliz".

As condutas hostis e agressivas de Pedro para Consuelo começam a decrescer paulatinamente. Consuelo reinicia o contato com sua família às escondidas e... acaba por consultar um dermatologista pela aparição de uma alopecia severa... O dermatologista a encaminha à psicoterapia.

Nessas situações de coação, uma das conseqüências mais freqüentes é a aparição de uma dupla moral e ética para a manutenção da família ou do casal, em prol da manutenção de uma atitude de lealdade (Boszormmenyi-Nagy, 1983).

## ■ Algumas notas sobre o tratamento

O casal, como outros sistemas, reproduz e ativa respostas de violência em seu interior, na medida em que está instalado em uma ordem social violenta. Neste sentido, Población (2002, p. 83) propõe a conveniência de "se remeter a uma posição mais ampla e falar de uma sociatria desses problemas, pois se encontram em todos os níveis de sistemas, desde o indivíduo até culturas nacionais, passando por casais, grupos naturais ou artificiais (...) etc.".

Por sua posição humanista de fundo, o psicodrama permite questionar modelos mais tradicionais, que incorporam o *constructo* de "autoridade" em relação ao ser humano. A visão psicodramática do homem como um ser com recursos e possibilidades, criativo e espontâneo, possibilita uma visão multifocal em relação tanto à concepção dos processos que atuam nas dinâmicas intra e inter-relacionais, como à forma de valorizar e orientar as disfunções e os conflitos.

Contemplar, no campo psicoterapêutico, a violência cotidiana não com o olhar que avalia e assinala rótulos estigmatizantes, mas com aquilo que ocorre no mundo do sofrimento humano, é criar as bases para conseguir uma via renovadora tanto na aproximação geral da questão da violência conjugal, como nas estratégias de intervenção.

Há alguns anos sou partidária de abrir espaço nas terapias de casal para esclarecer de que maneira os jogos de poder constituem uma forma de violência cotidiana. Em meu modo de ver, eles sempre se manifestam num *continuum*, que se estende da presença ocasional à persistência recorrente, com o risco de a violência cotidiana se estabelecer e se tornar crônica.

Como assinalava anteriormente, em inúmeras ocasiões os casais não realizam uma demanda inicial de ajuda terapêutica relacionada com esse tipo de violência. A filtragem desta em outros conflitos mais observáveis e concretos favorece sua perpetuação na penumbra.

A intervenção sobre os mecanismos empregados na manutenção da violência cotidiana é uma necessidade que requer reflexão.

Essas condutas são estruturas defensivas e, como tais, originam-se como uma maneira de sobreviver emocionalmente e de se adaptar ao meio. Em muitos casos, essa adaptação continua mantendo-se, ao preço do sofrimento e da compensação pela manutenção de uma forma conhecida que garante a sobrevivência emocional.

A valorização do significado que possa adquirir na relação de casal a gravidade dessa conduta se manifesta pelo grau de deterioração ou lesão de outras áreas de relação vinculadas com confiança e segurança no afeto, reconhecimento mútuo, valorização, ternura e prazer...

As resistências para a mudança vão desde a incapacidade ou dificuldade para romper a rigidez dos jogos instalados — apesar da insatisfação e do padecimento ocasionado — até a gratificação obtida com luta constante na direção de qualquer tipo de satisfação, que fica relegada ao prazer de vencer o outro.

De modo paralelo, a necessidade de mudança se move entre o grau de impedimento das necessárias satisfações afetivas causadas pela violência cotidiana e a intensidade do sofrimento instalado no vínculo.

Considerando esses fatores, é possível estabelecer uma estratégia, ajustada a cada caso concreto na intensidade e profundidade necessárias, que permita ao casal questionar essa forma de violência cotidiana com seus papéis e da relação.

No processo de intervenção, convém apreciar a dimensão quantitativa e qualitativa dessa dinâmica, assim como aspectos intrapsíquicos e relacionais e a interação com os diversos contextos relacionais, como variáveis moduladoras desse jogo disfuncional. E, ainda, valorizar o nível de cronicidade dessa forma de se vincular e seu grau de alternância com outras formas de relação. Não se pode comparar um casal que apresente altas cotas de destruição com outro em que esteja subjacente uma matriz relacional salutar.

Com base nessa informação, podemos intervir facilitando um processo de contenção e reflexão em que o casal se conecte emocional e racionalmente com seus conteúdos individuais e relacionais implicados em seus modos de exercitar e perpetuar essa forma de violência. É preciso que ambos percebam o modo como essa violência se exerce dos dois lados da moeda: o lado dominador, cuja derrota se explicita por condutas de resistência passiva; e o lado dominado, que se cobra grandes renúncias e perdas.

Assim, no procedimento de intervenção, incluem-se vários passos:

- Ajudar ambos a reconhecerem que sua luta pelo poder é uma forma de violência cotidiana.
- Levá-los a tomar contato com sua autoria e com os mecanismos que cada um emprega.
- Possibilitar a inversão de papéis, que permita a cada um experimentar a forma de jogar do outro na sustentação da violência do poder ao contemplar a si mesmo "pelo outro lado".

No plano terapêutico, se for possível, não só deixar que haja o encontro com as raízes e modos do conflito, mas também apontar vias de reconstrução que possam oferecer condições para o casal explorar e vivenciar como a situação o impede de se relacionar baseados na confiança, na lealdade, no apoio mútuo e em outros aspectos constitutivos de uma relação comprometida emocionalmente com a não-destruição.

Finalmente, o casal, de acordo com o encontro com suas possibilidades e limitações, pode optar por:

- resgatar e dar maior espaço a outros componentes da relação mais construtivos e que permaneciam eclipsados pela violência do jogo do poder;
- separar-se de comum acordo. Quando a luta que mantinha o casal ligado pelo ódio e pelo ressentimento desaparece, não resta alternativa. Nessas circunstâncias, o mais comum é ambos chegarem à conclusão de que o melhor é uma separação "civilizada". Mas nada os impede de reconstruírem a relação em função de fatores alheios ao encontro afetivo, como o interesse pelos filhos, interesses econômicos ou sociais (Población, 2002).

## ■ Reflexões finais

Este capítulo, baseou-se na equivalência dos conceitos de violência e poder a que numerosos autores fazem referência.

Qualquer modelo teórico pode vincular-se ao potencial de explicar e abordar esses problemas com base em sua ideologia e com uma linguagem específica. O risco da aproximação da violência e do poder com determinados modelos está dado ou por posições em que prima a resolução intrapsíquica, ou a inacabada psicopatológica, ou por visões radicais do conflito que podem propiciar a repetição de estruturas violentas em seu objetivo de erradicar e proteger as vítimas.

Os modelos que parecem apontar para uma via alternativa integradora e prática de resolução contêm uma posição flexível que contempla a interdependência dos diversos sistemas psicossociais postos em jogo mediante uma visão multicausal. Neste marco ideológico, questionam-se as estruturas de controle e poder que engendram as teorias que buscam soluções, legitimando instâncias formadoras de dinâmicas de poder e desigualdade.

Nós, profissionais, devemos questionar nossa autoria na manutenção da violência, tendo em vista o exercício do poder que cristaliza posições que explicam e dão razão aos fatos de acordo com uma ordem "correta" e organizadora de vidas e mudanças.

A violência manifesta muitas faces em sua expressão e repercussões. Há violências mais evidentes e outras menos observáveis. Reconhecendo a diferença em magnitude, não devemos esquecer que qualquer tipo de violência resulta em destruição e sofrimento.

A violência cotidiana exercida com jogos de poder entre casais está presente como uma opção vincular. Quando se ativa, excluem-se outras formas de relação baseadas na confiança e no respeito. A violência cotidiana não supõe só ação; é revestida por intenções que incorporam a ameaça para fazer o outro mais vulnerável e pelo desejo de obter submissão.

Nessas situações, e sem a intenção de generalizar para outras esferas de violência e abuso de poder, as figuras do agressor e da vítima não são patrimônio exclusivo e excludente dos gêneros. Homens e mulheres podem resultar tanto agressores como vítimas, na utilização do poder "que vem de cima" e do poder "que vem de baixo". Cada casal cria seu código de violência, exercida com base nos jogos de poder que se expressam sob múltiplos matizes.

Qualquer vínculo pode-se tornar violento se um membro submeter o outro a seu controle, imposição, chantagem e coação. Mulheres e homens podem ser tanto autores como receptores dessa forma de violência.

Em muitas ocasiões, em face da inexistência de um pedido terapêutico apresentado pelo casal que explicite a essas formas de violência cotidiana, faz-se necessária sua expressão, para abordar e reparar o sofrimento ocasionado por essas situações, na tentativa de encontrar alternativas relacionais mais salutares e satisfatórias.

## ■ Referências bibliográficas

BOSZORMMENYI-NAGY, I. *Las lealtades invisibles.* Buenos Aires: Amorrortu, 1983.

BUSTOS, D. "Violencia y desamparo". In: ________. *Actualizaciones en psicodrama.* Buenos Aires: Momento, 1997.

________. *Perigo: amor à vista; drama e psicodrama de casais.* São Paulo: Aleph, 1990.

CAMPO, C.; LINHARES, J. L. *Sobrevivir a la pareja.* Barcelona: Planeta, 2002.

CORSI, J. *Violência familiar.* Barcelona: Paidós, 1987.

ECHEBURÚA, E. *Personalidades violentas.* Madri: Pirámide, 1994.

GOTTMAN, J. M. *Marital interaction: experimental investigations.* Nova York: Academic Press, 1979.

HAPER, R. G. Power, dominance and nonverbal behavior: an overview. In: ELLYSON, S. L.; DOVIDO, J. F. (Eds.). *Power, dominance and nonverbal behavior.* Nova York: Springer-Verlag, 1985.

LÓPEZ BARBERÁ, E. Género y violencia en la relación de pareja. In: CASTILHO, T. H. (org.) *Psicodrama y Salud.* Madri: Universidad Pontificia de Comillas, 2001.

MADANES, C. *Sexo, amor y violencia.* Barcelona: Paidós, 1993.

MARINA, J. A.; LÓPEZ, P. M. *Dicionário de los sentimientos.* Barcelona: Anagrama, 1999.

POBLACIÓN, K. P. La antimonia amor-poder. In: BUSTO, G. S. (org.) *Psicodrama y otras psicoterapias.* XV Reunión de la Asociación Española de Psicodrama, Barcelona, 1999. p. 215-237.

________. *Psicología del poder.* 2002 (mimeo).

ZILLMAN, D. Attribution and miscattribution of excitatory reactions. In: VALLEJO RUILOBA, J. (org.) *Introducción a la psicopatologia y psiquiatria.* Barcelona: Masson-Salvat, 1994.

# Genodrama:* trabalho psicodramático com genograma em terapia de casal

MARIA AMALIA FALLER VITALE

> (...) por mais que o casamento, a união entre dois parceiros, esteja envolvido por um forte halo de escolha, de opção, de liberdade, fica claro que está fortemente vinculado e ancorado em um conjunto mais abrangente, que é legitimado por valores e representações em que o indivíduo está longe de ser a força-motor ou o ponto nodal (Gilberto Velho, 1986).

Casal e família são instâncias que se interligam quando se trata de refletir os laços conjugais contemporâneos.

Se as formas de viver em casal apresentam mudanças, os critérios para as escolhas conjugais permanecem, em diferentes etapas do ciclo de vida, delineados, preferencialmente, pelas referências afetivas e sexuais e marcados pelas condições familiares, socioeconômicas e culturais. A formação do casal supõe, portanto, escolhas mútuas que se dão no plano tanto consciente como inconsciente.[1] Essas escolhas

---

* Este trabalho foi apresentado originalmente no IX Congresso Brasileiro de Psicodrama em Águas de São Pedro, em 1994. Foi publicado em alemão como Das Genodrama: das psychodrama mit genogrammen in der paartherapie. In: JENSEN, K. (hg.) *Psychotherapie psychodramatisch* Shaker Verlag: Aachen, 2001. O texto foi revisto e atualizado tendo em vista esta publicação.

1. Sobre este tema, ver Willi (1978), Berenstein (1990) e Munhoz (2000).

têm sido amplamente discutidas pelos terapeutas familiares, como aponta Munhoz (2000) em seu estudo sobre a ruptura e a continuidade dos modelos familiares no casamento. Nesse sentido, os laços conjugais se constroem com uma rede relacional internalizada pelos parceiros. Todavia, no decorrer do percurso de vida, a sociabilidade do casal tende a incluir (em graus e domínios diversos) participação da rede familiar.

Na rede familiar, é possível reconhecer duas dimensões: uma horizontal, em que estão os vínculos do mesmo plano — irmãos, cunhados etc. — e outra vertical, ou seja, os vínculos intergeracionais — avós, pais e filhos (Angelo,[2] 1995). É claro que o espaço conjugal pode ter maior ou menor autonomia em face desse conjunto relacional. Isso não se faz sem certo grau de tensão.

As reflexões que seguem partem do reconhecimento da importância dessa rede na vida do casal e são, também, fruto de preocupações presentes em meu trabalho clínico com famílias e casais, que dizem respeito à transmissão do mundo familiar entre as gerações[3] (Vitale, 1994).

O trabalho terapêutico com casais nos leva, sem dúvida, a uma aproximação do tecido da transmissão familiar, não somente no sentido transgeracional ou intergeracional, mas também segundo a articulação, o entrelaçamento das heranças simbólicas recebidas e/ou transformadas pelos parceiros conjugais. Essa mesma experiência tem mostrado que os elementos do casal não abandonam a referência dos indicadores de uma identidade familiar primária, ainda que recriem, enquanto casal, novas referências. É bom lembrar que o processo de reapropriação dos legados transmitidos não ocorre de forma linear, nem no plano individual, nem no de casal.

As histórias familiares integram, portanto, em medidas variadas, o patrimônio relacional dos casais e podem ser apreendidas nos processos terapêuticos por meio do genodrama.

---

2. Angelo utiliza o termo "trigeracional". Preferimos, no entanto, a palavra "intergeracional", que corresponde melhor à idéia de trocas geracionais.

3. Relações entre gerações e relações de gênero estão interligadas. A psicanálise tem dado igual importância para as transmissões paternais e maternais nas heranças inconscientes, privilegiando a diferenciação dessas na estrutura psíquica dos indivíduos.

## O genograma

Este texto pretende discutir o genodrama, isto é, focalizar o potencial psicodramático do genograma — instrumento reconhecido dos terapeutas familiares — no atendimento a casais e famílias.[4] O genograma faz parte dos indicadores clínicos que podem-nos ajudar a compreender a família e o casal pelo prisma do processo de transmissão da vida familiar.

O genograma constitui não só o formato gráfico da genealogia familiar, nas linhas paternais e maternais, como também permite levantar informações sobre os membros da família e suas relações em pelo menos três gerações; auxilia a formar uma rápida *gestalt* da rede familiar e dos padrões familiares básicos que se entrecruzam ao longo dos anos. Assinala as principais etapas do ciclo de vida familiar (McGoldrick & Gerson, 1985).

O genograma proporciona informações gerais tais como nome, datas, acontecimentos e informações mais complexas, como padrões repetitivos de relação, por exemplo, triangulares. Os dados obtidos pelo diagrama constituem uma fonte de hipóteses terapêuticas para aqueles que trabalham nessa direção.

Por essas razões, o problema clínico apresentado pelo membro sintomático é mais facilmente correlacionado com o contexto familiar.

Aqueles que trabalham com famílias e casais sabem que o genograma evidencia as passagens transgeracionais de tradições relacionadas com a família, bem como a sua discussão tanto revela as crenças e comportamentos específicos familiares (Gameiro, 1985) como facilita o processo de individuação dos membros da família.

O genograma tem sido utilizado no trabalho clínico porque constitui uma forma tangível de representação da família. Com base nele, pode-se obter uma interpretação subjetiva da história da família, construída por ela própria.

Muitos terapeutas trabalham com o genograma na primeira sessão de terapia, sendo este revisado quando surgem novas informações. A entrevista inicial, utilizando o genograma, auxilia também os membros

---

4. Trabalhamos com famílias e casais em dificuldades na perspectiva do sociodrama familiar: nos últimos anos temos incluído, de forma significativa, o trabalho psicodramático com o genograma (genodrama).

da família a se envolverem no processo de terapia (McGoldrick & Gerson, 1985). Como já foi citado, por meio desse instrumento, a família tende a visualizar o problema atual no conjunto familiar. Esse instrumento contribui para que o terapeuta e a família recolham um amplo quadro de informações sobre a vida familiar e sobre sua estrutura no plano geracional. Dessa forma, a família pode ser apreendida no espaço e no tempo, assim como nas dimensões horizontal e vertical. O genograma auxilia na formulação de questões sobre os padrões de relação que se constroem e se repetem na família. O genograma pode ser elaborado em conjunto com a família na sessão terapêutica e, posteriormente, completado em suas lacunas ou acrescido de novos dados.

Existem genogramas simples e complexos. Estes últimos retratam famílias, por exemplo, com muitos recasamentos em todas as gerações.

McGoldrick & Gerson (1985) apontam algumas categorias de análise com uma perspectiva sistêmica e relacional.[5]

O genograma tem sua origem vinculada aos modelos de terapia familiar na perspectiva multigeracional. Hoje, no entanto, tem sido empregado por terapeutas familiares de diferentes abordagens. Aqueles que se apóiam na abordagem de Murray Bowen (1978) utilizam o genograma como um instrumento *primário* de acesso à família. Os terapeutas familiares em formação costumam construir seus próprios genogramas e interpretá-los para melhor trabalhar sua relação com a família de origem, tendo em vista o papel profissional. Por essas razões, terapeutas familiares de orientações diferentes[6] têm refletido sobre o uso do genograma. O genograma também vem sendo, mais recentemente, empregado como profícuo recurso de pesquisa.[7]

Como o terapeuta familiar psicodramatista[8] pode trabalhar baseado no genograma?

---

5. Esses autores apresentam as seguintes categorias, para a interpretação do genograma: a estrutura familiar; padrões através do ciclo de vida; padrões repetitivos entre as gerações; eventos de vida e funcionamento familiar; padrões relacionais e triângulos; família estável e instável. Dentro dos limites deste trabalho não nos propomos a discutir a natureza e a pertinência dessas categorias.

6. Groisman, M., Lobo, M. V. e Cavour, R. M. (1996), trabalham com o genograma para abordar a missão familiar.

7. Marques (2001) utilizou o genograma, aliado a outros intrumentos, para pesquisar o trabalho infantil em três gerações.

8. Utilizamos o termo sociodrama para designar, de forma genérica, o trabalho com grupo familiar.

## O trabalho psicodramático com casais

Para situar o trabalho psicodramático que vimos desenvolvendo com o genograma, pareceu-nos necessário recuperar algumas das contribuições de Moreno para a terapia de família.[9] Embora estas sejam precursoras, têm sido pouco reconhecidas no movimento de terapia familiar. Nessas contribuições, é preciso destacar, está presente a perspectiva desenvolvida no pensamento sistêmico que constitui os fundamentos da terapia familiar. Seixas (1992), estabelecendo as correlações entre o psicodrama e a teoria sistêmica, mostra-nos como os princípios sistêmicos estão presentes na obra de Moreno.

Nesse sentido, Moreno antecipa-se aos terapeutas sistêmicos, centrando sua atenção nas inter-relações das pessoas que compõem o grupo. As idéias de Moreno sinalizam, claramente, a mudança do *locus* da terapia. A família passa a ser tratada como uma combinação entre pais e filhos, entre marido e mulher. Não obstante, como já foi dito, Moreno não teve o devido reconhecimento na história da terapia familiar.

Refazendo, de forma breve, o percurso de Moreno, com relação a essa questão, observam se alguns dados reveladores de seu pioneirismo, não só em termos de suas idéias, mas no que diz respeito a sua própria prática, pois o trabalho com famílias esteve presente desde o início de sua trajetória:

> (...) Moreno freqüentemente ajudava famílias em dificuldade, discutindo abertamente com eles seus problemas e possíveis soluções, repetindo sua experiência com as prostitutas. Chamou essa abordagem espontânea de théatre reciproque ('teatro recíproco'). (...) O 'teatro recíproco' baseia-se em teorias sistêmicas e é um precursor da terapia familiar e comunitária (Marineau 1992, p. 78).

Em 1921,[10] ao fundar o Teatro Espontâneo e tratar, por meio de dramatizações, o chamado caso Bárbara,[11] Moreno criou, assim, as

9. Aspectos da trajetória de Moreno já foram tratados nos primeiros capítulos deste livro por M. Regina C. França, Júlia Motta e Laurice Levy. As contribuições de Moreno constituem, entretanto, parte significativa da versão original deste texto.

10. A criação e o funcionamento do Teatro Espontâneo deu-se entre 1921 e 1923. Sobre este tema ver Knobel (2003, p. 55) que chama a atenção para uma certa controvérsia quanto às datas de seu funcionamento.

11. Conhecido dos psicodramatistas, o caso Bárbara marcou a transformação do Teatro da Espontaneidade em Teatro Terapêutico; esse em psicodrama. Bárbara

bases da ação terapêutica psicodramática com casais, desenvolvida mais tarde. Em 1934, em *Who shall survive?*, Moreno desenvolve os pressupostos teóricos da sociodinâmica, que constituem a base do estudo de grupos, tais como a família. A sociodinâmica focaliza o indivíduo com base nas configurações compostas por díades, triângulos, círculos, redes sociométricas, átomos sociais, segundo forças de atração, rejeição e neutralidade. Essas configurações podem ser captadas por testes sociométricos e mapeadas por sociogramas.

O primeiro tratamento psicodramático de um casal[12] foi realizado por Moreno em 1939, no Teatro Terapêutico de Beacon em Nova York. Pavlovsky et al. assinala:

> En un articulo titulado Psicodrama de un Matrimonio nos describe en un apasionante relato literario, las vicisitudes de los tres protagonistas clásicos del drama conjugal. El tratamiento se extendió durante diez sesiones con intervalos semanales regulares. La riqueza de este histórico tratamiento radicó la posibilidad que tuvo Moreno de haber podido tratar simultáneamente a los tres protagonistas del conflicto (1970, p. 53).

O próprio Moreno comenta esse atendimento apontando que se, por um lado, a situação do psicodrama foi dolorosa, por outro, teve resultados, na medida em que trouxe os três participantes para uma confrontação direta e auxiliou — no contexto terapêutico — no esclarecimento do conflito conjugal. Moreno destaca ainda que esse atendimento impediu a possibilidade de uma tentativa de suicídio de uma das protagonistas. (...) "a separação do casal, assim como a dissolução do caso amoroso deixou os três livres para um novo início. O nó foi desmanchado" (Moreno, 1974, p. 215).

Em 1946, as idéias de Moreno, que convergiam para a perspectiva relacional, são apresentadas no livro *Psicodrama I* e, posteriormente, por meio de *Psicodrama II* e *III*.

De forma clara, Moreno distingue que o trabalho com casais:

---

era uma atriz que desempenhava papéis ingênuos e românticos. Um poeta, espectador dos espetáculos de Bárbara, acabou casando-se com ela. Mais tarde, Moreno foi procurado pelo marido com queixas de Bárbara: em casa ela era o oposto, grosseira, fazendo até agressões físicas. Moreno desenvolveu uma ação dramática para que ela pudesse mudar suas atitudes em relação ao marido e acabou por introduzi-lo no tratamento.

12. Nesse trabalho, Moreno atende, em sessões separadas, o marido, a mulher e a amante do primeiro.

> (...) pareceu revolucionar todos os conceitos habituais de tratamento psiquiátrico. Reconheci que, numa neurose verdadeiramente interpessoal, a neurose só existe na medida que entre duas pessoas há um fluxo de emoções antagônicas (Moreno, 1975, p. 293).

Assim, para Moreno:

> A terapia conjugal e familiar, por exemplo, tem que ser conduzida de tal modo que se manifeste a 'interpsique' de todo o grupo na representação, exteriorizando suas tele-relações e seus estados co-conscientes e co-inconscientes. Estes estados são aqueles que os participantes experimentaram e produziram conjuntamente, e que, por conseguinte, só podem ser produzidos ou representados em conjunto (Moreno, 1975, p. 30).

Por esse prisma, o agente terapêutico deixa de ser uma única pessoa e passa a ser o grupo familiar. A dimensão relacional emerge em todos os principais conceitos morenianos.

Ao analisar os casos de conflitos conjugais, Moreno o faz na óptica da organização de átomos sociais e de papéis, isto é, em termos de papéis satisfeitos e insatisfeitos. Os papéis têm, assim, uma natureza sistêmica (Wiliams, 1994). Nesse sentido, um papel exige uma experiência interpessoal e precisa, portanto, de dois ou mais indivíduos, a fim de ser concretizado. Com a noção de papel e de átomo social[13] e cultural, Moreno elaborou diagramas que representam o átomo social do indivíduo e da comunidade. A interpretação desses diagramas faz-se na trama da teleestrutura.[14]

Moreno (1974) discute o átomo social de um universo psicótico revelando o dramático percurso do "desfazer" e "refazer" da configuração social das relações interpessoais de uma paciente psicótica, e

---

13. O átomo social diz respeito à rede relacional na qual o indivíduo está inserido, levando em conta as diversas configurações sociais às quais o indivíduo pertence, como parentesco, amizade, trabalho etc.

14. A tele foi definida por Moreno como: "(...) uma ligação elementar que pode existir tanto entre indivíduos e objetos e que no homem, progressivamente, desde o nascimento, desenvolve um sentido das relações interpessoais (sociais). (...) Repousa no sentimento e conhecimento da situação *real* das outras pessoas" (Moreno, 1974, p. 52). A tele tem como processo básico a reciprocidade, não só de atração (*tele positiva*) como de rejeição (*tele negativa*). Consiste na percepção do outro e de si mesmo na situação. Para Moreno, a tele é a base de todas as inter-relações sadias, e o fundamento de todas as formas de psicoterapia.

ilustra essa discussão pelos sociogramas. Retrata, nesses sociogramas, a distribuição e a intensidade da tele nos diversos átomos sociais.

Ao comentar a introdução do método psicodramático, na Suíça, Moreno (1974) refere-se ao atograma de Friedemann,[15] uma modificação de seu diagrama de ação,[16] que, combinado com o sociograma, constitui um valioso método para diagnóstico. Esses diagramas, enquanto representação gráfica, guardam semelhança com o genograma, embora colham, basicamente, informações na linha horizontal do grupo familiar e assinalamentos sobre a distribuição das relações télicas.

É interessante relembrar que Schutzenberger (1997), apoiada nessas reflexões de Moreno, utiliza o termo genossociograma para o instrumento que

> (...) permite uma representação sociométrica (afetiva), calcada na árvore genealógica familial (...) O genossociograma é uma representação da árvore genealógica comentada (genograma), posta em destaque por setas sociométricas, por diferentes tipos de relação do sujeito, com vistas a seu envolvimento e aos vínculos entre as diferentes personagens: da co-presença, da coabitação, das díades, dos triângulos, das exclusões (...) (Schutzenberger, 1997, p. 19-20)

Por essas razões, pesquisar sobre as vantagens e o potencial dos métodos de ação em terapia familiar constitui um desafio, uma vez que o processo de construção de um campo teórico consistente, no âmbito do sociodrama familiar, é uma questão ainda inconclusa.

Moreno nos diz que os métodos de ação são muitos e que os terapeutas podem criá-los e recriá-los de acordo com novas necessidades:

> Os terapeutas se vêem, freqüentemente, obrigados a criar um método novo no momento necessário, ou a modificar um método antigo para resolver as dificuldades de uma situação (Moreno, 1974, p. 130).

Em outra passagem, ao descrever os métodos psicodramáticos, Moreno (1974, p. 118) afirma: "O método psicodramático é praticamente ilimitado em sua utilização. O núcleo do método permanece, entretanto, sem mudanças".

---

15. Segundo Moreno (1974), Friedemann foi o primeiro psiquiatra europeu a utilizar métodos psicodramáticos em pacientes psiquiátricos, em 1926.

16. Esse termo foi utilizado pelo próprio Moreno (1974, p. 140), mas não encontramos novas referências.

Dessa forma, ancorados nas contribuições morenianas, estimulados pelos desafios do trabalho com casais e convencidos da necessidade de descobrir formas criativas para explorar as relações do casal, procuramos utilizar o genograma aliado às técnicas de ação. A dramatização de aspectos do genograma tem sido um recurso fecundo para se penetrar no âmago das relações familiares. Essa forma de trabalhar temos denominado de genodrama.

## ■ O genodrama

Temos utilizado o genodrama em algum momento da terapia de casal ou de família. Muitas são as aberturas que se apresentam no processo terapêutico para propor-se o genodrama. Cada casal aponta, nesse processo, o momento propício ou possível. Não temos uma regra fixa sobre quando fazer o genograma.

O objetivo tem sido pesquisar, pelo genograma, os padrões relacionais que se repetem e se modificam nas diferentes gerações. E, mais, permitir que cada um dos cônjuges possa procurar a própria localização no interior de suas famílias de origem rumo ao processo de individuação. Esse percurso facilita o reconhecimento de cada um na relação conjugal, tendo em vista o foco apresentado pelo casal. O aporte específico do genograma está em captar os movimentos de reorganização das pautas familiares ao longo das gerações e sua reintepretação pelos próprios protagonistas.

Para focalizar o potencial psicodramático do genograma, relatamos a seguir uma experiência prática, ou seja, a forma peculiar que temos trabalhado com esse recurso terapêutico.

Apresentamos, inicialmente, os símbolos para o casal. Oferecemos uma explicação geral de como construir o genograma e acompanhamos as dúvidas que surgem. Depois de construído — durante a sessão terapêutica — pedimos que assinalem todas as informações significativas.[17] Na minha experiência clínica, os casais e as famílias, de modo geral, elaboram o genograma com espontaneidade e, muitas vezes, em clima lúdico.

---

17. Consideramos as categorias estabelecidas por Gerson & McGoldrick (1985) e incluímos outros elementos construídos ao longo dos anos de experiência com o genograma.

Com base nisso, realiza-se o trabalho psicodramático: o genodrama. Exemplo:

Um casal procura a terapia com a queixa de que o casamento ficou difícil com o nascimento do primeiro filho. "Não estamos conseguindo conversar, as brigas cada vez estão piores, pensamos até em nos separar." O casal levou alguns anos tentando engravidar. Estão casados, formalmente, há oito anos, e têm uma filha de nove meses. Maria, a esposa, de 33 anos, é terapeuta ocupacional, e Paulo, o marido, de 34 anos, é arquiteto.

Revelam certo sentimento de culpa por estar relacionando suas brigas com o nascimento da filha. Essas discussões envolvem queixas, acusações mútuas e constantes. O casal relata, com freqüência, a participação da mãe de cada um no auxílio aos cuidados com a criança desde que Maria voltou a trabalhar. Como conseqüência dessa situação, houve maior proximidade do casal com a rede familiar. Tal aproximação também serve de motivo para o casal veicular as insatisfações recíprocas.

Consideramos que parte da queixa do casal está relacionada com a adaptação às mudanças do ciclo de vida e à forma de participação na rede familiar. Levando em conta esse contexto, solicitamos ao casal que construa o genograma.[18] Apontamos vários elementos que podem ser observados no genograma ao longo das gerações. Peço que observem os aspectos que se repetem e que assinalem todas as informações que julgam importantes. Inicialmente, cada um faz o seu; depois de completo, peço ao casal que troque entre si o diagrama e comente aquilo que chamou atenção no seu próprio genograma e no do parceiro.

Com essa conversa entre os elementos do casal, sugerimos que cada um se volte, então, para si mesmo e para seu próprio genograma, identificando internamente, entre aquilo que falou e entre aquilo que ouviu de seu parceiro, o que mais chamou a sua atenção ou que despertou algum nível de tensão. Solicitamos, também, que identifiquem alguma possível dúvida sobre qualquer plano — horizontal ou vertical — do genograma. Pedimos que registrem a sensação predominante dessa conversa interior, ou seja, desse diálogo com o *terapeuta interno*. Com o aquecimento, os caminhos se delineiam.

---

18. Incluimos, a seguir, como anexo o genograma simplificado de cada elemento do casal.

Maria nos diz que, para ela, a presença das avós, ambas, mostrou-se muito intensa, embora tenham falecido quando era adolescente (com uma diferença de cinco anos). A sua convivência maior foi com a avó materna.

O marido aponta que, ao fazer seu genograma, ficou decepcionado com o pouco que sabe sobre a família paterna, pois os pais se separaram quando Paulo era criança. O pai voltou para seu país de origem. Os contatos com o pai (até o falecimento), passaram a ser muito eventuais. Com a família paterna, essa situação se repetiu. Lembrava, no entanto, do avô, que conheceu quando visitava o pai.

## ■ O genodrama de Maria

Sugerimos que Maria se concentre no seu genograma e visualize as avós como se estivessem em fotos. Pedimos que selecione uma das fotos internas. Em seguida, empregamos a *psicoterapia da relação* (Fonseca, 2000), técnica derivada do psicodrama clássico, em que acontece um jogo de papéis entre a paciente e suas avós internalizadas, interpretados, com as respectivas inversões de papéis, por Maria e pela terapeuta. O cônjuge observa e depois compartilha. Por meio desse processo psicodramático, é feita pesquisa sobre legados, crenças familiares, papéis e posições que as mulheres ocupam na família. Selecionamos, na seqüência, *um dos aspectos trabalhados.* A protagonista, desempenhando o papel da avó materna, faz o seguinte depoimento: "A mulher deve saber se sacrificar pela família, ser compreensiva com os deslizes masculinos, pois o importante na vida de uma mulher é o casamento e a família". A protagonista, nesse papel, expressa corporalmente uma figura depressiva, solitária.

No papel da avó paterna, afirma: "A mulher não deve ser boba, deve saber levar o marido". Espelhando a postura corporal da avó paterna, mostra-se ereta e assertiva.

Maria reconhece que conviveu com aspectos contraditórios sobre a condição da mulher em sua família. Traz, também, a figura da mãe. Desempenhando então o papel da mãe, revela uma pessoa triste e solitária. No papel das três mulheres — as avós e a mãe — dá-se conta que os laços fortes geracionais acontecem entre as mulheres da família. O pai emerge como excluído dessa rede feminina, ao mesmo tempo em que a autoriza.

Genograma de Maria[19]

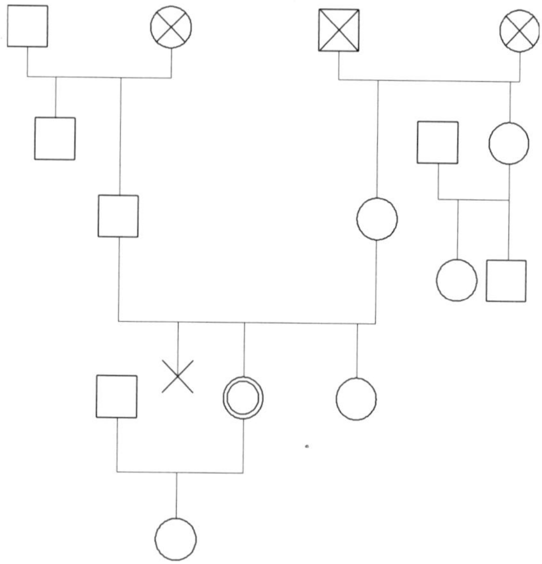

## O genodrama de Paulo

Paulo relata, como já foi antecipado, curiosidade sobre o lado paterno da família. Propomos que ele visualize seu genograma fazendo contato com as sensações e sentimentos predominantes. Aponta a figura do avô paterno. Utilizamos outra vez a *psicoterapia da relação* (Fonseca, 2000). Paulo interpreta o avô como "um personagem forte e decidido em relação à vida". Por meio de sucessivas inversões de papéis, emerge a raiva em relação ao pai. Queixa-se do abandono dele. Pede que o avô lhe ofereça, simbolicamente, a herança familiar masculina que não recebeu. Refere-se aos legados masculinos familiares necessários para ser homem e pai. Tem dificuldades em desempenhar o papel de pai. O jogo de papéis facilitou a emergência de sentimentos do protagonista em relação à vida familiar. Paulo comenta que guarda ressentimentos em relação à mãe, pois a responsabilizou pela mudança do pai para o exterior. As relações femininas marcaram sua

19. Genograma simplificado.

experiência familiar: viveu com a mãe na casa da avó materna que era mãe solteira.

Genograma de Paulo[20]

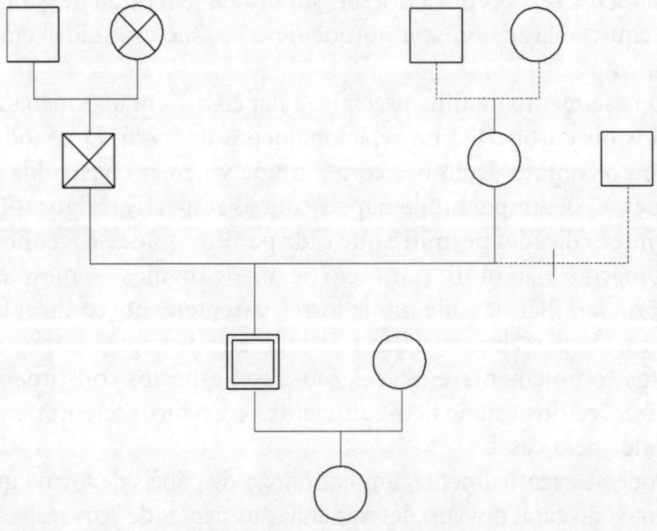

Após o trabalho psicodramático, o casal compartilha as experiências vividas. O foco relacional apresentado pelo casal é, então, retomado, à luz desse processo, dos afetos e sentimentos aí envolvidos.

## ■ Comentários

Paulo explicita o temor e o fascínio pelas alianças femininas, aquelas com as quais conviveu ao longo da vida (mãe-avó, esposa-filha). Teme não conseguir aproximar-se da filha. Ressente-se da falta de um *modelo de pai*. As críticas da esposa, no que diz respeito a uma postura mais ativa em relação à filha, confirmam sua sensação de fracasso como pai. Paulo comenta que a atitude compreensiva — característica também da avó materna de Maria — foi um dos

20. Genograma simplificado.

traços de personalidade que mais o atraiu na companheira. Hoje, porém, realça em Maria os traços psicológicos da avó paterna, o autoritarismo e a dureza.

Do ponto de vista de Maria, quaisquer dos ambíguos legados "femininos" que recebeu revelam uma figura masculina frágil em face das mulheres, seja porque deva ser "suportada" em razão de ganho social e emocional maior, seja porque deva ser "neutralizada" em seus movimentos.

O nascimento da filha precipitou papéis até então pouco desenvolvidos ou encobertos no relacionamento do casal. O genodrama facilitou o contato de ambos com a trama vincular construída pelas gerações. O desempenho de papéis com as respectivas figuras familiares internalizadas permitiu que cada parceiro pudesse reconhecer-se a si mesmo e ao outro por meio de novos ângulos — mesmo que a história familiar de cada um já fosse aparentemente conhecida pelo outro. Os parceiros tiveram possibilidade de captar importantes aspectos complementares da relação. Esses aspectos constituem exteriorizações dos estados co-conscientes e co-inconscientes experimentados pelo casal.

Pode-se eventualmente ampliar o jogo de papéis de forma que os elementos do casal possam desempenhar os papéis de seus respectivos antepassados entre si, para desenvolver a espontaneidade da relação conjugal. [21] Nesse sentido, costumam-se fazer entrevistas com os participantes investidos de seus papéis históricos as quais permitem reconstruir a trama dos padrões vinculares. Esses fragmentos do trabalho dramático com o genograma revelam vivamente como a resposta a uma nova etapa do percurso de vida, que é a presença de um novo membro — no caso a filha —, faz emergir os conflitos e as crenças construídos ao longo do tempo nas famílias de origem dos protagonistas. As expectativas, as emoções e os sentimentos aí contidos repercutem no drama conjugal. Dessa forma, o genodrama é um dos caminhos para se desvendar parte do processo de transmissão e transição do mundo familiar. Por intermédio da desmistificação das histórias familiares, no plano das relações entre as gerações, revelam-se os mecanismos sutis que engendram a vida concreta do casal e amplia-se, assim, o campo de possibilidades terapêuticas.

---

21. Por exemplo, a avó de Maria e o avô de Paulo estabelecem uma conversação. Com essa mudança de contexto, o casal pode recriar seu próprio diálogo.

Como diz Moreno: "O 'jogo de papéis' pode ser utilizado como método para pesquisar mundos desconhecidos ou para a expansão do eu" (Moreno, 1974, p. 220).

Pode-se trabalhar com o genodrama de cada um dos elementos do casal em uma ou mais sessões. Mas são os conteúdos emergentes do trabalho psicodramático com o genograma, aliados às outras informações construídas no decorrer da terapia, que permitem ao casal revisitar sua história, reescrever o roteiro de seu drama.

Ressaltamos que, com freqüência, emergem nos genodramas, tanto no trabalho com casais como nos *workshops* com grupos de formação em terapia familiar, as figuras dos avós. Essas figuras, entretanto, não tendem a integrar com a mesma intensidade o discurso verbal desse universo. É comum os participantes relatarem que não avaliavam a força emocional (latente) das figuras dos avós no imaginário da vida adulta. Por meio do discurso, dos sentimentos e dos afetos, os avós, habitualmente, emergem no jogo de papéis como porta-vozes familiares. Isso nos remete a dois pontos de reflexão: o genograma/genodrama é um instrumento intrinsecamente facilitador da dimensão tri e transgeracional; o outro ponto, diz respeito ao papel ou à função simbólica dos avós. A esse respeito, alguns autores, como, por exemplo, F. Dolto (1992), assinalam o valor simbólico dos avós na estruturação dos modelos identificatórios das crianças como fonte de transmissão da história familiar. Os avós têm emergido, também, como figuras importantes no redesenhar das fronteiras familiares atuais (Vitale, 2003).

É claro que muitos outros aspectos podem ser explorados nesse tipo de trabalho com o genograma. Procurar oferecer um contexto facilitador de novas informações, que alterem o discurso repetitivo do casal, é procurar também, enquanto terapeuta, formas criativas de trabalhar. Tanto os psicodramatistas como os terapeutas sistêmicos analisariam de forma similar a cristalização das relações familiares como algo desprovido de espontaneidade.

> O sociodrama familiar tem um apelo para que a espontaneidade floresça, possibilitando à família recriar seus símbolos e inter-relações. Trabalha para desafiar as regras que compõem um conjunto de significados, muitas vezes, encobertos, buscando desvelar novas alternativas frente às situações de mudança. O caminho terapêutico que busca a espontaneidade, seja pela ação dramática seja por intervenções verbais, visa liberar energias bloqueadas em

função da trama de culpas, de lealdades invisíveis, de alianças; oferece a possibilidade do grupo familiar reconhecer seus desafios frente às mudanças de seu ciclo vital" (Vitale, 1999, p. 177).

Cada etapa do ciclo de vida familiar em que o casal se encontra faz emergir, pelo genodrama, determinado estado do relacionamento entre as gerações, assim como movimentos de ruptura e de aproximação dessas relações. Assim, a queixa atual de um casal pode ser contextualizada no tempo familiar.

No genodrama, pode-se recuperar o contexto, recriar o passado, abrir espaço para o futuro,[22] pode-se tecer os fios das lealdades invisíveis que aprisionam os elementos do casal no presente.

A força dos dados coletados por intermédio do genograma e, portanto, as possibilidades do trabalho dramático são inúmeras. O genodrama abre caminhos para a emergência, no contexto dramático, da rede sociométrica familiar nos vários planos geracionais. E mais, a dramatização de aspectos do genograma, o jogo de papéis e outras técnicas que podem ser utilizadas — solilóquio, duplo — são adequados a uma situação terapêutica que envolve três pessoas, o casal e o terapeuta, e que, portanto, dispõe de menos recursos para o trabalho dramático.

Concluindo, desejamos enfatizar que como sociodramatistas não privilegiamos a perspectiva genealógica obtida com o genodrama como fonte de diagnóstico de uma patologia familiar partilhada, mas, principalmente, como possibilidade de apropriação, pelos membros do casal ou da família, da história social familiar marcada pela singularidade.

Anexamos o genograma de J. L. Moreno como ilustração.[23]

---

22. Essas possibilidades emergem, também, em outros métodos de ação.

23. A elaboração deste genograma — apoiada na pesquisa de Marineau (1992) — foi realizada em conjunto com Vera Rolim e apresentada em *workshop* sobre genodrama no IX Congresso Brasileiro de Psicodrama, em 1994. Posteriormente, o genograma incluiu as informações complementares prestadas — por intermédio de José Fonseca — por Zerka Moreno a quem agradecemos de forma especial.

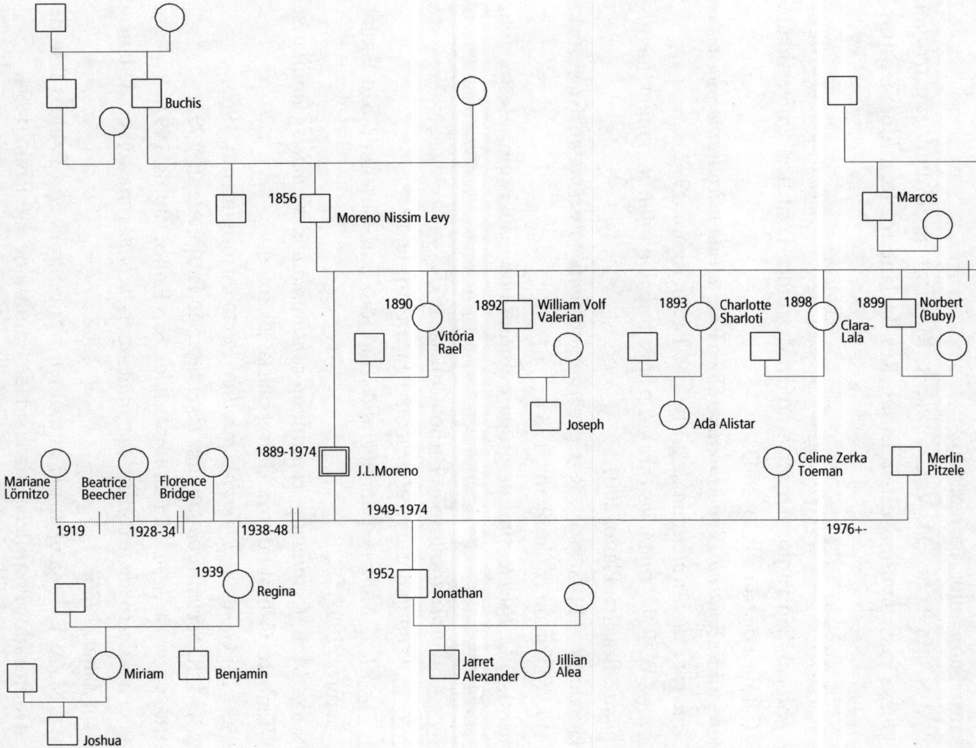


## Genograma da Família Moreno

1888 Casamento dos pais de Moreno
1889 Nascimento de Moreno Bucareste, Romênia

Mudanças da Família de Moreno
1895 Viena ?
1904 Berlim ?
1905 Chemnitz ?
1909 Moreno entra na Universidade de Viena

1917 Nascimento de Celinie Zerka Toeman
1918 Publicação de *Daimon Magazine*
1919 Mudança para Bad Vöslau e vive com Marianne Lörnitzo
1921 O Teatro de Espontaneidade
1925 Mudança para os EUA
1926 Casa-se com Beatrice Beecher
1931 Inaugura o Teatro de Improviso
1934 *Quem sobreviverá*
1936 Inaugura o Sanatório de Beacon Hills e o teatro de psicodrama
1938 Casa-se com Florence Bridge
1942 Encontra C. Zerha Toeman
1946 Publica *Psicodrama I*
1949 Casa-se com C. Zerka Toeman
1950-1974 Publicações e participações em congressos
1974 Morte de Moreno

Referências: Marineau (1992)
Moreno (1997)

– Os óbitos estão simbolizados pelas datas.

# Referências bibliográficas

ANGELO, C. A escolha do parceiro. In: ANDOLFI, M.; ANGELO, C.; SACCU, C. (orgs.) *O casal em crise*. São Paulo: Summus, 1995.

BERENSTEIN, I. *Psicoanalisar una familia*. Buenos Aires: Paidós, 1990.

BOUQUET, C. M.; MOCCIO, R.; PAVLOVSKY, E. *Psicodrama psicoanalictico en grupos*. Buenos Aires: Kargieman, 1970.

BOWEN, M. *Family therapy in clinical practice*. Nova York: Jason Aronson, 1978.

DOLTO, F. *Quando os pais se separam*. Rio de Janeiro: Zahar, 1992.

FONSECA, J. *Psicoterapia da relação:* elementos de psicodrama contemporâneo. São Paulo: Ágora, 2000.

GROISMAN, M., LOBO, M. V. CAVOUR, R. M. *Histórias dramáticas: terapia breve para famílias e terapeutas*. Rio de Janeiro: Rosa dos Tempos, 1996.

KNOBEL, A. M. A. A. C. *Moreno em ato: a construção do psicodrama a partir as práticas*. São Paulo. (Dissertação de Mestrado) Pontifícia Universidade Católica de São Paulo, 2003.

MARINEAU, R. F. *Jacob Levy Moreno, 1889-1974: pai do psicodrama, da sociometria e da psicoterapia de grupo*. São Paulo: Ágora, 1992.

MARQUES, W. E. U. *Infâncias (pre)ocupadas: trabalho infantil, família, identidade*. Brasília: Plano, 2001.

MCGOLDRICK, M.; GERSON, R. *Genograms in family assessment*. New York: W.W. Norton & Company, 1985.

MORENO, J. L. *Psicoterapia de grupo e psicodrama*. São Paulo: Mestre Jou, 1974.

________. *O psicodrama*. São Paulo: Cultrix, 1975.

________. *Who shall survive?* Beacon: Beacon House, 1978.

________. *J. L. Moreno: autobiografia*. Tradução Luiz Cuschinir. São Paulo: Saraiva, 1997.

MUNHOZ, M. L. *Casamento: ruptura ou continuidade dos modelos familiares?* Taubaté: Cabral Editora Universitária, 2000.

SAMPAIO, D.; GAMEIRO, J. *Terapia familiar*. Porto: Afrontamento, 1985.

SEIXAS, M. R. *Sociodrama familiar sistêmico*. São Paulo: Aleph, 1992.

SCHUTZENBERGER, A. A. *Meus antepassados*. São Paulo: Paulus, 1997.

VELHO, G. *Subjetividade e sociedade, uma experiência de geração*. Rio de Janeiro: Zahar, 1986.

VITALE, M. A. F. *Vergonha: um estudo em três gerações*. São Paulo. (Tese de Doutorado) Pontifícia Universidade Católica de São Paulo, 1994.

VITALE, M. A. F. Separação e ciclo vital familiar: um enfoque sociodramático. In: ALMEIDA, W. C. (org.) *Grupos: a proposta do psicodrama.* São Paulo: Ágora, 1999.

________. Avós novas e velhas figuras da família contemporânea. In: ACOSTA, R. A. E VITALE, M. A. F. (orgs.) *Família: redes, laços e políticas públicas.* São Paulo: IEE PUC-SP, 2003.

WILLI, J. *La pareja humana: relación y conflicto.* Madri: Morate, 1978.

WILLIAMS, A. *Psicodrama estratégico: a técnica apaixonada.* São Paulo: Ágora, 1994.

## As autoras

Elisa López Barberá
Psicóloga Clínica, psicodramatista, co-diretora do Instituto de Técnicas de Grupo e Psicodrama (ITGP), Madri, Espanha.

Gilda Maria Castanho Franco Montoro
Psicóloga clínica (PUC-SP), terapeuta de adulto, casal e família, com mestrado pela Southern Connecticut State University (EUA), analista junguiana pela Sociedade Brasileira de Psicologia Analítica (SBPA), sócia-fundadora, professora e supervisora de terapia de casal e família no Sistemas Humanos — Núcleo de Estudos e Prática Sistêmica, sócia-fundadora e ex-presidente do Centro de Estudos e Assistência à Família — Ceaf (2000–2003), sócia-fundadora da Associação Paulista de Terapia Familiar (APTF).

Júlia Maria Casulari Motta
Professora Supervisora no IPPGC — Campinas.

Laurice Levy
Psicóloga clínica, psicanalista (Sociedade Psicanalítica do Rio de Janeiro, ligada à International Psychoanalytical Association); mestre em Psicologia Clínica (PUC-RJ), psicodramatista (Delphos Espaço Psicossocial — Febrap); terapeuta familiar e de casal (Núcleo Pesquisa-RJ); professora supervisora do Curso de Terapia Familiar do Delphos e supervisora do Núcleo-Pesquisa; docente do Curso de Formação em Psicodrama no Delphos; psicodramatista didata (Febrap); psicodramatista docente — supervisora (Febrap); membro do conselho deliberativo e científico da Abratef; membro do conselho fiscal da ATF/RJ (Fev./20/04). Autora de vários artigos publicados em revistas especializadas e do livro *Integrando diferenças: possíveis caminhos da vivência terapêutica.*

Lúcia Ferrara
Psicóloga clínica, psicoterapeuta corporal, terapeuta de família e de casal; professora supervisora do Curso de Terapia de Família do Delphos; diretora adjunta da Associação de Terapia de Família do Rio de Janeiro (2000/2002 e 2002/2004); membro do conselho deliberativo e científico da Abratef; professora supervisora de Terapia Corporal.

MARIA AMALIA FALLER VITALE (ORG.)
Assistente social, terapeuta familiar psicodramatista. Profa. Dra. do Programa de pós-graduação em Serviço Social PUC-SP. Co-coordenadora do Núcleo de Estudo e Pesquisa sobre Crianças e Adolescentes-NC/A PUC-SP. Professora-supervisora pela Febrap. Membro do Conselho Consultivo do Centro de Estudos e Assistência à Família — Ceaf.

MARIA CECÍLIA V. D. BAPTISTA
Psicóloga clínica; psicodramatista; professora supervisora e terapeuta de alunos de psicodrama; terapeuta de família; professora supervisora da Formação de Terapeutas de Família; coordenadora dos Cursos de Especialização para Terapeuta de Família e Psicodrama; especialização em Psicologia Social; membro do International Association of Group Psychoterapy (IAGP); diretora-presidente do Delphos Espaço Psicossocial; presidente da Associação de Terapia de Família do Rio de Janeiro (2000/2002); membro do conselho deliberativo e científico da Abratef; membro da comissão científica da ATF/RJ (2002/2004); diretora de eventos científicos da Febrap (2002/2004).

MARIA REGINA CASTANHO FRANÇA
Psicóloga, psicodramatista, terapeuta de casal e família, coordenadora do curso de formação em Terapia de Casal do Instituto J. L. Moreno, sócia-fundadora da Self — Assessoria Psicológica; vice-presidente da Associação Paulista de Terapia Familiar — APTF (gestão 1991-1994 e gestão 2002-2004).

MARIA RITA D'ANGELO SEIXAS
Psicóloga, psicodramatista, professora supervisora pela Febrap; psicoterapeuta de adulto, individual, grupo, casal e família; doutora em Psicologia Clínica pela PUC-SP. Autora do livro *Sociodrama familiar sistêmico* (São Paulo: Aleph, 1992) e de vários artigos publicados. Coordenadora do Curso de Terapia Familiar do Departamento de Psiquiatria da Unifesp — EPM.

MARTA ECHENIQUE
Psicóloga e filósofa, psicodramatista, co-autora do livro *Poder e amor: a micropolítica das relações* (São Paulo: Aleph, 1992).

VANDA LUCIA DI YORIO BENEDITO
Psicóloga, membro analista da SBPA, terapeuta de casal e família.

dobre aqui

Carta-
resposta

9912200760/DR/SPM
Summus Editorial Ltda.

CORREIOS

# CARTA-RESPOSTA

NÃO É NECESSÁRIO SELAR

O SELO SERÁ PAGO POR

grupo
editorial
summus

.C AVENIDA DUQUE DE CAXIAS
1214-999 São Paulo/SP

dobre aqui

EDITORA ÁGORA

# CADASTRO PARA MALA DIRETA

**Recorte ou reproduza esta ficha de cadastro, envie completamente preenchida por correio ou fax, e receba informações atualizadas sobre nossos livros.**

Nome:__________ Empresa:__________
Endereço: ☐ Res. ☐ Coml. __________ Bairro:__________
CEP: _____-____ Cidade: __________ Estado: ____ Tel.: (   ) __________
Fax: (   ) __________ E-mail: __________ Data de nascimento: __________
Profissão:__________ Professor? ☐ Sim ☐ Não Disciplina: __________

**1. Você compra livros:**

☐ Livrarias ☐ Feiras
☐ Telefone ☐ Correios
☐ Internet ☐ Outros. Especificar:__________

**2. Onde você comprou este livro?**

__________

**3. Você busca informações para adquirir livros:**

☐ Jornais ☐ Amigos
☐ Revistas ☐ Internet
☐ Professores ☐ Outros. Especificar:__________

**4. Áreas de interesse:**

☐ Psicologia ☐ Comportamento
☐ Crescimento Interior ☐ Saúde
☐ Astrologia ☐ Vivências, Depoimentos

**5. Nestas áreas, alguma sugestão para novos títulos?**

__________

__________

**6. Gostaria de receber o catálogo da editora?** ☐ Sim ☐ Não

**7. Gostaria de receber o Ágora Notícias?** ☐ Sim ☐ Não

cole aqui

**Indique um amigo que gostaria de receber a nossa mala direta**

Nome:__________ Empresa:__________
Endereço: ☐ Res. ☐ Coml. __________ Bairro:__________
CEP: _____-____ Cidade: __________ Estado: ____ Tel.: (   ) __________
Fax: (   ) __________ E-mail: __________ Data de nascimento: __________
Profissão:__________ Professor? ☐ Sim ☐ Não Disciplina: __________

**Editora Ágora**

Rua Itapicuru, 613 7º andar 05006-000 São Paulo - SP Brasil Tel (11) 3872 3322 Fax (11) 3872 7476
Internet: http://www.editoraagora.com.br e-mail: agora@editoraagora.com.br